블록체인과 WEB 3.0
장자철학으로 이해하다

블록체인과 WEB 3.0
장자철학으로 이해하다

고대 철학자 장자가 꿈꾸던 무위의 세상
블록체인 기술로 실현하다

저자 **박수억**

머
리
말

⋮

 이 책은 우연처럼 시작되었다. 정확한 시작점은 없었다. 어느 날, 마치 오래전부터 흩어져 있던 기억과 단상들, 그리고 미처 마주하지 못한 질문 하나가 조용히 떠올랐다.
 "이 모든 것은 어떻게 연결되어 있는가?"
 그 순간, 지금껏 축적해 온 지식과 경험들이 하나의 공통된 축을 중심으로 회전하고 있다는 것을 깨달았다. 그 축은 단순한 취향의 문제가 아니었다. 나는 문득, 장자가 말한 무위(無爲)—인위적 구조에서 벗어난 존재의 흐름—와 블록체인이 지향하는 탈 구조적 시스템 설계—중앙 통제를 거부하는 자율적 네트워크—사이에 어떤 공명(共鳴)이 있다는 것을 느꼈다. 그의 코드에는 철학이 있었고, 그 철학은 장자의 사유를 떠올리게 했다.
 기술과 철학이 충돌하며 만들어 내는 상징성과 에너지, 그리고 어느 날 문득 떠오른 영감이 나를 책상 앞으로 데려다 놓았다. 지금은 2025년이지만, 나의 사유는 중세로 거슬러간다. 유럽을 휩쓴 흑사병, 동아시아를 관통한 역병들. 그것은 단순한 재난이 아니었고, 파괴 이후의 전환이었다.
 나는 철학과 인문학을 좋아했고, 동시에 블록체인과 Web 3.0이라는 새로운 기술에도 매료되어 있었다. 특히 이더리움의 창시자 비탈릭 부테린의 업적은 어디에서도 본 적 없는 이상주의와 실천의 조화를 보여 주었다. 그의 코드에는 철학이 있었고, 그 철학은 놀랍게도 장자의 사유와 닮아 있었다.

서양은 흑사병의 고통 속에서 과학과 기술을 일으켜 세웠고, 동양은 장자의 철학을 통해 무위의 진리를 되새겼다. 그리고 몇 세기가 지난 지금, 우리는 코로나라는 또 다른 전 인류적 사건을 겪으며 다시 그 지점으로 돌아왔다. 그것은 반복이 아니라 진화의 과정이었다. 장자의 정신이 블록체인 위에 구현되고, 'Web 3.0'이라는 이름으로 다시 태어났다. 나는 이것이 결코 우연이라 믿지 않는다. 어쩌면 장자의 무위의 에너지가 기술이라는 언어를 입고, 부테린의 손끝에서 하나의 구조로 형상화된 것인지도 모른다.

이 책은 그 직관의 기록이며 장자와 부테린, 두 존재에게 바치는 디지털 시대의 소요유(逍遙遊)다.

나는 바란다. 이 메시지가 Web 3.0을 통해 더 많은 사람들에게 닿기를.

그리고 언젠가 이 흐름이 인간의 기술과 철학, 존재와 경제를 아우르며, 모든 인류를 더 자유롭고, 더 자기답게 이끄는 힘이 되기를.

이 책은 그 바람의 시작이며, 장자의 무위와 부테린의 코드가 만난 지점에서 쓰인 내 사유의 결과물이다.

목차

❖ 머리말　4

❖ 서문: Web 3.0 시대 장자를 꿈꾸며　16

책을 읽기 전에...　18

❖ 장자에 대해⋯　19
- 장자(莊子) – 고대 철학자가 디지털 시대에 말을 걸다　19
- 『장자』의 구성 – 내편, 외편, 잡편　20
- 소요유(逍遙遊)　21
- 제물론(齊物論) 호접몽(胡蝶夢)　21
- 제물론(齊物論) 오상아(吾喪我)　22
- 양생주(養生主)　23
- 대종사(大宗師)　24
- 응제왕(應帝王)　25
- 추수(秋水) 편 황하백(黃河伯) 이야기　26

❖ 블록체인과 이더리움에 대해⋯　28
- 블록체인　28
- 이더리움　29

1부 | 철학은 돌아왔고, 기술은 그것을 기다리고 있었다 기술의 전환기, 장자를 다시 묻다 33

1장 탈물결 시대의 도래 36

2장 Web 3.0, 기술을 넘는 철학적 전환
_ 블록체인의 기원과 이더리움의 탄생 43

- ❖ 비트코인과 채굴의 원리 45
- ❖ 블록체인 관계 기반의 이해 – 블록체인 응용 기술의 기초 인프라, 스마트 계약(Smart Contract) 51
- ❖ 사라진 배달 앱(P2P의 실현) 53
- ❖ Web 2.0과의 차이 – 플랫폼의 종말? 53
- ❖ 스마트 계약 기반 작동 기술들 54
  - Dapp(Decentralized Application), 탈중앙 앱 54
  - NFT(디지털 고유 자산 소유권) 56
  - DeFi(탈중앙화 금융) 56
  - RWA(Real World Asset, 실물 자산 토큰화) 57
  - DAO(탈중앙화 자율 조직) 57
  - 게임Fi(Game + Finance) 58
  - 토큰(Token) 58

3장 Web 3.0 시대 철학은 왜 다시 필요한가 60

4장 장자와 DeFi, 무위의 세계 75

- ❖ 억지로 하지 않음, 기술에도 적용될 수 있을까? 75
- ❖ 노동과 근로의 개념 변화 79
- ❖ 메타버스의 기술과 적용 효과 83

2부 | 전환기, 다시 장자를 소환하다   93

5장 기득권 종교와 기존의 중앙화 질서에서 Web 3.0 자유인 장자로   96

6장 블록체인의 탈중앙과 장자의 무위   101

- ❖ 중앙이 사라진 세상, 무위가 작동한다   101
  - 무위의 실현 기술, 스마트 계약(Smart Contract)   102
  - 무위의 실현 조직 DAO(탈중앙화 자율조직)   104
  - DAO의 시작, 이더리움의 The DAO   107
  - 무위의 기술적 확장(이더리움 생태계)   114
  - 기술이 철학을 담는 시대   123

7장 흑사병 이후, 르네상스의 탄생, 디지털 르네상스의 전조   126

8장 새로운 세상 디지털 르네상스   137

- ❖ 세상이 디지털로 다시 태어나다: 탈중앙과 탈물질의 콜라보   139
- ❖ 실물자산을 가상세계로 편입시키는 RWA(Real World Asset)와 DePIN(Decentralized Physical Infrastructure Network)   141
- ❖ 물리 세상 인프라를 블록체인 기반으로 연결하는 디핀 (DePIN,Decentralized Physical Infrastructure Network)   142
- ❖ DePIN 관련 주요 블록체인 및 토큰 현황   146
- ❖ 블록체인과 메타버스의 금융 메타파이 그리고 아바타   147

3부 | 존재, 일, 가치의 재정의 디지털 시대의 삶을 다시 구성하는 철학의 방식 157

9장 인간을 다시 중심으로(P2P와 P2E) 160

- ❖ Web 3.0 시대를 촉진한 코로나 팬데믹 162
- ❖ P2P 공유 시스템 IPFS와 파일코인 163
- ❖ P2P 거래 시스템 마켓플레이스인 'OpenBazaar' 165
- ❖ P2P 금융 168

10장 일의 철학: 일하지 않음과 존재하기(탈기업, 탈고용, 탈노동) 175

- ❖ 일하지 않음의 일의 수익모델 178
  - 스테이킹(Staking): 머물러 있음의 보상 178
  - 유동성 마이닝(Liquidity Mining): 자산을 시장에 노출하여 얻는 수익 179
  - 리워드 파밍(Reward Farming): 복합 전략을 통한 자동화 수익 181
  - NFT 기반 창작자 보상: '존재의 수익' 모델 182
  - 레퍼럴 수익 구조: 무형 자산 유통의 전환 186
  - 탈중앙 콘텐츠 발행 수익 구조: 창작의 권리 회복 187

11장 수익의 전환 – 근로소득에서 미래 가치 소득으로 190

- ❖ 미래 가치 소득의 개념 191
- ❖ 스테이킹과 리워드 시스템의 변화 191
- ❖ 새로운 수익 모델이 던지는 질문 192
- ❖ 크리에이터 이코노미와 팬 기반 가치 193
- ❖ 무위(無爲)의 수익 모델: 존재 그 자체의 보상 193
- ❖ 무위의 신뢰, 블록체인과 Web 3.0 환경에서의 개인 신용 개념 변화 195

12장 존재의 의미 – 나로 존재하는 것의 가치 200

| 13장 | 업(業)의 철학 – 사라지는 경계, 새로운 연결 | 209 |

| 14장 | 기술은 도구, 철학은 방향이다 | 214 |

| 15장 | 디지털 소요유의 실현 | 219 |

4부 | 소요유, 철학이 구현된 도시무위의 철학이 도시로 구현되는 공간의 상상 227

| 16장 | Web 3.0 시대의 핵심 기술과 미래의 변화(무위의 세상) | 230

- 자율주행 전기차(개념의 전환) – 거피취차(去彼取此) 230
- Web 3.0 시대의 탈물질을 선도하는 메타버스(Metaverse) 235
- 블록체인과 AI 지식을 대체한다 – 앎을 버리고 나를 좇는다 237
- 블록체인 연결망 위성 인터넷 시스템
  (Low Earth Orbit Satellite Internet) – 지구촌 정보의 공유 239
- 스마트팜(Smart Farm) – 무위자연의 실현 240
- 시대를 선도하는 모든 기술의 기반 블록체인(Blockchain) 242

| 17장 | 소요유 City(Web 3.0 도시) – 무위의 기술적 실현 246

| 18장 | 소요유 시티(Web 3.0 시티)에서 일어나는 블록체인의 경제 249

- 게임과 NFT 중심의 콘텐츠 생태계 이더리움 249
- WEB 3.0 기반 소요유 시티의 자산 체계 RWA 253
- WEB 3.0기반 소요유 시티의 금융 리플과 스텔라루벤 256

- ❖ WEB 3.0 기반 소요유 시티의 신용과 신뢰 – DID와 스마트 계약 261
- ❖ 대표적인 기술의 전체 연결 – Web 3.0 지도 시나리오 263

19장 WEB 3.0 디지털 르네상스 선언 266

- ❖ Web 3.0 시대 디지털 르네상스 선언문 267
- ❖ 결론: 디지털 장자의 귀환 270

부록 273

1. Web 3.0 수익 참여에 필요한 기본 세팅 277

- ❖ 지갑 생성부터 보안까지 277
- ❖ 메타마스크 지갑 만들기 – 첫걸음은 여기서부터! 277
  - 1단계: 메타마스크 설치하기 277
  - 2단계: 지갑 생성 및 시드 문구 백업하기(가입 절차) 277
  - 3단계: 다양한 네트워크 추가하기 278
  - 4단계: 모바일 연동하기(선택 사항) 278
- ❖ 시드 문구 없이도 가능한 지갑 – OAuth 기반 간편 지갑 280
  - Web3Auth(https://web3auth.io) 280
  - Magic.link(https://magic.link) 280
  - Torus 280

2. 참여 기반 수익 모델 281

- ❖ DAO 참여 방법 282
- ❖ DAO의 기술적 작동 방식 284

3. 디파이(DeFi) 기반 수익 구조 286

4. P2E(Play to Earn) 기반 게임 모델들   288

- ❖ 어스 2(가상 부동산 투자 기반 소득 모델)   289
  - 어스 2(Earth 2): 가상의 지구에서 새로운 현실을 사는 사람들   289
  - 어스 2(Earth 2) 수익 구조와 실제 사례   289
  - 디지털 부동산 거래 차익   290
  - 자원 채굴과 토큰화 수익   290
  - 상업 공간 개발과 커뮤니티 운영 수익   291
  - 2차 창작물과 NFT 콘텐츠 판매   291
  - Web 3.0 기술과의 연결   292
- ❖ 또 하나의 세상 로블록스(Roblox)   293
  - 게임 내 경제 생태계 사례   294
  - Web 3.0과 로블록스의 구조적 연결   295
  - 로블록스, 디지털 소요유   296
- ❖ 내가 세상을 창조한다, The Sandbox   297
  - P2E의 진화, 창작이 곧 자산이 되는 메타버스 경제의 대표 사례   297
  - 사용자 참여형 창작 플랫폼의 특징   297
  - 콘텐츠 제작 도구: 누구나 창작자가 될 수 있는 시스템   298
  - 브랜드 협업과 상업적 확장   298
  - 경제적 의미와 미래 가치   299
  - 경제 모델과 실제 수익 활동 사례   299
  - LAND 소유 및 임대 수익   300
  - NFT 콘텐츠 제작 및 판매   300
  - 게임 콘텐츠 제작과 수익화   300
  - 브랜드 협업과 광고 수익   301
  - DAO 기반 커뮤니티 운영 수익   301
  - Web 3.0과의 연결 구조   302
  - 무위의 공간, 샌드박스(디지털 무위자연, 억지 없는 창조의 세계)   303
- ❖ 엑시 인피니티(Axie Infinity): 놀이가 노동이 되는 디지털 생태계의 선구자   304

- 엑시 인피니티의 게임 구조와 수익 창출　　　　305
- 엑시(Axie) 수집 및 팀 구성　　　　305
- 전투(PvP/PvE)를 통한 토큰 수익　　　　305
- 수익 모델　　　　307
- 엑시 인피니티의 실제 수익 사례(놀이가 생계가 된 순간, 디지털 노동의 실현)　　　　307
- Web 3.0 기술과 엑시 생태계의 연결 구조　　　　309
- NFT 소유권 기반　　　　309
- SLP·AXS 토큰 이코노미　　　　309
- 스마트 계약 기반 자동화　　　　310
- DAO 참여 구조　　　　310
- DeFi와의 연계 확장성　　　　310
- 소요의 경제, 엑시 인피니티(놀이가 곧 수익이 되는 디지털 무위의 실험)　　　　312
- 엑시 인피니트의 교훈　　　　313

❖ **메타페스티스트(METAFESTEST) – 블록체인 기반 메타버스 구현 경마 게임**　　　　317
- 게임 구조와 참여 방식　　　　318
- NFT 기반 경주마와 수익 시스템　　　　318
- 디지털 노동과 자산화의 새로운 실험　　　　320
- 기술과 상상력의 융합: 메타페스티스트의 구조적 진화　　　　320

❖ **제페토(ZEPETO), 비블록체인 메타버스 무위의 세계를 구현하다**　　　　322
- 나를 표현하는 공간, 존재 자체가 창조가 되는 메타버스　　　　324
- 글로벌 브랜드와 디지털 문화의 융합　　　　324
- 창작이 곧 수익이 되는 구조　　　　325
- 존재와 표현이 곧 가치를 만들어 내는 메타버스　　　　325
- 제페토의 메타버스 구조와 사용 방식 ('디지털 나'로 살아가는 복합적 경험의 세계)　　　　326
- 존재의 아바타, 제페토(디지털 존재의 자유)　　　　328

❖ **Gala Games – P2E 생태계를 설계하는 탈중앙 게임 스튜디오**　　　　330

❖ **디센트럴랜드(Decentraland) – 부동산이 된 가상공간, 수익이 흐르는 메타버스**　　　　331

- 현실적 수익의 흐름 　　　　　　　　　　　　332
- 브랜드와 기업도 뛰어든 공간 　　　　　　　　332
- 사용자 현황과 생태계 안정성 　　　　　　　　332
- 디센트럴랜드가 주는 P2E 관점의 인사이트 　　333

❖ **P2E 기반의 파생수익** 　　　　　　　　　　　　335
- 게임이 아닌 P2E, 존재로 버는 경제(기여도 하나의 놀이가 된다) 　335
- 크리에이티브 기반 P2E – 창작이 수익이 되는 구조 　335
- 커뮤니티 참여형 P2E – 소통도 기여다 　　　335
- 창작자 이외의 P2E – 음악, 글쓰기, 교육도 수익화된다 　336
- 수익을 얻기 위한 접근 방식 　　　　　　　　336
- P2E는 더 이상 게임만의 영역이 아니다 　　　337

❖ **표현이 자산이 되는 시대 – Web 3.0 창작 수익 모델** 　338

❖ **누구나 디지털 자산을 만들어 수익화할 수 있는 Web 3.0 창작 구조** 　339
- 메타마스크 지갑 설치 후 마켓플레이스 연결하기
  – Web 3.0의 첫 번째 관문 　　　　　　　　340
- 수익 흐름 요약 – 한 번 만들어 계속 수익을 얻는다 　342
- NFT 담보 대출 – 실제 금융의 일부가 된 디지털 자산
  (https://NFTfi.com) 　　　　　　　　　　342
- NFT 공동 소유 – 조각 투자와 집단 자산화(https://Fractional.art) 　342

5. Web 3.0 시대를 움직이는 메인넷과 네이티브 코인 　344

❖ **코인과 토큰, 기술과 존재의 본질** 　　　　　　344
- 코인: 메인넷 위에서 작동하는 독립적 원장 　　344
- 토큰: 메인넷 위에서 실행되는 '기능의 화폐' 　345
- 투자 수단에서 네트워크 기능으로 　　　　　　345

❖ **Web 3.0 주요 코인 탐구 – 기능, 합의 메커니즘, 철학,
그리고 진화의 이야기** 　　　　　　　　　　　　347
- 솔라나(Solana) 　　　　　　　　　　　　　347
- XRP(리플) 　　　　　　　　　　　　　　　349
- 이더리움(Ethereum) 　　　　　　　　　　　350

- 아발란체(Avalanche) 351
- 폴리곤(Polygon) 352
- 카르다노(Cardano) 353
- 테조스(Tezos) 354
- 코스모스(Cosmos) 355
- 폴카닷(Polkadot) 356
- 스텔라(Stellar) 357
- 센트리퓨지(Centrifuge) 358
- 폴리매쓰(Polymath) 359
- 리퀴파이(Liquefy) 359
- RealT 360
- AAVE 361
- GMX 361
- Aragon / Gnosis 362
- 밈코인 363

❖ **마침말** 366

서 문

Web 3.0 시대 장자를 꿈꾸며

코로나가 본격적으로 기승을 부리기 시작했을 무렵, 나는 철학을 통해 내 지식의 한계를 처음으로 마주했다. 그동안 쌓아 온 지식들이 허무하게 느껴졌다. 그것들은 결국 종이 위에 인쇄된 활자에 불과했다.

나에게 지식이란 남들이 잘 닦아 놓은 고속도로였고, 인문학은 그 곁을 따라 난 오솔길이었다. 지식의 대로 위에서 끊임없이 차선을 바꾸며 경쟁하듯 달려온 나에게, 좁고 외진 인문학의 길은 처음으로 '멈춤'을 허락했다. 그것은 힐링이었고, 동시에 내 안에 쌓여 있던 지식에 대한 피로를 일깨우는 계기였다.

한적한 오솔길을 걷던 나는 어느덧 누구도 들어가 본 적 없는 큰 숲을 마주하게 되었다. 그것은 바로 철학의 숲이었다. 궁금증과 질문의 숲, 그 숲을 방황하던 나는 그 안에서 장자를 만났다. 그는 나의 삶을 비난하지 않았고 있는 그대로의 나를 위로하며 껴안아 주었다. 장자와의 만남은 이렇게 시작되었다. 만나면 만날수록 알량한 지식을 뽐내던 나의 존재가 하찮아져 갔다. 장자는 나에게 지식을 이야기하지 않았다. 대자연의 섭리를 알게 하고, 나를 돌아보게 만들었으며 나를 나답게, 있는 그대로인 나를 가르쳤다. 아니, 가르치려고도 하지 않았다. 그저 나를 뚫어져라 쳐다볼 뿐이었다. "그동안 애썼지?" 장자는 나를 말없이 위로했다. "이제는 애쓰지 않아도 돼…."

그 후 코로나가 시작될 즈음에 나는 블록체인을 만났다. 처음엔 기술로 보였던 그것이 장자의 사상과 맞닿아 있다는 것을 알게 되기까지는 그리 오래 걸리지 않았다. 비슷한 게 아니라, 전혀 다를 것이 없었다. 장자가 말한 세상이 기술로 펼쳐지고 있었다. 장자가 디지털로 다시 태어난 것이다.

그 깨달음은 이 책의 시작점이 되었다. 장자의 '소요유(逍遙遊)'는 아무 데도 속하지 않고, 얽매이지 않으며 존재하는 자유로운 삶을 뜻한다. 그리고 블록체인은 그것을 현실에서 구현하는 기술적 기반을 마련했다.

장자는 나에게 처음으로 '그렇게 살아도 괜찮다'고 말해 준 존재였다. 그는 기준에서 벗어나 존재할 수 있는 용기를 주었다. 블록체인을 처음 마주했을 때, 나는 직감적으로 장자의 '무위'와 닮아 있다는 걸 느꼈다. 기술이 철학을 담을 수 있다는 것을, 철학은 기술로 실현될 수 있다는 것을….

이 책은 바로 그 만남, 그 깨달음, 그 실현을 향한 여정이다. 철학과 기술이 만나는 접점, 장자와 블록체인이 교차하는 시대. 이 새로운 길 위에서, 나는 다시 현대인의 의미를 묻고자 한다.

"우리는 어디로 가는가?"

"우리는 누구여야 하는가?"

그 답을, 나는 장자와 블록체인에게 물어보려 한다.

책을 읽기 전에...

　이 책은 단순한 기술서도 아니고, 그렇다고 철학 이론서도 아니다. 오히려 그 사이의 경계를 무너뜨리고, 기술과 철학, 존재와 사유, 삶과 흐름을 하나로 묶는 이야기다. 이 여정을 이끄는 두 단어가 있다. 바로 'Web 3.0'과 '무위(無爲)'다. Web 3.0은 블록체인이 만드는 세상이고 무위의 세상은 장자가 바라던 세상이었다. 책을 읽어 나가면, 이 두 단어가 반복적으로 등장한다는 인상을 받게 될지도 모른다. "왜 이렇게 자주 나올까?"라는 생각이 들 수도 있다. 그러나 그 반복은 설명을 위한 강조가 아니라, 존재를 위한 체화다.

　Web 3.0은 더 이상 기술적인 해설로만 설명될 수 없는 시대적 패러다임이다. 그것은 우리가 살아갈 다음 세계의 조건이자 새로운 일상이며, 단순히 사용하는 것이 아니라 함께 살아가는 기반이다. 그리고 무위—장자가 말한 궁극의 자유—는 더 이상 철학적 사상이 아니다. 그것은 우리가 추구해야 할 마음의 방식이며, 존재의 이정표다. 무위는 말로 설명되는 것이 아니라, 자연스럽게 스며들어야만 하는 정신의 상태다.
　이 두 개념은 마치 공기처럼, 빛처럼, 설명보다는 경험되어야 할 존재다. 그래서 반복된다. 그래서 자주 등장한다. 그 반복은 독자가 이 책을 통해 머리가 아니라 삶으로 받아들이길 바라는 저자의 의도이자 흐름이다.
　그리고 흥미롭게도, 이 철학적 전환은 이미 기술의 이름 속에 예언처럼 담겨 있었다. 바로 비탈릭 부테린이 만든 '이더리움(Ethereum)'이다. 그 이름은 단순한 네트워크의 명칭이 아니다. 이더리움의 어원인 '에테르(Ether)'는 본래 고대 철학에서 우주를 채우는 제5원소, 가장 순수한 존재의 흐름을 의미한다. 눈에 보이지는 않지만 모든 것을 연결하는 보이지 않는 매질을 뜻한다. Web 3.0과 무위는 그 에테르처럼, 우리를 연결하고 채우는 보이지 않는 방식으로 존재한다.

이 책이 궁극적으로 독자에게 남기고자 하는 것도 바로 그것이다. 많은 이론과 단어, 개념 속에서 단 두 단어만 남아도 좋다. 'Web 3.0, 그리고 무위'. 이것이 여러분의 삶 속에 숨결처럼 남는다면, 이 책은 제 역할을 다한 것이다.

독자 여러분을 위해 책의 앞부분에서 장자와 블록체인 이 두 가지에 대한 기본적인 이해도를 높이고자 한다. 기초적인 내용이기에, 이미 이 분야를 잘 아는 독자는 참고만 해 주기 바란다.

장자에 대해…

✓ 장자(莊子) – 고대 철학자가 디지털 시대에 말을 걸다

장자는 기원전 4세기경, 중국 전국시대의 혼란기에 활동했던 철학자다. 도가(道家) 사상을 대표하는 인물로, 노자와 함께 중국 철학의 양대 산맥을 이룬다. 하지만 장자는 노자보다도 더 급진적이고 자유로운 사유의 흐름을 펼쳤다. 그는 '도(道)'라는 절대 원리를 중심으로 세상을 관조했으며, 인간의 삶 역시 인위적 질서가 아닌 자연스러운 흐름 속에서 조화를 이뤄야 한다고 보았다.

장자의 사상은 '무위자연(無爲自然)', '소요유(逍遙遊)', '제물론(齊物論)'으로 대표된다. 그는 인간이 사회적 역할이나 도덕, 제도에 얽매이기보다는 존재 자체로 자유로워져야 한다고 주장했다. 장자의 철학은 공자·맹자식 유가(儒家)의 규범 중심 사상과는 대조적이다. 공자는 '어떻게 살아야 하는가'를 묻지만, 장자는 '굳이 그렇게 살아야 하는가?'라고 반문한다.

그는 한 마리의 나비가 되었다가, 다시 인간으로 깨어나는 꿈을 통해 현실과 환상의 경계조차 해체한다. 세상의 기준은 상대적이며, 절대적 진리는 없다는 그의 사유는 오늘날 포스트모던 시대를 관통하는 통찰과 맞닿아 있다.

또한 장자는 '쓸모없음의 쓸모'를 이야기한다. 누군가에게는 쓸모없다고 여겨진 것도 그 자체로 존재 의미가 있으며, 오히려 쓸모없기에 더 자유롭고 오래 살아남는다고 본다. 이는 현대 사회에서 다양성과 개성을 존중하고, 표준화된 기준에서 벗어난 인간 중심 사고를 가능케 하는 철학적 토대가 된다.

장자는 철학자이자 이야기꾼이었다. 그의 책 『장자(莊子)』는 이론이 아니라 우화와 풍자로 가득 찬 이야기다. 거대한 붕새(鵬鳥)의 비상, 고목나무의 생존, 허깨비 인간의 대화 등은 모두 '자유로운 삶'을 향한 철학적 은유다. 오늘날 우리는 이 자유로운 정신을 디지털 시대의 기술 속에서 다시 마주하게 된다.

✓ 『장자』의 구성 – 내편, 외편, 잡편

『장자』는 총 33편으로 구성되어 있으며, 전통적으로 다음과 같이 세 분류로 나뉜다.

- **내편(內篇, 7편):** 장자 본인의 사상을 가장 잘 보여 주는 핵심 장들로, 사유의 깊이가 가장 깊고 우화적 표현이 돋보인다.

- **외편(外篇, 15편):** 장자의 제자 혹은 후대 도가 사상가들에 의해 쓰였다고 추정되며, 내편보다 실제적이고 다양한 주제를 다룬다.

- **잡편(雜篇, 11편):** 여러 학파와 인물의 사상까지 아우르며, 장자의 영향권에서 조금 벗어난 자유로운 사유가 나타난다.

다음은 장자의 대표적인 편과 이야기이다.

✅ 소요유(逍遙遊)

거대한 붕새가 하늘 끝까지 나는 장면으로 시작한다. 작은 새들은 붕새를 비웃지만, 붕새는 구만 리 높이 날아 절대적 자유를 향한다. 이는 Web 3.0이라는 거대한 철학적 이행의 길을 걷는 블록체인의 비유로 삼기에 적절하다. 블록체인은 붕새이며, 비웃던 작은 새들은 초기 비트코인을 조롱하던 기성 기득권과 유사하다.

✅ 제물론(齊物論) 호접몽(胡蝶夢)

장자는 어느 날 꿈에서 한 마리 나비가 되었다. 자유롭게 날며 꽃 사이를 떠돌던 나비는 다시 깨어나 인간, 장자가 되었다. 그는 혼란에 빠진다.

"내가 꿈에서 나비가 된 것인가, 아니면 나비가 꿈에서 내가 된 것인가?"

이 물음은 단순한 몽환의 이야기를 넘어, 자아와 세계의 본질에 대한 날

카로운 성찰을 담고 있다.

"꿈과 현실, 주체와 객체, 인간과 자연, 그 경계는 어디에 있는가?"

이 철학적 이야기는 오늘날 메타버스라는 디지털 현실 속에서 더욱 절실히 다가온다. 아바타로 살아가는 또 다른 '나', 가상공간에서 체험하고 느끼는 감정은 과연 가짜일까? 아니면 그것도 하나의 진실인가?

제물론은 세계의 모든 존재와 가치가 결국 하나로 돌아간다는 장자의 통찰을 품고 있다. 구분을 없애고, 경계를 흐리며, 본질로 돌아가고자 하는 그 사유는 메타버스가 우리에게 던지는 질문과 정확히 맞닿아 있다.

현실과 가상, 존재와 허상 사이에서 우리는 누구이며, 어디에 있는가?

✓ 제물론(齊物論) 오상아(吾喪我)

장자의 「제물론」에서 남곽자기(南郭子綦)는 어느 날 스스로를 가리켜 말한다.

"나는 나를 잃어버렸다(吾喪我)."

이 말은 단지 정신적 혼란이나 자기 상실이 아니라, '고정된 자아'의 해체를 통해 보다 큰 존재와의 합일에 도달한 상태를 의미한다. 인간이 '나'라고 여기는 자아는 사실 수많은 경험, 판단, 감정, 분별로 구성된 인위적 구조물에 불과하다. 그 모든 틀을 내려놓았을 때 비로소 인간은 만물과 도(道)의 흐름 속에서 하나가 된다.

이러한 철학은 오늘날 Web 3.0 시대가 요구하는 새로운 자아의 감각과도 절묘하게 연결된다. Web 3.0은 탈중앙화, 주체성 회복, 개별 데이터의 소유와 이동성을 전제로 한 새로운 디지털 질서다. 이 속에서 인간의 자아는 더 이상 국적, 소속, SNS 계정 같은 단일한 틀에 고정되지 않는다.

우리는 NFT로 자아를 표현하고, 디지털 지갑으로 신원을 인증하며, 탈중앙화된 커뮤니티 안에서 자유롭게 존재하고 활동한다.

이때의 '나'는 고정된 하나가 아니라, 분산되고, 연결되며, 유동적인 자아이다. 이는 곧 장자가 말한 '오상아', 즉 형태를 벗은 나, 비움으로써 확장된 나의 철학과 닮아 있다.

장자는 자아를 잃는 것이 곧 도와 하나가 되는 것이라 했고, 우리는 Web 3.0에서 중앙과 경계를 잃음으로써 새로운 세계와 연결된다.

이것은 단순한 기술의 진보가 아니라, 인간 존재의 전환이다.

✅ 양생주(養生主)

노장(老莊)의 이야기 속, 노련한 주방장은 소를 해부하면서 단 한 번도 칼날을 갈지 않는다. 그의 칼은 뼈를 피해, 살과 힘줄 사이 보이지 않는 틈새를 따라 물 흐르듯 스며든다. 억지로 힘주지 않고도 완벽한 조화를 이루는 손끝의 움직임, 그것이 곧 도(道)를 따르는 삶이다.

이 무위(無爲)의 철학은 오늘날 우리가 마주한 디지털 문명 속에도 살아 숨 쉰다. 사람의 손길이 닿지 않아도 약속대로 작동하는 블록체인 스마트 계약처럼, 애씀 없이도 스스로 실행되는 질서. 그 안에는 자연의 이치처럼 조용하지만 강한 원리가 흐르고 있다.

양생주는 우리에게 묻는다. 진정한 삶의 기술이란 무엇인가? 인위적 개입 없이도 살아 숨 쉬는 질서 속에서, 우리는 얼마나 자연에 가까운 흐름을 살아가고 있는가. 애쓰지 않아야 한다. 애를 쓰면 힘이 가해진다. 모든 사물은 견딜 만큼 이상의 힘이 가해지면 흐트러지거나 부서진다. 우리가 하는 모든 운동은 힘을 빼는 단계가 숙달의 단계이다. 우리의 인생에도 힘이 들어가면 안 된다. 생각에도 힘이 들어가면 안 된다. 애씀은 주체나 객체나 다 힘들게 한다. 그래서 장자는 억지로 하지 말라 한다. 모든 것에 힘이 빠진 상태, 그것이 곧 '무위'다.

✅ 대종사(大宗師)

장자의 부인이 세상을 떠났을 때, 친구 혜자가 조문을 왔다. 그런데 장자는 부인의 죽음을 슬퍼하기는커녕, 대나무를 두드리며 노래를 부르고 있었다. 혜자가 놀라서 묻자 장자는 이렇게 답했다.

"태어날 때 어디서 왔는지 모르고, 죽어서 어디로 가는지도 모른다. 하나의 순환일 뿐이다. 그러니 나는 그녀의 삶과 죽음을 모두 기뻐한다."

장자는 『대종사(大宗師)』 편에서 이처럼 죽음조차 도(道)의 일부로 받아들이며, 삶과 죽음의 경계를 허문다. 인간 존재의 흐름은 유한한 육체에만 갇혀 있지 않으며, 삶과 죽음은 대립이 아니라 자연의 순환 안에 있는 하나의 변화일 뿐이다.

이러한 사유는 오늘날 데이터와 물리적 실체의 경계가 흐려지는 디지털 시대와 맞물리며, 자아와 존재의 의미를 다시금 되묻게 만든다. 인간은 이제 기술을 통해 기억을 저장하고, 죽은 존재조차 디지털로 재현할 수 있게 되었다. 그렇다면 존재란 무엇인가? 삶과 죽음의 기준은 어디에서 시작되고 끝나는가?

삶과 죽음이 분리되지 않고 하나의 흐름으로 이해되는 이러한 관점은 인공지능과 디지털 기술이 인간의 기억과 정체성마저 저장하고 재현할 수 있는 오늘날, 존재의 본질이 과연 무엇인지 근본적인 질문을 던진다.

대종사의 통찰은 단순한 철학적 사유를 넘어, 변화하는 세계 속에서 인간다움의 기준과 윤리에 대한 새로운 방향을 제시한다. 장자가 보여 준 삶의 태도는 지금 우리가 기술의 세계 안에서 인간을 다시 정의하려는 시점에서, 철학이 다시 살아나야 할 이유가 된다.

⊘ 응제왕(應帝王)

전설적인 성군 요(堯)는 자신의 자리를 물려줄 인물을 찾기 위해 덕이 깊은 은자(隱者)들을 찾아 나선다. 그는 먼저 허유(許由)라는 인물을 찾아가 자신의 자리를 넘겨주려 한다. 그러나 허유는 이렇게 말하며 단호히 거절한다.

"당신의 말은 나를 오염시킨다. 한강의 맑은 물로 귀를 씻어야겠구나."

그리고 그는 실제로 강가로 가서 귀를 씻는다. 그 모습을 본 또 다른 은자 소광(巢父)은 그 물조차 더럽다며 소를 끌고 다른 강으로 이동한다.

요 임금은 이후에도 여러 은자를 찾아가 자리를 넘기려 하지만, 그들은 모두 정치권력을 '더럽고 무거운 짐'으로 여기며 거절한다.

심지어 어떤 이는 "나라를 다스린다는 것은 남의 코에다 불을 붙이는 것과 같으니, 괜히 남의 일을 망치지 말라."라고 말한다.

장자는 참된 군주란 나서지 않으며, 다스리려 하지 않고, 스스로 물러나 만물이 제 갈 길을 가게 두는 이라 말한다. 그는 법과 명령으로 세상을 억지로 조율하지 않는다. 다만, 하늘의 이치에 응하고 자연의 흐름에 귀 기울일 뿐이다. 그렇게 함으로써 그는 오히려 가장 조화롭고 평화로운 질서를 이룬다.

이것이 곧 무위(無爲)의 정치, 그리고 이상적 지도자의 모습이다.

오늘날 우리는 새로운 형태의 공동체 실험을 목격하고 있다. DAO, 즉 탈중앙화 자율조직. 특정 인간의 개입과 지배 없이 미리 정해진 규칙과 알고리즘에 따라 스스로 굴러가는 공동체. 모든 구성원이 동등하게 참여하고, 누구도 위에 서지 않으며, 중심 없이 중심을 이루는 시스템.

이러한 DAO의 작동 방식은 장자의 응제왕 사상과 묘하게 겹친다. 리더가 없는 정치, 통제 없는 조화, 강제가 없는 질서. 응제왕은 오늘날에도 묻는다.

"진정한 지도자란 어떤 존재인가? 통치란 무엇이며, 질서는 누가 만들어야 하는가?"

그리고 우리 시대의 DAO는, 그 질문에 새로운 방식으로 응답하고 있다.

✅ 추수(秋水) 편 황하백(黃河伯) 이야기

장자의 「추수(秋水)」 편에는 황하백(黃河伯)의 일화가 실려 있다. 여름철 장마가 지난 뒤, 넘쳐흐르는 황하의 물을 바라보며 황하백은 스스로의 위대함에 감탄한다. 세상 그 어느 것도 자신만큼 크고 장엄할 수 없다고 자만에 빠진 그는 흐름을 따라 바다로 나아가던 중, 북해(北海)의 신 '약(若)'을 만나게 된다.

그러나 북해를 마주한 순간, 황하백은 말문을 잃는다. 자신이 그토록 자랑하던 물줄기는 이 광대한 바다 앞에서 미미한 존재였던 것이다. 그는 깊이 부끄러워하며 약에게 고백한다. 이에 북해의 신은 부드럽게 말한다.

"물이 흘러들어도 넘치지 않고, 빠져나가도 줄지 않는 것이 진정 큰 존재의 그릇이다."

황하백은 그제야 깨닫는다. 진정한 크기란 자신을 아는 데서 비롯되며, 작음을 인정하는 순간 오히려 더 큰 존재로 확장될 수 있다는 것. 이 고사는 단지 겸손을 말하는 데 그치지 않는다. 자신의 한계를 인식하고, 더 넓은 세계를 받아들이는 유연함—그것이야말로 '도(道)'의 본질임을 드러낸다.

이처럼 '흐름을 인식하는 존재만이 진정 큰 흐름 속에 머물 수 있다'는 장자의 가르침은 오늘날 우리가 맞이한 디지털 전환기에도 깊은 울림을 준다.

우리는 지금, 또 하나의 '북해'와 마주하고 있다. 바로 Web 3.0이라는 새로운 시대적 흐름이다. 익숙했던 Web 2.0, 중앙 집중형 시스템의 질서, 플랫폼 중심의 구조는 서서히 뒤로 물러나고 있다. 블록체인, 탈중앙화, 주체적 참여와 자율성을 핵심으로 하는 Web 3.0은 거대한 바다처럼 광활하고 예측 불가능하다.

많은 이가 과거의 성공 공식에 매달린다. 익숙한 방식이 더 안전하고, 검증된 틀이 여전히 유효하다고 믿는다. 그러나 이 새로운 바다 앞에서 우리는 황하백처럼 자신의 '작음'을 인정할 수 있어야 한다. 그것은 실패나 약함의 표현이 아니라, 더 큰 흐름에 자신을 던질 수 있는 용기와 열린 태도다.

황하백이 북해 앞에서 비로소 참된 '도'의 자리에 들었듯, 우리 역시 Web 3.0 시대를 온전히 살아가기 위해서는 과거의 자기 확신을 내려놓고 새로운 질서를 받아들이는 인식의 전환이 필요하다. 중심은 사라지고 연결이 힘이 되는 시대—그 안에서 중요한 것은 변화 그 자체가 아니라, 그 흐름을 읽고 따를 수 있는 우리의 자세다.

과거의 강을 떠나 바다를 향하는 길. 그것은 곧, 우리 모두가 디지털 시대에 택해야 할 철학적 태도일 것이다.

블록체인과 이더리움에 대해…

⊘ 블록체인

블록체인은 2008년 세계 금융위기 직후, '사토시 나카모토'라는 가명의 인물(혹은 집단)에 의해 비트코인이라는 형태로 세상에 처음 등장했다. 금융기관과 중앙권력에 대한 신뢰가 붕괴된 시기, 블록체인은 '중앙 없는 신뢰 시스템'이라는 완전히 새로운 구조를 제시했다.

블록체인의 핵심은 '탈중앙화'이다. 데이터는 더 이상 하나의 기관이나 서버에 저장되지 않고, 수많은 컴퓨터(노드)에 분산된다. 누구도 위조하거나 조작할 수 없고, 누구나 동등하게 참여할 수 있다. 블록체인은 단지 기술이 아니라, '신뢰를 코드로 만든 사회적 장치'이자 새로운 철학이다.

블록체인은 '탈(Dcentral)의 철학'을 품고 있다. 이는 단순한 기술적 구조가 아니라, 기존 사회가 구축해 온 수많은 중앙화된 시스템으로부터의 이탈을 가능하게 하는 철학적 기반이다. 우리는 이제 '탈물질', '탈중앙', '탈기업', '탈고용', '탈지배', '탈권력'의 시대를 맞이했다. 이러한 일련의 '탈'은 곧 인간을 얽매던 중앙화 권력의 구속에서 해방을 의미하며, 블록체인은 그 근간이 되는 인프라를 제공한다. 나는 이를 통틀어 '탈물결'이라고 칭하고자 한다. 기존의 물결에서 벗어나 비상하는 붕새처럼 날아가는 비상의 시대라고 말하고 싶다. 이 시대에 우리는 기술을 통해, 다시금 철학으로 회귀한다.

이후 비트코인의 블록체인 철학을 계승한 이더리움이 등장하며 블록체인은 '스마트 계약'이라는 개념을 품게 된다. 이제 모든 계약과 합의, 거래는 사람의 손을 거치지 않고도 코드가 조건에 따라 자동으로 실행한다. 이는 인간의 인위적 개입을 배제한 '무위의 자동화 사회'로의 전환이다. 장자의 사상이 기술로 구현된 첫 사례라 해도 과언이 아니다.

사토시 나카모토, 그는 비트코인을 만든 뒤 2011년 4월 26일 가빈과의 마지막 메일을 끝으로 흔적 없이 사라졌다. 그의 마지막 메일은 "나를 신비한 그림자 인물처럼 자꾸 말하지 않았으면 좋겠다."였다. 익명성과 무위, 그리고 중앙에서 물러남으로써 자율성을 실현한 이 인물의 행보는 장자의 철학과 놀랍도록 닮아 있다.

이더리움

이더리움의 발현은 마치 비트코인의 탈중앙 철학이라는 토양 위에 사상이라는 씨앗을 뿌린 것과 같았다.

이더리움을 고안한 사람은 비탈릭 부테린(Vitalik Buterin)이다. 그는 러시아계 캐나다인으로, 1994년에 태어나 어린 시절부터 수학과 프로그래밍에 뛰어난 재능을 보였다. 비트코인의 열렬한 지지자였던 그는 비트코인 커뮤니티에서 활동하며 다양한 암호화폐 프로젝트를 분석했다. 하지만 비트코인이 단순 송금 기능에 국한된 점에 아쉬움을 느낀 그는, 블록체인을 더 다양하게 활용할 수 있는 '프로그래머블 블록체인'을 구상하게 된다. 이는 이더리움 생태계의 핵심 기반 중 하나로 작동하고 있다. 그런데 이더리움은 단지 기술적 구조만으로 설명되지 않는다. 그 이름 자체에서 이미 존재의 방식이 예고되어 있다. '이더리움(Ethereum)'이라는 명칭은 고대 자연철학에서 우주를 채우는 다섯 번째 원소, '에테르(Ether)'에서 유래되었다. 고대인들은 에테르를 모든 것 사이에 존재하면서, 연결하고, 침투하고, 그러나 눈에 보이지 않는 존재로 여겼다.

그 상징은 오늘날 Web 3.0 시대의 이더리움과 절묘하게 겹친다. 이더리움은 단순한 암호화폐 네트워크가 아니라, 모든 것을 연결하고 흐르게 하는 '기술적 공기'처럼 존재한다. 마치 장자의 무위(無爲)가 삶 속 어디에도 얽매이지 않으면서도 모든 것에 작용하듯, 이더리움은 우리가 의식하지 않는 사이 우리의 디지털 환경 속으로 자연스럽게 스며들고 있다.

이더리움이라는 이름 자체가 곧 사상이며, 공간이며, 흐름이며, 도(道)이다. 그것은 단지 기술의 틀을 넘어, 새로운 세계의 존재 방식이 어떤 것인지를 암시하고 있다.

1부

철학은 돌아왔고,
기술은 그것을
기다리고 있었다
기술의 전환기,
장자를 다시 묻다

• • • •

철학은 돌아왔고, 기술은 그것을 기다리고 있었다. 기술이 너무 빨리 왔다. 인간의 철학이 따라잡기도 전에 시스템은 사회를 대체했고, 알고리즘은 욕망을 설계했다.

하지만 어느 순간, 사람들은 눈치채기 시작했다. 기술이 넘어서지 못한 것이 있었다는 것을. 그것은 존재의 방향, 삶의 태도, 의미의 축이었다.

1장은 지금 우리가 맞이한 거대한 전환의 출발점을 짚는다.

1장에서는 '탈물결(post-wave)'이라는 시대적 분위기 아래, 더 이상 이념도 진영도 중심도 남지 않은 세계에서 어떤 질문이 유효한지를 묻는다. 고정된 기준은 붕괴했고, 모든 것이 흘러간다. 이 탈물결의 지형은 오히려 다시 근원적 질문을 가능하게 하는 시공간이다.

2장은 Web 3.0이라는 이름으로 나타난 기술적 움직임이 단순한 진보가 아니라, 철학적 전환이라는 것을 보여 준다. '기술이 구조를 바꾸는 것'이 아니라, '기술이 존재 방식을 바꾸는 것'으로 이해될 때, 우리는 그 변화를 다르게 읽을 수 있다.

3장은 이런 흐름 속에서 왜 다시 철학이 필요해졌는지를 다룬다. 철학은 이 시대의 도구가 아니라 이 시대를 건너는 방식 그 자체다. 사유는 실용성과 효율만으로는 도달할 수 없는 자리를 비춘다. 바로 지금, 철학이 돌아온 이유다.

그리고 4장에서는 장자의 사유와 DeFi(탈중앙 금융)의 원리가 만나는 지점을 조명한다. 고대의 무위(無爲)가 현대 블록체인 시스템 위에서 구현될 수 있다는 이 낯선 조합은, 기술이 철학을 실현할 수 있는 유일한 방식이 '억지 없음'이라는 점을 역설적으로 드러낸다.

1부는 선언이다. 기술의 진화가 끝이 아니라면, 철학의 귀환이 시작이어야 한다. 다시 질문할 시간, 다시 존재를 사유할 시간이다.

1장 탈물결 시대의 도래

우리는 지금 거대한 전환의 시대에 서 있다. 그 전환의 핵심은 '탈(脫)'이라는 단어로 설명된다. 즉, '벗어나다'라는 뜻의 탈이다. 탈중앙, 탈물질, 탈고용, 탈조직 등 탈이라는 새로운 개념에 우리 삶을 구성하던 많은 '기준'들이 해체되고 있다. 이 흐름을 나는 '탈물결'이라 부른다.

지금까지 모든 기득권의 중앙은 효율과 질서를 보장했다. 정부, 기업, 금융, 교육기관, 종교는 중심이 되어 인간의 삶을 설계하고 규율했다. 그러나 이들은 동시에 권위와 통제를 통해 개인의 자율성과 다양성을 억압해 왔다. 유교는 예와 질서를, 종교는 구원의 조건을, 근대 이념은 국민의 역할과 의무를 강조하며 모든 것에 기준을 세워 거기에 맞출 것을 강요했다. 이는 곧 획일성과 복종, 동질성과 경쟁으로 이어졌다.

기득권은 이 질서를 유지하기 위해 '중앙화된 구조'를 필요로 했다. 사회는 권력의 피라미드로 작동했고, 상위 구조에 존재하는 자들은 기준을 만들고 평가하는 역할을 수행했다. 반면 대다수는 그 기준에 맞춰 자신을 끊임없이 조율하며 살아야 했다. 개개인의 존재는 언제나 외부의 시선에 의해 규정되었고, 삶은 스스로 구성하는 것이 아니라 주어진 틀에 맞추는 일이었다.

하지만 시대적 반향이 나타나기 시작했다. 새로운 세대인 MZ세대(밀레니얼+Z세대)는 이를 거부하는 기존의 질서에 대립하는 사회·문화적 현상들을 나타내기 시작했다. MZ세대는 기존의 획일적 질서와 위계 중심의 사회 구조에 반기를 들며, 각자의 개성과 자유로운 삶의 방식을 추구하는 흐름을 만들어 가고 있다. 이들은 사회적 성공이라는 기준이 더 이상 정해진 공식으로 주어지는 것이 아니라, 나만의 방식으로 구성될 수 있다고 믿는다.

대표적인 시대적 현상으로, MZ세대는 MBTI와 같은 성격 유형 검사를 통해 자신을 규정하고, 타인과의 차이를 받아들이는 문화를 만들어 내고 있다. 이는 기존의 동일한 행동과 정답을 요구하는 사회적 규범에서 벗어나, 나 자신이 어떤 존재인지를 스스로 정의하려는 시도로 읽힌다. 일찍이 장자가 말한 '나다움'을 알고 자신의 정체성을 실현하고자 하는 것이다.

또한, 고정된 직업 하나만을 유지하는 삶에서 벗어나, 'N잡러'로서 여러 개의 일을 병행하거나 디지털 노마드로 유목적 삶을 선택하는 이들이 많아지고 있다. 이들은 조직보다는 프로젝트를, 안정보다는 유연함을 선호하며, 이를 통해 자기 삶의 방향을 스스로 결정하고자 한다. 이는 장자의 무위를 추구하는 것 같은 현상이다.

'조용한 사직(Quiet Quitting)'이라는 흐름도 같은 맥락에 있다. 출세나 인정보다 개인의 시간과 내면의 만족을 중시하는 이 흐름은, 전통적인 직장 문화가 요구하는 무조건적 헌신에서 벗어나 자기 경계와 자율성을 세우려는 시도로 나타난다.

이와 함께 물질적 성공보다는 내면적 가치와 경험을 중시하는 미니멀리즘과 탈소유 문화가 확산되고 있다. 자동차나 부동산, 명품 같은 기존의 성공 상징은 더 이상 절대적 기준이 아니며, 대신 공유 경제를 기반으로 한 유연한 소비와 이동 방식이 주목받고 있다.

삶에서 '소확행(소소하지만 확실한 행복)'이나 '욜로(YOLO)'를 추구하는 문화 역시 이러한 시대정신을 반영한다. 이는 먼 미래를 위한 현재의 희생보다 지금의 만족과 의미를 중시하는 삶의 태도이며, 자기중심적인 삶의 재구성이기도 하다.

SNS에서는 자신의 취향과 세계관을 드러내는 계정 운영이 일반화되고 있다. 단지 정보를 공유하는 것을 넘어 내가 좋아하는 것, 내가 사는 방식을 표현하는 수단으로 SNS를 활용한다. 이는 집단 동조보다는 개별 정체성과 존재감을 드러내는 창구로 기능한다.

또한, 팬덤 경제나 취향 공동체의 확산은 기존의 거대 조직이나 이념이 제공하던 소속감이 아니라 취향과 공감대를 기반으로 한 수평적 연결과 자율적 연대를 형성하게 한다.

이러한 일련의 사회 변화들은 결국 장자가 말한 '스스로 그러함(自然而然)'과 닮아 있다. 나로부터 시작되는 삶, 남이 만든 기준이 아닌 나의 흐름을 따르는 삶, 그것이 MZ세대가 보여 주는 새로운 질서의 방식이다.

우연히도 이 새로운 세대가 추구하는 세계관과 일치하는 것이 Web 3.0 시대인 것이다. 블록체인과 같은 탈중앙화 기술은 누구도 중심에 있지 않은 네트워크를 가능하게 만들었고, 참여자 스스로가 거버넌스를 결정하고 보상을 분배하며 시스템을 유지한다. 이제는 허가받지 않아도, 중앙에 속하지 않아도 스스로 존재할 수 있는 기술적 조건이 마련된 것이다. Web 3.0은 MZ를 품은 것이다.

"운전면허? 나중에 필요하면 그때 따지."

이 말은 이제 MZ세대 사이에서 더 이상 낯설지 않다. 어떤 이들은 면허를 아예 따지 않고, 어떤 이들은 면허는 있지만 자동차를 운전하지 않는다.

단순한 개인 선택처럼 보이는 이 현상은 사실, 사회적 배경과 세대적 감수성이 반영된 문화적 변화다.

MZ세대는 도시 인프라와 기술 발전의 혜택 속에서 자랐다. 대중교통은 고도화되었고, 카셰어링, 택시 앱, 전동 킥보드 등 다양한 이동 수단이 존재한다. 굳이 자동차를 소유하지 않아도 되는 환경 속에서, 운전면허는 '필요한 때가 오면 취득하는 것'으로 여겨진다. 즉, 선택 가능한 라이선스이지 당연한 통과의례는 아니다.

기성세대에게 운전면허는 '자유'와 '독립'의 상징이었다. 면허를 따고, 자동차를 몰고 떠나는 것은 성인의 의례였다. 그러나 MZ세대는 이미 스마트폰 하나로 세상의 많은 것에 접근할 수 있는 세대다. 그들에게 '자유'는 물리적 공간 이동의 범위가 아니라 연결성과 시간의 통제력에 있다.

이런 맥락에서 자동차는 단순한 이동 수단, 혹은 자유를 주는 수단이 아니라 시간과 비용을 잡아먹는 존재로 전락했다. 보험, 유류비, 정비비, 주차비 등 지속적인 유지 비용이 따른다. MZ세대는 이를 '비효율적 고정비'로 인식하고, 그 돈으로 여행이나 자기 계발에 투자하는 것을 더 가치 있게 여긴다. 또한, 이들은 '소유'보다 '경험'을 중시한다. 차를 소유하는 것보다는, 필요한 순간만 잠시 쓰는 '공유'가 더 합리적인 선택으로 보인다. '내 차'는 낭만이 아니라, 귀찮음과 비용의 소모를 상징하는 물질적 존재가 되기도 한다.

기후 위기 시대에 자동차는 탄소 배출의 주범 중 하나로 지목된다. Z세대를 중심으로 기후 위기에 대한 감수성은 높아졌고, '차 없이 사는 것'이 스스로의 친환경 실천 방식이 되기도 한다. 또한, ESG(사회·환경·지배구조)와 지속가능성을 중시하는 이들은 자동차 없는 삶을 '실천적 철학'으로 여기며 자부심을 느낀다. 이는 단순한 경제적 이유를 넘어 가치 기반의 선택으로 확장되고 있다. 이러한 현상을 또 다른 개념으로 '미닝 아웃'이라 부른다. 즉, 신념적인 소비 활동이라는 것이다.

장자는 무위자연(無爲自然)을 강조했다. 인위적인 것을 버리고, 자연스러운 흐름에 따라 사는 삶. MZ세대의 '운전면허를 굳이 갖지 않는' 태도는 일종의 현대적 무위로 볼 수도 있다. 억지로 취득하지 않고, 필요하지 않으면 갖지 않는 태도. 이는 결핍이 아니라 스스로 그러한 삶에 대한 선택이다. 이러한 선택은 '탈대중성'이라고도 할 수 있다. 즉 대중의 객관성에 끌려가지 않는다는 것이다. 소유를 전제로 하지 않는 이 유연한 삶의 방식은, 오히려 더 자유롭고, 더 철학적일지 모른다.

MZ세대가 운전면허를 갖지 않는 현상은 단지 '귀찮음'의 문제가 아니다. 그 이면에는 경제적 현실, 기술의 진보, 기후 위기에 대한 책임감, 그리고 시대가 요구하는 새로운 자유의 정의가 숨어 있다. 운전면허는 더 이상 '어른이 되는 입장권'이 아니다. 오히려 자동차 없이도 더 가볍고 유연하게 살아가는 선택이야말로 장자의 거피취차(去彼取此), 즉 '저것을 버리고 이것을 택하는' 새로운 철학이 되고 있다.

블록체인과 Web 3.0 기반 기술인 DAO(탈중앙화 자율조직), NFT(대체 불가능 토큰), DeFi(탈중앙 금융)와 같은 흐름은 '중앙의 해체'와 맞물리는 '권력의 해체'를 현실로 만든다. 중앙의 해체와 함께 누구도 허가하지 않아도 참여할 수 있고, 누구도 통제하지 않아도 운영된다. 이는 장자가 이야기한 무위(無爲)의 철학과 자연스러운 공진화의 삶과도 깊게 맞닿아 있다. 억지로 조율하지 않아도, 각자가 자기 자리를 지키며 전체가 조화를 이루는 구조. 애쓰지 않음, 힘이 가해지지 않는 자연스러움을 만들어 낸다.

Web 3.0 시대, 공진화의 삶이란!

각 존재가 타인을 지배하거나 지시하지 않고, 서로 영향을 주고받으며 함께 변화하고 성장하는 방식의 삶을 말한다.

이는 억지스러운 개입 없이도 질서가 생겨나는 무위(無爲)의 철학과 맞닿아 있으며, 생태계에서 꿀벌과 꽃 등 다른 종들이 경쟁이 아닌 협력과 상호작용을 통해 진화하듯, 사회 역시 각자의 위치에서 자연스럽게 조화를 이루는 상태를 지향한다.

오늘날 우리는 인간과 기술이 서로를 바꾸며 함께 진화하는 공진화의 시대에 살고 있다. 인간은 기술을 설계하지만, 기술 또한 인간의 삶과 사고방식, 공동체의 구조를 다시 설계한다.

이러한 상호 진화 속에서 태어난 블록체인, DAO, NFT, DeFi 같은 탈중앙화 기술들은 통제 없는 연결, 허가 없는 참여, 그리고 스스로 굴러가는 질서를 가능하게 만든다. 그리고 그 흐름의 저변에는 단순한 기술의 발전이 아닌, 철학과 기술의 공진화가 놓여 있다.

장자가 말한 무위의 철학, 자연스러운 조화의 삶은 이제 코드와 알고리즘 속에 살아 숨 쉬며, 새로운 사회 운영의 원칙으로 자리 잡고 있다. 이것이 곧 Web 3.0 이라는 새로운 시대의 밑그림이다. 권력이 해체되고 중심이 사라지며, 철학이 기술과 만나 새로운 질서를 탄생시키는 장면. 우리는 지금, 그 변화의 한복판에 서 있다.

장자는 자연(自然), 즉 '스스로 그러함'을 이상적인 삶의 모습으로 보았다. 그에게 있어서 최고의 삶은 누군가의 기대에 맞추는 것이 아니라 자기 본연의 리듬을 따르는 것이었다. 지금의 기술적 진보는 우리에게 그 '스스로 그러한 삶'을 가능하게 만드는 도구가 되어 주고 있다.

그리고 중요한 것은 이러한 전환이 단지 기술적인 변화만이 아니라는 점이다. 그것은 인간에 대한 이해, 존재에 대한 재정의, 그리고 삶의 방식 전반을 되묻는 철학적 기회이기도 하다. 우리는 어디에 속해야 하는가? 우리는 누가 되기 위해 살아야 하는가? 이제는 그러한 질문에 중앙의 교리가 아닌 나 자신의 철학으로 답할 수 있어야 한다.

우리는 지금, 블록체인이 만들어낸 '탈(decentralizatidn)의 시대'에 살고 있다. 기준은 무너지고, 권력은 흩어지며, 존재는 다시 '나'에게 돌아오고 있다. 장자가 말한 '있는 그대로의 삶'이 디지털 공간 위에서 실현되는 시대. 그것이 바로, 탈물결(The Post Wave Era)의 시작이며 새 시대의 도래이다.

2장 Web 3.0, 기술을 넘는 철학적 전환
_ 블록체인의 기원과 이더리움의 탄생

블록체인의 철학적 기원을 설명할 때 자주 인용되는 이야기 중 하나가 바로 태평양의 작은 섬, 야프(Yap)섬의 고대 화폐 제도다. 야프섬의 고대 화폐는 블록체인의 작동 원리를 설명하는 데 있어 매우 인상적인 비유가 된다.

야프섬에서는 '라이(Rai)'라고 불리는 거대한 석화(石貨)가 화폐로 사용되었다. 이 돌들은 대부분 섬 외부에서 어렵게 운반되어 왔고, 크기나 희귀성, 제작 과정의 난이도, 그리고 돌을 가져오는 과정에서 발생한 전설적인 이야기들이 가치를 형성했다. 어떤 돌은 수 미터에 이르렀고, 바다를 건너오는 중에 배가 침몰해 라이스톤은 바다 깊이 가라앉고 사람은 사망한 경우도 있었다. 그만큼 돌의 소유는 공동체 내에서 매우 중요한 경제적·사회적 상징이었다.

흥미로운 점은 이러한 돌들이 대부분 너무 커서 움직일 수조차 없었다는 것이다. 따라서 돌의 소유권은 그 자리에서 움직이지 않은 채 마을 공동체의 기억에 의해 이전되었다. 예컨대 어떤 가족이 큰 돌을 다른 가족에게 지불했다면, 돌은 원래 자리에서 변함없이 남아 있지만 모든 마을 사람들은 그 돌이 누구의 소유로 바뀌었는지를 정확히 알고 있었고 이를 인정했다. 심지어 이동하다 바다에 빠진 돌조차도 그 소유권은 사회적 합의를 통해 유지되었다.

이러한 시스템은 마치 오늘날의 블록체인을 연상케 한다. 블록체인은 중앙 기관 없이도 거래 내역을 저장하고, 누구나 그 기록을 확인하고 검증할 수 있는 분산형 장부다. 야프섬의 공동체가 구두 기억으로 공유하던 정보는 오늘날 블록체인의 분산된 노드(node)가 기억하는 블록(block)의 역할을 수행하는 셈이다. 그리고 이러한 블록들이 연결되어 체인(chain)을 형성하며, 그 전체는 공동체의 합의(consensus)를 통해 유지된다.

그러나 야프섬의 화폐 시스템에도 약점은 있었다. 20세기 초 미국 상인이 섬을 방문해 손쉽게 석화를 제작하여 지역 주민들에게 나눠 준 일이 있었다. 그 돌들은 모양과 크기는 같았지만, 수고와 희귀성이 결여되어 있었다. 결과적으로 화폐의 희소성이 무너졌고, 마을 사람들 사이에 가치의 신뢰가 붕괴되기 시작했다. 이는 현대 자본주의 사회에서 정부나 중앙은행이 무분별하게 돈을 찍어내는 '양적완화'가 발생했을 때 나타나는 화폐 가치 하락과 유사한 면모를 보인다.

이 이야기는 단순한 민속적 일화가 아니라 기술 없는 사회가 어떻게 '합의 기반의 경제 시스템'을 구현했는지 보여 주는 사례이다.

다음 표는 야프섬과 블록체인 시스템의 구조적 유사성을 보여 준다.

야프섬 화폐 시스템 vs 블록체인 시스템 비교

항목	야프섬 화폐	블록체인 시스템
화폐 형태	거대한 돌(석화)	디지털 토큰(비트코인 등)
기록 방식	마을 사람들이 기억	분산된 노드가 기록·검증
정보 공개	모두가 소유 내역 공유	거래 정보가 모두에게 공개됨
이동 방식	돌은 움직이지 않음	자산은 기록상으로만 이동
소유 변경	공동체 합의로 인정	합의 알고리즘으로 검증
중앙 관리자	없음(공동체 기반)	없음(탈중앙화 구조)

야프섬의 경제는 돌을 직접 옮기지 않고도 사람들 사이의 신뢰와 기억으로 유지되었다. 블록체인도 마찬가지다. 자산이 눈앞에 보이지 않아도, 그것이 존재하고 이전되었으며 누가 소유하고 있는지를 '공동의 기록'으로 모두가 확인할 수 있는 구조다.

즉, 야프섬의 돌은 비트코인과 비교할 수 있고, 마을 사람들은 블록체인의 노드(node) 역할이며 그들의 기억은 블록(block)이다. 이 기억들이 연결되어 만들어진 공동체의 신뢰망은 곧 인터넷으로 이루어진 체인(chain)이다. 그리고 그 체인을 유지하는 것은 결국 집단적 진실의 검증(consensus)인 것이다.

이처럼 과거의 공동체가 가진 단순하면서도 강력한 신뢰 메커니즘은 디지털 시대의 블록체인이 구현하고자 한 가장 원형적인 구조와 놀라울 정도로 닮아 있다.

비트코인과 채굴의 원리

비트코인은 블록체인의 첫 번째 실현 사례이자, 탈중앙 시스템의 대표적인 예시다. 비트코인의 작동 방식은 '채굴(mining)'이라는 개념으로 설명된다. 여기서 채굴이란, 단순히 코인을 땅에서 캐는 물리적인 행위가 아니라 네트워크의 거래 기록을 수학적으로 검증하고 이를 블록에 기록하는 작업을 의미한다.

이 과정을 설명하자면, 먼저 전 세계에서 발생하는 비트코인 거래가 각기 노드마다 존재하는 하나의 블록에 모인다. 이 블록을 기존의 블록에 체인(인터넷)으로 연결하려면 복잡한 수학 퍼즐을 푸는 작업(해시값 계산)이 필요하다.

이 퍼즐을 가장 먼저 푼 사람이 해당 블록을 네트워크에 추가할 권리를 갖고, 그 대가로 비트코인을 보상받는다. 이것이 바로 채굴이다. 즉 비트코인 거래 장부를 노드의 컴퓨터가 일정 분량의 양을 기록하고 블록을 형성하면 비트코인을 보상으로 받는 것이다.

그래서 이를 PoW(proof of work) 방식이라고 하는데, 이는 장부에 기록하는 작업을 하고 그에 대한 보상을 받는 구조라서 '작업증명 보상 방식'이라고 부른다. 이렇게 채굴을 통해 보상을 받는 구조는 일정한 주기를 가지고 있는데, 매 4년을 주기로 보상이 절반으로 줄어든다. 왜냐하면 애초에 비트코인은 총발행량을 2,100만 개로 제한해 놨기 때문이다.

그래서 무한정 채굴할 수는 없고, 시간이 지날수록 보상은 줄어들게 설계되어 있다. 결국 마지막 반감기가 지나면 더 이상 새로운 비트코인을 채굴할 수 없게 된다. 이 마지막 반감기는 기술적으로 최후의 블록 보상이 '0'이 되는 시점이고, 그 시기는 대략 2140년쯤으로 추정된다.

퍼즐을 푼 방식은 누구나 검증할 수 있어 신뢰가 확보되며, 한 번 기록된 블록은 변경이 거의 불가능한데, 이러한 구조는 다음과 같은 특징을 가진다.

- 중앙의 관리자 없이도 시스템이 유지된다.
- 채굴은 누구나 참여할 수 있다 (오픈 네트워크).
- 투명성과 무결성이 확보된다.
- 야프섬의 라이스톤 화폐 개념과 같다.

비트코인의 채굴은 단순히 코인을 벌기 위한 행위가 아니다. 그것은 시스템 전체의 보안을 유지하고, 블록체인의 본질인 '공동의 기록'을 가능하게 만드는 기둥과 같은 역할을 한다. 디지털 시대의 블록체인이 구현하고자 한 기본적인 철학이 여기 담겨 있다.

채굴의 아이러니: 참여의 평등인가, 자본의 개입인가

비트코인 네트워크에서 '채굴'은 단순한 참여가 아니다.

블록체인에 새로운 거래를 기록하기 위해 컴퓨터는 수천억 번의 연산을 수행해야 한다. 이 작업을 가장 먼저 마친 이가 보상을 받는다. 이것이 이른바 작업증명 보상(Proof of Work)이다.

문제는 여기서 시작된다. 이 경쟁은 곧 연산력의 경쟁이고, 연산력은 곧 기계의 성능과 자본의 크기를 의미한다.

즉, 더 비싼 채굴기, 더 저렴한 전기, 더 많은 설비를 가진 이들이 승리하는 구조다. 개인이 자신의 컴퓨터로 '참여'할 수 있었던 시기는 이미 오래전에 지나갔다.

'탈중앙'이라는 이상은 역설적으로 '부의 집중'이라는 현실을 낳았다.

해시레이트(채굴 연산력)의 대부분은 대형 채굴 풀과 거대 자본가들의 손에 집중되었고, 시스템은 다시 중앙을 향해 수렴하기 시작했다.

기술은 중앙을 없앴지만, 자본은 그 자리를 대체한 셈이다. 장자의 세계에서 중요한 것은 무위(無爲)와 소요유(逍遙遊)다.

억지로 이기기 위해 애쓰는 삶, 경쟁에 목매는 삶은 장자가 말하는 자유의 삶이 아니다. 그러나 비트코인의 채굴 세계는 철저히 경쟁적이며, 비효율적이며, 탈인간적이다. 이곳에서는 인간의 노동이 아니라 기계의 힘이 중심에 서 있고, 생태계의 에너지는 무수히 낭비된다. 참여는 평등하지 않고, 보상은 오로지 확률과 자본에 의해 결정된다.

이런 의미에서 비트코인의 채굴 구조는 기계화된 다툼, 혹은 디지털 시대의 제국주의라고까지 말할 수 있다. 블록체인은 중앙을 제거했지만, 채굴 방식의 현실은 여전히 강자가 지배하는 구조를 답습하고 있다.

이러한 구조적 문제의식은 이후 다양한 시도로 이어졌다. 이더리움(Ethereum)은 2022년, 작업증명에서 지분증명(Proof of Stake, PoS)으로 전환했다. PoS는 연산력이 아닌 보유한 코인의 양과 시간, 그리고 행동의 책임성을 기반으로 블록 생성자를 결정한다. 덜 에너지 집약적이고, 자본의 집중을 일부 완화할 수 있는 구조다.

이더리움 이후 등장한 카르다노(Cardano), 폴리곤(Polygon), 솔라나(Solana) 등도 각자의 방식으로 PoS 또는 그 변형된 구조를 채택하고 있다. 일부는 탈중앙화 자율조직(DAO), 커뮤니티 기반의 검증자 시스템, 생태계 기여 점수 등을 통합하며 보다 공정한 구조를 실험 중이다.

또한 최근에는 DePIN(탈중앙 물리 인프라 네트워크), AI 연계 합의 알고리즘, 혼합형 하이브리드 프로토콜 등이 나타나며, '참여의 평등'과 '지속가능성'을 어떻게 구현할 것인가에 대한 기술적, 철학적 질문을 계속 던지고 있다.

블록체인의 등장은 단순한 기술의 혁신을 넘어 사회와 인간의 존재 방식을 근본적으로 되묻는 계기를 만들었다.

사토시 나카모토는 중앙은행이나 금융기관에 의존하지 않는, 누구나 참여할 수 있고 투명하게 기록되는 거래 장부 시스템을 고안했고 그것이 바로 '블록체인'의 시작이었다. 블록체인은 시간순으로 거래 내역을 묶어 '블록'으로 만들고, 이를 암호화하여 연결(체인)함으로써 위변조가 어려운 분산된 프로그램 장부를 탄생시켰다. 누구도 단독으로 조작할 수 없고, 모두가 신뢰할 수 있는 시스템을 실현하였고, 이를 넘어 사회와 인간의 존재 방식을 근본적으로 되묻는 계기를 만들었다. 블록체인이란 쉽게 말해 중앙 관리자 없이도 정보를 안전하게 저장하고, 모든 참여자가 함께 검증하는 분산형 디지털 장부 시스템이다. 거래 내역이나 데이터가 네트워크 전체에 동시에 기록되어 위변조가 어렵고, 누구든지 열람할 수 있으며, 투명성이 보장된다. 은행이나 정부처럼 중앙 기관이 없어도 거래의 신뢰가 가능해진 것이다.

하지만 블록체인이 진정한 전환점이 된 것은 단순히 데이터를 분산시키는 기술이기 때문이 아니라 이더리움(Ethereum)의 출현 이후였다. 이더리움은 단순한 암호화폐 전송을 넘어서 '스마트 계약(Smart Contract)'이라는 개념을 도입했다.

이더리움의 스마트 계약 등장으로 블록체인 지갑(Wallet)은 은행 없이 자산을 소유하는 도구가 되었고, DAO는 상하 위계 없는 민주적 조직을 가능케 했다. NFT는 예술과 취향, 기억과 감정을 자산으로 만들었고 또한 하나의 NFT 아이템을 많은 사람이 쪼개어서 공유할 수 있게 되었다. 신원을 나타내는 DID(탈중앙 신원증명)는 '나 자신'이라는 존재를 디지털 위에서 증명할 수 있는 열쇠가 되었다.

블록체인은 더 이상 기술에 머물지 않는다. 그것은 철학이고, 시스템이며, 하나의 거대한 사유의 구조다. 이제 이 구조 위에 우리가 살아갈 새로운 디지털 삶, 디지털 자아, 그리고 디지털 공동체가 놓이게 된다.

이제 우리는 장자의 철학과 블록체인의 시스템이 맞닿는 접점에서 새로운 시대의 지도를 펼쳐 보려 한다. 탈물질과 탈중앙, 무위와 자율, 정체성과 다양성의 회복—그것은 기술의 혁명이자 철학의 부활이다.

이러한 변화의 흐름 속에서 탄생한 신세계의 개념이 바로 Web 3.0이다. Web 1.0이 정보를 일방적으로 소비하던 초기 인터넷 시대였다면, Web 2.0은 사용자가 댓글을 달고 콘텐츠를 올리는 '참여의 시대'였다. 그러나 그 참여의 결과물은 모두 플랫폼 기업의 자산이 되었다. 우리가 만든 글, 사진, 영상, 모든 데이터는 결국 유튜브, 페이스북, 인스타그램, 카카오톡의 서버에 귀속되었고, 우리는 '사용자'이되 '소유자'는 아니었다.

Web 3.0은 이 흐름을 바꾼다. 사용자가 곧 소유자이고, 창작자가 곧 권리자이며, 참여자에게 수익이 돌아오는 구조다. 내 데이터는 내가 소유하고, 내가 만든 콘텐츠는 내 지갑으로 연결된다. 이때 사용하는 것이 '블록체인 지갑'이며, 이더리움과 같은 네트워크와 연결되어 나의 활동과 자산을 안전하게 보관하고 증명해 준다.

Web 1.0, 2.0, 3.0 구분 비교

구분	시대	대표 사례	특징	기술 구조	데이터 소유	광고/수익 구조
Web 1.0	1990년대 중반~2000년대 초	야후, 네이버, 홈페이지	웹페이지 중심, 정보 제공 위주	HTML 기반 정적 웹	중앙 서버	광고 없음 또는 미약
Web 2.0	2000년 중반~2020년대 초	유튜브, 페이스북, 인스타그램	사용자 참여형 콘텐츠, 플랫폼 중심	AJAX, API, 클라우드 기반	플랫폼 기업	플랫폼 중심 광고 수익
Web 3.0	2020년대~현재	이더리움, 메타마스크, 유니스왑	분산화, 소유권 중심의 사용자 참여	블록체인, 스마트 계약, 탈중앙화 프로토콜	개인 지갑(DID) 기반 사용자 소유	참여자 중심 토큰 보상 구조

Web 3.0은 단지 기술의 진화가 아니다. 그것은 인간의 주체성을 회복하는 움직임이다. 장자가 말한 스스로 그러함—누군가가 아닌, 나 자신이 기준이 되는 삶—은 이제 디지털에서 구현될 수 있다. 내 정체성을 내가 관리하고, 내 참여가 곧 나의 자산이 되는 세계. 블록체인은 그렇게 철학을 담은 기술로 발전하고 있다.

이더리움이 스마트 계약을 가능하게 했고, 그로부터 파생된 DAO(탈중앙화 자율조직), NFT(디지털 자산의 고유한 증명), DeFi(탈중앙 금융)들의 연결은 Web 3.0 생태계를 이루고, 이는 모두 '새로운 존재 방식'을 실험하는 장이 되었다.

이더리움은 단순히 '코인'이 아닌, 누구나 활용할 수 있는 하나의 거대한 디지털 생태계다. 스마트 계약을 바탕으로 다양한 앱(DApp, 탈중앙화 애플리케이션)이 작동하고 있으며, 이 안에서 사람들이 자율적으로 연결되고 협업한다.

블록체인 관계 기반의 이해 - 블록체인 응용 기술의 기초
인프라, 스마트 계약(Smart Contract)

이더리움 생태계의 핵심 요소 중 하나는 바로 스마트 계약이다. 스마트 계약은 사람이 일일이 확인하거나 개입하지 않아도 사전에 정한 조건이 충족되면 블록체인 위에서 자동으로 실행되는 프로그래밍된 계약이다.

예를 들어 '물건이 정해진 시간 안에 정확하게 배달되면, 자동으로 대금을 지급하라'는 식의 조건이 걸린 계약을 말한다. 이 기술은 사람 간의 신뢰나 제삼자의 확인 없이도, 오직 '코드'에 의해 거래가 이루어지게 한다는 점에서 매우 혁신적이다.

사례로 이해하는 스마트 계약 - 김 씨의 치킨 배달

퇴근 후 배가 고파진 김 씨는 블록체인 기반 배달 플랫폼을 통해 치킨을 주문한다. 그가 선택한 가게는 '○○치킨'. 주문한 메뉴는 양념치킨 한 마리와 후라이드치킨 한 마리. 김 씨는 주문 시 단 하나의 조건을 설정한다.

"오늘 저녁 7시 30분까지 배달이 정확히 완료되면 1이더(ETH)를 결제하겠다."

이 주문은 스마트 계약 형태로 블록체인에 자동 기록된다. 계약이 작성되면 김 씨의 지갑에서 1이더가 에스크로[1] 상태로 묶인다. 이 이정해진 조건이 충족되기 전까지 어느 누구도 사용할 수 없다.

○○치킨은 주문을 받고 조리에 들어간다. 김 씨의 스마트폰에서는 GPS 기반 배달 추적 기능이 작동하며, 배달 경로와 도착 시간은 자동으로 기록된다. 저녁 7시 26분, 김 씨는 정확한 메뉴를 받고, 앱에서 수령 확인과 함께 메뉴 사진을 업로드한다. 이 정보는 블록체인 네트워크로 전송되어 계약 조건이 충족되었는지를 자동으로 판별한다.

조건이 정확히 맞았다고 판단되면 보류 중이던 1이더는 자동으로 ○○치킨의 지갑으로 전송된다. 이 전체 과정은 블록체인 기반 스마트폰에서 실행된 앱, 즉 탈중앙화 앱(DApp)을 통해 이루어진 것이다.

---

1)) 에스크로(Escrow): 조건이 충족될 때까지 자산을 잠시 보관하는 시스템.

사라진 배달 앱(P2P의 실현)

이 거래에는 전화 확인도, 고객센터 연락도 필요하지 않았다. 어떠한 중개자도 개입하지 않고 오직 미리 정한 조건과 코딩된 계약에 따라 모든 것이 자동으로 처리되었다.

만약 배달이 늦었거나 메뉴가 누락되었다면? 계약은 자동으로 무효 처리되고, 김 씨의 1이더는 다시 그의 지갑으로 되돌아갔을 것이다. 별도의 분쟁도 없고, 판단의 여지도 없었다. 조건이 맞았느냐 아니냐, 그 하나만으로 결정된다.

김 씨와 ○○치킨은 서로를 전혀 알지 못한다. 하지만 스마트 계약은 두 사람 사이에 신뢰를 '기술'로 만들어 준다. 이것이 바로 스마트 계약이 보여 주는, 탈중앙화된 신뢰의 세계다.

Web 2.0과의 차이 – 플랫폼의 종말?

이 사례는 단순한 치킨 주문 스토리가 아니다. 여기에 담긴 핵심은 '중앙'의 역할이 배제되었다는 점이다.

Web 2.0 시대에는 '배달의 민족'이나 '쿠팡이츠' 같은 중앙화된 플랫폼이 가게와 소비자를 연결하고, 결제와 배달을 중개했다. 하지만 스마트 계약을 기반으로 한 탈중앙 플랫폼에서는 그런 중앙의 개입 없이도 거래가 이루어진다. 이는 플랫폼 경제를 넘어서는 Web 3.0 생태계의 본질을 보여 주는 상징적인 변화다.

스마트 계약 기반 작동 기술들

⊘ Dapp(Decentralized Application), 탈중앙 앱

'디앱'은 블록체인 네트워크 위에서 구동되는 앱으로, 중앙 서버나 운영 주체 없이 사용자 간의 합의로 운영된다. 예를 들어, 트위터와 유사한 '레너스(Lens Protocol)'는 탈중앙화된 SNS로, 사용자들이 자신의 콘텐츠를 직접 소유하고 수익화할 수 있다. 또 다른 예인 '스테픈(Stepn)'은 운동하면서 코인을 벌 수 있는 건강 앱으로, 게임과 경제가 결합된 디앱 형태이다.

이처럼 디앱은 기존 앱과 유사하지만, 사용자 주도의 소유권과 운영 구조가 다르다. Web 2.0 기반 스마트폰의 기존 앱은 중앙화 앱이다. Web 3.0 블록체인 기반의 앱은 탈중앙 앱이다. 즉, 중앙화 앱은 실행 시에 앱의 주체인 기관이 접속되지만 블록체인 기반 탈중앙 앱은 사용자와 사용자가 스마트 계약을 중심으로 마주 보게 되는 것이다. 이를 P2P(Peer 2 Peer)라 한다.

스마트 계약 기반 탈중앙 스마트폰 생태계를 구현한
사가 폰(SAGA PHONE, 솔라나 폰)

최근 블록체인 기술의 발전은 단순한 가상 자산의 거래를 넘어 새로운 생태계의 탄생으로 이어지고 있다. 이 가운데 특히 주목할 만한 사례가 바로 사가 폰(Saga Phone)이다. 이는 단순한 스마트폰이 아닌, 블록체인 기반의 Web 3.0 생태계를 담은 하드웨어 플랫폼으로 설계되었다.

사가 폰은 세계적인 고성능 블록체인인 솔라나(Solana) 생태계를 중심으로 구축되었으며, 사용자들이 탈중앙화된 애플리케이션(DApp)을 스마트폰 환경에서 직접 실행하고, 암호화폐 지갑을 안전하게 관리하며, 자산의 진정한 소유권을 경험할 수 있도록 설계되었다.

이러한 기능을 가능하게 하는 핵심은 Solana Mobile Stack(SMS)이라는 프레임워크다. 이 프레임워크에는 개인 키를 안전하게 저장하는 시드 볼트(Seed Vault) 기능이 포함되어 있으며, 이는 운영체제와 분리된 보안 영역에 키를 저장함으로써 해킹의 위험을 최소화한다. 또한 사가 폰에는 일반 스마트폰과 달리 구글 플레이스토어나 앱스토어 같은 중앙화된 플랫폼이 아닌, 탈중앙화 앱스토어(DApp Store)가 존재한다. 이곳에서 사용자는 다양한 디앱을 자유롭게 설치하고 이용할 수 있으며, 그 모든 과정에서 제삼자의 허가나 심사를 거치지 않는다.

실제로 사가 폰에 탑재된 디앱은 매우 다양한 형태로 구현될 수 있다. 예를 들어 게임 디앱을 통해 사용자는 게임을 즐기면서 NFT 아이템을 획득하고, 이를 자신의 지갑에 보관하거나 실시간으로 거래할 수 있다. 또한 DeFi(탈중앙 금융) 디앱을 통해 사용자는 은행이나 중개인 없이 직접 암호화폐를 예치하고, 대출을 받고, 실시간으로 자산을 운용할 수 있다. SNS 디앱에서는 사용자의 개인정보와 게시물이 중앙 서버가 아닌 사용자 본인의 지갑에 귀속되며, 검열이나 삭제의 위험 없이 자유롭게 소통할 수 있다. 사용자가 무심코 행하는 모든 행동에는 Web 3.0의 활동으로 인한 수익과 지출 그리고 기록 등 모든 것이 사용자의 의식 밖에서 조용히 기록과 흔적이 남는 메커니즘인 것이다.

사가 폰이 갖는 철학적 의미는 단순한 기술적 진보에 머물지 않는다. 그것은 Web 3.0이라는 새로운 시대의 문을 여는, 탈중앙화된 디지털 정체성의 구현이다. 지금까지 우리는 플랫폼이 제공하는 도구 속에서 이용자에 불과했다면, 이제는 기술 그 자체가 사용자의 손에 주도권을 넘기고 있다. 데이터와 자산의 소유권이 중앙 기업에서 개인에게 로 옮겨 가며, 블록체인의 핵심 가치인 자율성과 투명성이 실질적인 사용자 경험으로 구현되고 있는 것이다.

결국 사가 폰은 하드웨어라는 물리적 틀 안에 블록체인 철학을 내장한 상징적

> 장치라 할 수 있다. 그것은 단지 디지털 도구가 아닌 개인의 주권을 회복하는 기술적 선언이며, 우리가 디지털 공간에서 어떻게 존재하고 연결될 것인가에 대한 새로운 해답이기도 하다. 이처럼 사가 폰은 블록체인 기술의 일상화라는 새로운 전환점을 제시하며, Web 3.0 시대의 진정한 시작을 알리고 있다.

✅ NFT(디지털 고유 자산 소유권)

NFT는 대체 불가능한 토큰으로, 고유한 디지털 자산의 소유권을 블록체인 상에서 증명할 수 있도록 한다. 대표적인 사례로는 디지털 아트 거래 플랫폼인 'Foundation'이나 'SuperRare'에서 NFT 작품이 수천만 원에서 수억 원에 거래되기도 한다. 또 게임 분야에서는 '엑시 인피니티(Axie Infinity)' 같은 P2E(Play to Earn) 게임에서 NFT 캐릭터가 수익을 창출할 수 있다. 이는 디지털 콘텐츠의 진정한 '소유' 개념을 가능하게 만든 기술이다.

✅ DeFi(탈중앙화 금융)

DeFi는 기존 금융 서비스(예: 예금, 대출, 환전, 파생상품 거래 등)를 탈중앙화된 방식으로 구현한 시스템이다. 기존의 은행은 중앙 서버와 규제 기관에 의해 운영되지만, DeFi는 스마트 계약을 통해 자동으로 금융 로직을 수행한다. 예를 들어, 대출 플랫폼에서는 사용자가 담보를 맡기면 자동으로 대출이 실행되고, 스테이킹 서비스에서는 일정 토큰을 예치하면 보상이 자동으로 지급된다.

이러한 자동화는 스마트 계약 덕분에 가능한데, 조건(담보율, 이자율, 만기 등)이 충족되면 계약이 인간 개입 없이 실행된다. 대표적인 플랫폼으로는 Aave, Compound, Uniswap 등이 있으며, 이는 코드로 구현된 금융기관이라 할 수 있다. DeFi는 스마트 계약을 통해 금융의 신뢰를 '기관'이 아닌 '코드'로 대체했다는 점에서 혁신적이다.

✅ **RWA**(Real World Asset, 실물 자산 토큰화)

RWA는 부동산, 미술품, 금과 같은 실물 자산을 블록체인상에서 토큰화하고, 이를 스마트 계약을 통해 거래 및 소유권 이전이 가능하도록 만든 개념이다. 예컨대, 아파트 한 채를 토큰 1,000개로 분할하면, 각 토큰은 해당 부동산의 지분을 나타낸다. 이 토큰을 스마트 계약을 통해 매매하거나 담보로 활용할 수 있다.

스마트 계약은 이러한 자산의 소유권 이전, 임대 수익 분배, 조건 충족 시 자동 매각 등의 법률적·경제적 계약을 자동으로 집행한다. 이는 RWA가 단순한 디지털 복제물이 아니라, 실물 자산과 연동된 진짜 금융 수단으로 기능할 수 있게 만든다. 향후 부동산 펀드, 와인·미술품 투자, 탄소배출권 등 다양한 분야에 확장 가능성이 크다.

✅ **DAO**(탈중앙화 자율 조직)

DAO는 중앙관리자가 없이 스마트 계약을 기반으로 운영되는 조직이다. 구성원은 거버넌스 토큰을 소유함으로써 투표권을 가지며, 스마트 계약의 투표 결과에 따라 정책이 자동으로 집행된다. 예컨대, 제안서가 올라오고 과반수의 동의를 받으면 해당 안건(예: 자금 배분, 프로젝트 채택 등)이 실행된다.

DAO는 스마트 계약을 조직의 운영 규칙서이자 실행 엔진으로 활용한다. 그 결과, 전통 조직과 달리 인간의 감정이나 지연 없이 자동화된 의사결정과 집행이 가능하다. 대표적인 사례로 MakerDAO, Aragon,

MolochDAO 등이 있다. 이는 블록체인 시대의 새로운 '기업 모델'로 간주되며, 투명성과 참여를 극대화하는 혁신 조직 방식이다.

⊘ 게임Fi(Game + Finance)

게임Fi는 게임 자산과 보상을 스마트 계약 기반 토큰으로 전환하여, 사용자가 게임을 하며 수익을 창출할 수 있도록 만든 구조다. 예를 들어, P2E(Play to Earn) 게임에서는 캐릭터, 무기, 장비 등이 NFT나 토큰 형태로 발행되며, 플레이어는 이를 수집·거래하며 수익을 올릴 수 있다.

스마트 계약은 게임 내 보상 지급, 거래소에서의 자산 이동, 강화나 진화 같은 게임 메커니즘을 자동 처리한다. 예를 들어, 특정 임무를 완료하면 자동으로 보상 토큰이 지급되고, 거래소에서는 수수료 조건을 만족해야만 거래가 성사된다. 이는 게임의 경제를 완전 자동화하고, 단순 유희를 '경제활동'으로 확장시킨다. 엑시 인피니티, 갤라게임즈, 스타 아틀라스 같은 프로젝트가 이에 해당한다.

⊘ 토큰(Token)

토큰은 블록체인상에서 자산, 권리, 접근권 등을 나타내는 디지털 단위다. 스마트 계약을 통해 발행되며, 통상적으로 ERC-20, ERC-721, ERC-1155 같은 표준을 따른다. 이 표준은 스마트 계약을 통해 토큰이 발행, 유통, 소각되는 과정을 자동화한다.

예를 들어, DAO의 거버넌스 토큰은 의결권을, 게임Fi의 보상 토큰은 수익 창출 수단을, RWA의 토큰은 실물 자산의 소유권을 나타낸다. 모든 토큰은 스마트 계약을 통해 발행되고 사용되므로, 이 기술은 디지털 경제의 공통 규칙 엔진이라 할 수 있다.

스마트 계약은 '조건을 만족하면 자동으로 실행되는 코드형 계약'이다.

DeFi는 금융을, NFT는 소유권을, DAO는 조직 운영을, RWA는 실물 자산을, 게임Fi는 게임 보상을, 토큰은 디지털 권리를 스마트 계약으로 구현한다.

결국, 스마트 계약은 블록체인의 '법'이자 '엔진'이며, 이로써 분산된 시스템이 신뢰 없이도 작동하게 만든다.

스마트 계약 안에서 무엇이 실행되는가?

개념	스마트 계약을 어떻게 활용하는가?
DeFi	금융 로직(대출, 스왑, 스테이킹 등)을 스마트 계약으로 구현
NFT	고유 자산의 소유권/거래 기록을 스마트 계약으로 제어
DAO	투표, 제안, 거버넌스 로직을 스마트 계약에 위임
RWA	실물 자산을 토큰화하고 스마트 계약으로 소유권과 조건을 자동화
게임Fi	게임 자산, 보상 로직 등을 스마트 계약으로 자동 처리
DApp	스마트 계약 규칙을 바탕으로 구성된 탈중앙화 애플리케이션. 실제 서비스의 형태로 구현됨

스마트 계약은 조건 기반 규칙을 자동으로 실행하는 코드이며, DeFi, NFT, DAO, RWA, 게임Fi 등은 이 규칙을 활용하는 서비스 로직이다.

그리고 디앱(DApp)은 이러한 스마트 계약 규칙을 사용자가 접하는 실생활 애플리케이션으로 구체화한 인터페이스/서비스이다.

즉, 스마트 계약이 엔진이라면 디앱들은 그 엔진 위에 구현된 실제 운전 장치라 할 수 있다.

3장 Web 3.0 시대 철학은 왜 다시 필요한가

•••

기술이 세상을 주도하는 지금, 아이러니하게도 Web 2.0과 Web 3.0이 맞물리는 이 시점은 곧 장자가 「제물론」의 '오상아'에서 "나는 나를 잃어버렸다."라고 말했듯이 자아 회복 시점의 도래이기도 하다. 블록체인 기술은 단순한 데이터 기술이 아니라, 인간이 자신의 내면을 돌아보게 만드는 중대한 철학적 사유를 제공하는 데 있다.

나는 나 스스로 죽었다는 말, 이는 육체적 죽음을 의미한 것이 아니라 그동안 살아온 '가짜 나'를 묻고, 본래의 자아로 다시 태어나기 위한 의식이었다. 사회의 기준과 외부의 시선에 맞춰 살아오던 삶을 거두고, 이제는 진정한 나로 존재하기 위한 전환의 순간. 장자는 그렇게 자신의 내면과 삶을 재구성했고, 그것이 곧 철학의 시작이었다.

이 상징적인 장면은 오늘날을 사는 우리에게도 강력한 메시지를 던진다. 우리는 지금 무엇을 기준으로 살아가고 있는가? 나의 삶은 나의 것인가, 아니면 누군가가 만들어 놓은 틀 안에서 자동으로 굴러가는 기계인가? 기술이 인간을 대신하는 시대에, 우리는 오히려 장자처럼 스스로에게 묻고 스스로 다시 태어날 준비를 해야 한다.

이러한 질문은 나 자신에게도 던져 보지만 시대적인 전환의 시기를 맞이해서 '지금까지의 시대를 장사 지내고 새로운 시대를 맞이하라'는 큰 틀에서의 메시지로 받아들이는 사유도 필요하다.

중세 이전, 인간은 신의 이름 아래 살아갔다. 신권정치와 종교 중심의 질서는 인간에게 의미와 구조를 제공했지만, 동시에 개인의 삶과 자유는 제한받았다. 물질은 부족했고, 인간은 결핍 속에서 신의 구원을 기다리는 존재였다. 이 시대의 인간은 '왜 살아야 하는가'보다 '어떻게 구원받을 수 있는가'를 더 중요하게 여겼다.

과거 르네상스는 그런 시대에 대한 반작용이었다. 중세에는 흑사병이라는 참혹한 재난이 인간에게 죽음과 존재에 대한 깊은 자각을 안겨 주었다. 대규모의 인구 감소와 죽음의 공포는 인간 존재에 대한 근원적인 질문을 낳았고, 이는 곧 인간 중심의 사유로 이어지는 르네상스를 촉발했다. 그 각성은 예술과 과학, 철학이라는 형태로 나타났고, 인간은 다시 중심에 서기 시작했다.

오늘날 우리는 다시 한번 유사한 전환점 앞에 서 있다. 코로나 팬데믹은 단절과 고립, 비대면이라는 전례 없는 상황을 전 지구적으로 경험하게 만들었다. 그러나 이번에는 그 반응이 달랐다. 물리적 '거리두기'는 오히려 기술을 가속시켰고, 디지털 환경 속에서 새로운 연결의 방식을 만들어냈다. 블록체인과 Web 3.0은 그 연장선에서 태어난 기술이며, 단절이 만들어낸 새로운 연결 방식이다.

과거에는 죽음이 인간을 각성시켰다면, 지금 이 시대는 단절이 인간을 각성시키고 있다. 제1의 르네상스가 흑사병이라는 '죽음의 충격'으로부터 시작되었다면, 제2의 디지털 르네상스는 코로나 팬데믹이라는 '단절의 충격'으로부터 출발했다. 죽음이 인간의 유한성과 존재의 본질을 일깨워 주었다면, 단절은 연결의 의미와 공동체 속 자아의 본질을 다시 묻게 만든다. 우리는 갑작스럽게 끊긴 일상과 거리두기를 통해 외부가 아닌 내면을 돌아보게 되었고, 이 고립은 오히려 기술이라는 새로운 연결의 통로를 빠르게 성장시켰다.

기술이 점점 똑똑해질수록, 인간은 점점 더 '자기다움'을 잃어 간다. 우리는 스마트폰과 인공지능, 알고리즘과 추천 시스템 덕분에 무엇이든 빠르게 찾고, 정확하게 소비한다. 하지만 그 편리함 속에서 우리는 어느 순간 '생각하지 않게' 되었고, '스스로 질문하지 않게' 되었다. 기술이 삶을 대신 결정해 주는 시대, 그 속에서 인간은 편안함 속에서 방향을 상실하고 있다.

우리는 어느덧 '스스로를 끌고 가려 했던 인간'이 다시금 '기술에 끌려가는 존재'가 되어 버렸다. 오히려 르네상스 이후 인간 중심의 시대가 가져온 물리적 풍요가 인간을 더욱 기계적으로 만들었다. 시스템의 효율에 맞춰 일하고, 플랫폼의 알고리즘에 따라 소비하며, 데이터로 측정되는 존재로 살아가는 우리는 과연 얼마나 주체적인가?

이제 다시 묻게 된다.
"나는 왜 이 일을 하고 있는가?"
"이 기술은 나를 어디로 데려가는가?"
"나는 진짜 나로 살고 있는가?"

이 질문들이 철학의 시작이다. 철학은 우리에게 답을 주지 않는다. 대신 더 나은 질문을 하게 한다. 기준과 틀을 넘어, 지금 여기에 존재하는 나 자신을 바라보게 한다.

장자는 말했다.
"진정한 지혜는 경계하지 않고, 분별하지 않으며, 스스로 그러함을 따르는 것이다."

지금 우리가 겪고 있는 디지털 전환, 특히 블록체인과 Web 3.0의 등장은 기술의 혁명이자 철학 회복의 기회이다. 블록체인은 단순히 데이터를 분산시킨 기술이 아니라, '누가 옳은지, 옳지 않은지를 정하지 않는 구조'다. Web 3.0은 정답을 강요하지 않는다. 다양한 존재들이 각자의 방식대로 살아가면서도, 하나의 네트워크로 연결되는 구조다. 그것은 바로 장자가 이야기한 세계와 닮아 있다. 모든 존재가 스스로 그러하고, 서로를 지배하지 않으며, 함께 공존하는 자유로운 흐름.

철학은 우리에게 '왜'를 묻는다. 기술은 '어떻게'를 해결해 준다. 하지만 '왜 살아야 하는가'에 대한 질문이 빠진 기술은 방향을 잃는다. 그래서 지금, 우리는 다시 철학을 필요로 한다. 특히 장자처럼 기준의 경계를 허물고 자유를 회복하는 철학이 필요하다.

우리는 그동안 기술을 너무 빨리 달리게 했다. 그러나 이제는 그 옆에서 천천히 걸으며, 철학이라는 숲길을 함께 걷는 시간이 필요하다.

다행히도 Web 3.0 시대의 등장은 이 흐름을 되돌릴 새로운 가능성을 열어 주고 있다. 블록체인 기반의 탈중앙화 기술은 인간이 다시 주체가 되는 구조를 설계하고 있다. 이제 우리는 기술에 끌려가는 존재가 아니라, 기술을 도구 삼아 '자기다움'을 회복할 수 있는 기회를 맞이한 것이다. 이는 기술이 인간을 대체하는 것이 아니라, 인간을 다시 중심에 두는 전환점이다.

철학은 바로 이 지점에서 다시 깨어난다. Web 3.0 시대는 철학의 부활을 요구한다. 기술이 던져 준 새로운 가능성 위에, 우리는 질문을 쌓아야 한다. '나는 왜 여기에 있고, 어떤 방식으로 존재할 것인가?'라는 물음은 이제 단순한 사유가 아니라 디지털 정체성과 존재의 방식을 결정하는 중요한 기준이 되었다.

기술은 수단이고, 철학은 방향이다. Web 3.0은 인간에게 그 방향을 스스로 찾을 수 있도록 다시 기회를 주고 있다.

이러한 전환에서 특히 중요한 핵심은 '개인의 권리'가 '개인에게 귀속되는 구조'다. 곧 개인의 주권 회복이다. 과거의 Web 2.0 시대에는 우리가 남긴 데이터, 우리가 만든 콘텐츠, 심지어 우리가 사용하는 신원 정보까지도 플랫폼 기업이 소유하고 통제했다. 우리의 정체성과 활동 이력은 모두 중앙 서버에 저장되었고, 그 정보를 기반으로 기업들은 광고 수익을 창출했다. 우리는 단지 플랫폼을 '사용'했을 뿐, 그 안의 모든 가치는 플랫폼의 것이었다.

다음은 Web 2.0 시대를 주도하면서 중앙화 글로벌 주요 플랫폼 기업들의 최근 연도 기준 매출 및 이익, 그리고 본사가 위치한 국가에 대한 정보이다. (단위: 달러, 한글 표기)

2024년 주요 기업 매출 및 이익(한화 기준)

기업명	주요 아이템	2024 매출(원)	2024 이익(원)	국가
애플	스마트폰, 컴퓨터, 웨어러블	58조 9,500억	135조 0,000억	미국
마이크로소프트	소프트웨어, 클라우드, 하드웨어	28조4,850억	114조 7,500억	미국
알파벳	검색, 광고, 클라우드	39조8,250억	94조 5,000억	미국
아마존	전자상거래, 클라우드, 스트리밍	78조3,000억	47조 2,500억	미국
메타	소셜미디어, VR/AR	18조2,250억	67조 5,000억	미국
알리바바	전자상거래, 클라우드, 결제	22조2,750억	27조 0,000억	중국
텐센트	메신저, 게임, 클라우드	13조2,250억	33조 7,500억	중국

Web 2.0 시대에는 중앙화된 모든 기업이나 집단이 개인의 정보와 가치를 이용하여 부를 축적하고 있었다. 뉴욕의 월가나 서울의 테헤란로에 즐비한 고급 고층 사옥들은 대부분 금융 투자 사옥들이다. 그 사옥들의 벽돌 하나하나가 사실은 개개인의 잉여 수익 활동의 일부인 것이다.

Web 3.0에서는 이 구조가 완전히 뒤집힌다. 과거에는 우리의 신원, 즉 디지털 온라인에서의 정체성이 중앙 기관이나 기업에 의해 관리되고 증명됐다. 하지만 Web 3.0 시대에는 그 신원을 스스로 관리할 수 있는 구조로 바뀐다. 이러한 변화의 중심에는 DID(Decentralized Identifier, 탈중앙 신원증명) 기술이 있다. 이 기술은 사용자가 중앙 기관의 개입 없이도 자신이 누구인지 스스로 증명할 수 있도록 해 준다.

이러한 DID는 특정 상황에 맞게 정보 공유를 최소화할 수 있어서 개인 프라이버시를 강력히 보호한다. 예컨대 취업을 할 때, 전체 학력과 경력 이력을 제출하는 대신, '이 회사가 요구하는 자격 조건만'을 선택적으로 증명할 수 있다. 이를 가능하게 하는 핵심 기술이 바로 '영지식증명(Zero Knowledge Proof)'이다. 이 기술은 내가 어떤 조건을 만족했다는 사실만을 입증할 수 있게 하며, 내 신원이나 배경 등 다른 정보는 전혀 노출되지 않는다.

이는 개인정보를 지키면서도 필요한 신뢰는 확보하는 구조다. 결과적으로 이 구조는 정보의 주도권을 개인에게 되돌려주며, 누구에게도 의존하지 않고도 신뢰를 형성할 수 있는 생태계를 만든다. 즉 Web 3.0 시대의 지갑은 과거처럼 화폐를 저장하는 수단을 넘어 지갑이 나의 신분이요 자산의 저장고요 나의 이력이요 나의 정체성 그 자체인 것이다.

영지식증명은 자신의 자격뿐만 아니라 블록체인 기반 RWA 자산 토큰을 거래할 때도 작용한다.

나의 권리를 사고팔거나 양도할 때 증명서를 내는 것이 아니라, 조건과 자격이 맞으면 자동으로 첨부되는 서명 자체가 증명을 대신하는 등 효율성 면에서도 우수하다. 그야말로 나의 정체성을 극대화시킬 수 있는 기술인 것이다.

과거에 읽은 소설이 하나 생각난다.

이 소설 속에서는 지금 우리가 추구하고자 하는 세계와는 정반대인 통제 사회, 즉 권력 중앙 집중 현상으로 진행된 세계이다. 영국의 작가 조지오엘의 『1984』가 그 소설이다. 실제 이 소설은 1949년에 쓰인 미래의 세상을 예측한 소설이다. 책의 제목이 1984이기 때문에 1984년에 이슈가 되어 그해에 많이 읽힌 책이다. 조지 오웰의 『1984』는 전체주의 통제 사회를 생생하게 묘사한다. 이 소설 속 '오세니아'는 개인의 자유가 철저히 부정되는 세상이다. 인간은 감시받고, 생각은 조작되며, 언어는 축소되고, 심지어 사랑조차 중앙의 허가 없이는 할 수 없다.

당은 연애를 범죄로 규정하고, 감정은 오로지 당을 향한 충성심으로만 남겨 두도록 한다. 인간 사이의 사랑, 우정, 사적인 감정은 모두 위험 요소로 간주되며 철저히 제거된다. 주인공 윈스턴은 저항하지만, 결국 고문을 통해 무너진다. 사랑했던 사람도 배신하게 되고, 마지막에는 "빅브라더를 사랑하게 되었다."라고 말한다. 여기서 빅브라더는 모든 것의 중앙이다. 그 순간, 그는 더 이상 자유로운 인간이 아니다. 그는 체제가 원하는 인간, 감정이 삭제된 하나의 부속품이 된다.

이 설정은 소설 속 허구지만, 완전히 불가능한 미래는 아니다. 현실 세계에서도 우리는 이미 감시 자본주의의 한가운데에 있다.

내가 클릭하는 웹사이트, 내가 머무는 시간, 내가 쓰는 단어 하나하나가 기록되고 분석된다. 이 데이터는 광고를 통해 나를 조작하며, 결국 내 취향, 소비, 심지어 감정까지 방향을 설정해 준다.

만약 이런 체계가 더욱 고도화되고, 한곳에 집중된다면 어떤 일이 벌어질까? 사랑이 허가제가 되고, 대화가 점수화되고, 만남이 중앙 알고리즘에 의해 관리된다. 감정도 시스템에 예속된다. '당신은 지금 사랑을 느끼지 않아야 할 시간입니다'라는 알림이 뜬다.

이런 사회는 소설이 아니라 현실이 된다. 하지만 다행히 우리는 Web 3.0이라는 또 다른 가능성의 문 앞에 서 있다. Web 3.0은 블록체인 기술을 기반으로 데이터의 소유권을 개인에게 돌려준다.

모든 정보는 분산 저장되고, 중앙이 없는 네트워크 위에서 자유롭게 움직인다. 감시의 눈은 흐려지고, 통제의 손은 닿지 않는다.

이 세계에서는 내가 만든 콘텐츠, 내가 말한 문장, 내가 사랑한 사람에 대한 기록은 나의 것이다. 누구도 나를 대신해 삭제하거나 조작할 수 없다. Web 3.0은 기술이 인간의 자유를 지켜내는 방향으로 진화할 수 있음을 보여 주는 증거다. 만약 Web 3.0이 없었다면, 우리는 어쩌면 빅브라더를 맞이했을 수도 있었을 것이다.

그러나 이제는 다르다. 우리는 감시받지 않고 사랑을 나누고, 자유롭게 말할 수 있는 기술적 기반을 가질 수 있다.

Web 3.0은 단순한 기술 혁신이 아니다. 그것은 인간 존엄을 지켜내는 디지털 시대의 방패이자 희망이다. 그리고 그것은, 오웰이 예언한 디스토피아를 넘어서게 할 유일한 길일지도 모른다.

이러한 시스템은 개인의 자유와 프라이버시를 보장함과 동시에 사회 전반의 효율성까지 향상시키는 데 기여하고, 과거의 모든 부조리에서 벗어나는 탈의 기술이다. 더 이상 기업이나 국가의 중앙 시스템에 의존하지 않고, 개인이 디지털 사회의 중심 주체로서 자율적으로 정보와 신원을 관리하는 시대가 도래한 것이다. 이것이 바로 Web 3.0이 실현하는 진정한 의미의 '디지털 자율성'이며, 장자가 말한 '스스로 그러함'의 철학과도 깊이 닮아 있는 구조다. 개인의 정체성과 중요성을 강조하기 위해 한 가지 더 소개하고자 한다.

『이퀼리브리엄』과 DID

　"사랑, 슬픔, 기쁨, 분노…. 인간을 인간답게 만드는 감정은 범죄다."

　이 문장은 영화 「이퀼리브리엄(Equilibrium)」의 디스토피아 세계를 압축적으로 보여 준다.

　인류는 전쟁과 파괴를 막기 위해 '감정' 자체를 제거하기로 한다. 모든 시민은 매일 같이 '프로지움(Prozium)'이라는 약물을 맞는다. 영화에서는 그 약을 전 국민이 스스로 주입한다. 스스로 주사를 맞도록 설정한 것은 '정부는 시스템만 제공하고 스스로 복종하는 구조로 의무의 강제성이 아닌 인간의 내면을 통제한다'는 무서운 방식을 택했기 때문이다. 그 약은 마음을 비워 버리고, 감정을 마비시킨다. 이 사회에서는 음악도, 미술도, 책도 모두 금지된다. 시와 그림은 불태워지고, 베토벤의 교향곡조차 '감정 범죄'로 분류된다. 사람들은 더 이상 눈물을 흘리지 않고, 웃지도 않는다. 사랑에 빠지는 일은 존재하지 않고, 아이도 '의무'로 낳는다. 감정이 지워지자 개인은 사라지고, 오직 시스템만 남는다. '나는 누구인가'라는 질문은 사라진다. 사람은 '존재'하지 않고, 단지 '기능'만 수행한다. 인간의 정체성은 곧바로 체제가 정의하고, 감시하고, 제한한다.

이쯤 되면 묻고 싶다. 과연 우리는 이 세계와 얼마나 멀리 떨어져 있을까? 지금 이 순간에도 우리는 디지털 세계 어딘가에 저장된 '누군가의 데이터'로 존재하고 있다. 이름, 나이, 성별, 관심사, 소비 패턴, 이동 경로, 건강 기록까지. 이 모든 것은 거대한 플랫폼의 서버, 국가의 데이터베이스, 기업의 마케팅 알고리즘 속에 축적되어 있다. 우리는 그것을 '편리함'이라는 이름으로 받아들여 왔지만, 그 편리함은 어느덧 우리의 존재를 설명하고 정의하는 힘이 되었다. 어쩌면 우리는 이미, '내가 아닌 누군가에 의해 설명된 나'로 살아가고 있는지도 모른다.

이런 세계를 우리는 이미 목격한 바 있다. 영화 『이퀼리브리엄(Equilibrium)』은 감정을 억제하고, 사고를 금지하며, 질서를 '완벽한 통제'로 유지하는 미래를 보여 준다. 인간은 개별성이 아니라 기능이 되었고, 개인은 삶이 아니라 체계의 일부로 존재했다. 그 사회는 평온했지만 죽어 있었고, 움직였지만 살아 있지 않았다. 그리고 그 통제 시스템을 유지하던 도구는 '기억과 감정과 정체성'을 삭제하는 기술이었다.

이 이야기는 단지 허구가 아니었다. 수년 전, 블록체인이나 Web 3.0의 개념이 등장하기도 전에 사람들은 기술이 통제를 낳을 수 있다는 예감 속에서 이런 시나리오를 그렸다. 그 걱정은 현실이 되었고, 어느 정도는 이미 우리 삶을 점유하고 있다. 만약 Web 3.0이 오지 않았다면 인류는 정말 그렇게 갔을지도 모른다. 더 많은 데이터, 더 정교한 AI, 더 자동화된 시스템은 '편리함'의 이름으로 우리를 완전히 투명한 객체로 만들었을지도 모른다. 그리고 누구도 그것을 멈출 수 없었을지도 모른다.

하지만 이제, 우리는 정반대의 선택지를 가진 시대에 살고 있다. 그 시작은 바로 '디지털 자유의 철학', '자기 주권(Self-Sovereignty)'이라는 새로운 문명의 언어이다.

그 철학을 구현하는 기술이 바로 DID(탈중앙 신원증명, Decentralized Identity)이다. DID는 기존처럼 중앙 정부, 플랫폼, 기관이 나를 인증해 주는 구조가 아니다. 이 기술은 더 이상 플랫폼이 나를 설명하지 않고, 정부나 기업이 나를 정리하지 않으며, 나 자신만이 '나'를 정의할 수 있는 권리를 되찾는다.

이것은 단순한 기술의 진보가 아니다. 인간이 스스로 '자기임을 선언할 수 있는 권리'의 복원이며, 디지털 시대의 진정한 자율성의 회복이다. 우리는 다시 '내가 누구인지'를 남이 아니라 내가 말할 수 있는 시대를 향해 나아가고 있다. 그것이 DID가 가진 의미이고, 그것이 Web 3.0이 통제를 넘어서 존재를 회복시키는 방식이다.

『이퀼리브리엄』은 감정을 제거해 전쟁을 멈춘 세상을 보여 주지만, 그 대가는 인간성의 박탈이었다. 정체성은 시스템의 소유물이 되었고, 개인은 통계와 규범 속에 녹아들었다.

반면, 우리 Web 3.0의 DID는 그 흐름을 뒤집는다. 중앙 없는 신원 시스템은 나의 자율성과 주체성을 복원시킨다. 나는 더 이상 감시 대상이 아니다. 나는 증명할 수 있는 존재이며, 내가 누구인지, 무엇을 선택할지는 나 스스로 결정한다.

이제 우리는 두 갈래 길 앞에 서 있다. 정체성을 잃고 편리함을 따를 것인가, 혹은 정체성을 지키고 자유를 설계할 것인가. 감정을 억제하는 약을 통한 통제가 아니라, 자율을 보장하는 기술이 미래를 이끌어야 한다. 그리고 그 출발점은 바로 DID다.

이러한 기술적 기반 위에서 나는 더 이상 '기업의 계정'이 아닌, '나의 정체성'으로 존재할 수 있다. 내 신원, 내 데이터, 내 기록, 내 평판은 나의 것이며, 이는 디지털 자산처럼 나의 권리를 구성한다. 그리고 그 권리는 내가 원할 때, 내가 선택한 범위에서만 공유된다.

장자가 말한 '스스로 그러함'은 이제 단지 철학의 말이 아니라 기술이 보장하는 권리로 실현된다. 누구의 허락 없이, 누구의 통제 없이, 나는 나로서 존재할 수 있게 된 것이다.

지금까지는 중앙화되고 집단화된 사회 구조 속에서 개인은 전체를 이루는 작은 톱니바퀴처럼 기능했다. 권력은 항상 위에 있었고, 개인은 거대한 조직과 제도의 일부로 존재했다. 하지만 블록체인을 기반으로 하는 Web 3.0 시대가 도래하면서, 개인의 존재 가치는 점점 더 뚜렷하게 드러나고 있다. 이제는 중앙이 아닌, 개인이 중심이 되는 생태계가 열리고 있는 것이다. 이는 곧, 개성이 중심이 되는 시대의 도래를 뜻한다.

그 상징적인 풍경 중 하나가 바로 성격 유형에 대한 새로운 열풍이다. 수십 년 전 심리학 이론에 바탕을 둔 간이 성향 분류 도구는, 특이하게도 오래전 도구인데도 불구하고 최근 들어 MZ 세대 사이에서 '나를 정의하는 키워드', 혹은 '정체성의 언어'처럼 다시 회자되고 있다.

예전에는 사회가 개인의 성향보다 집단의 규율과 성과를 우선시했다. 어떤 유형이든, '잘 적응하는 사람'이 되어야 했다. 그러나 지금은 다르다. 누군가의 성향은 '보정 대상'이 아니라, 존재의 결 그대로 존중받아야 할 고유한 리듬이 되었다. 개인의 다양성과 감정, 내향성이나 감수성, 직관과 판단의 방식까지—그 모두가 '있는 그대로의 나'로 설명될 수 있는 시대가 열린 것이다. 이 열풍은 단순한 유행이 아니다. 사람들은 지금, 타인에게 설명되기 전에 스스로를 설명하고자 한다. 무엇이든 '나'에 대한 언어로 환원되는 이 흐름은 자기 정체성과 존재 방식의 회복이라는 철학적 필요로부터 출발한 것이다.

MBTI는 16가지 성격 패턴을 기본으로 분류되지만, 사실 인간은 각자가 모두 다르다. 누군가는 '모든 인간은 모두 서로 다른 별에서 온 외계인'이라고 표현하기도 했다. 그만큼 고유하고 독립적인 존재로서의 인간에 대한 인식이 강해지고 있다. 장자는 인간뿐 아니라 대자연의 모든 사물들이 있는 그대로의 고유함의 존재로 보며, "모든 사물은 고유할 때, 그리고 그것들이 잘 조화될 때 비로소 아름답다."라고 했다. Web 3.0은 그러한 개인이 자신을 표현하고, 증명하고, 존재를 기반으로 연결될 수 있는 생태계를 만들어 준다. 장자가 말한 '스스로 그러함'의 디지털 실현이 바로 이와 같은 흐름 위에서 가능해지는 것이다.

Web 3.0을 이루는 것은 단순한 기술이 아니다. 그것은 오랫동안 잃어버렸던 자아를 회복하는 하나의 철학적 혁명이다. 디지털 혁신의 궤도 위에서, 우리는 다시금 스스로의 존재를 되찾고 있다. 철학의 시대가 블록체인이라는 기술의 진보를 통해 역으로 돌아온 것이다.

이러한 개인 중심의 철학 회복은 가정이라는 가장 작은 공동체 안에서도 새로운 인식을 만들어 낸다. 과거의 전통적인 유교적 질서 속에서 가장은 가족 내의 절대적 권위로 존재했고, 그 구성원은 그 기준에 따라야만 했다. 가족 내 불화의 많은 원인이 사실은 '가장의 기준'과 '구성원의 고유한 기준' 사이의 충돌에서 비롯되었다. 가정이라는 구조 속에서 개인의 권리는 인정되지 않았고, 오직 가장의 권위가 곧 가족의 모든 기준을 제시하는 방향이 되었다.

한 아이가 있었다. 아버지의 직업 특성상 몇 년 단위로 이사를 다녔다. 아이는 이사 가는 날까지도 그 사실을 모를 때가 많았다. 이사 가는 날 아이는 그곳의 모든 것을 다 잃는다. 그 지역의 추억과 친구, 그리고 익숙한 골목길 풍경, 심지어 다음날 친구들과의 자그마한 약속마저도. 이런 성장 과정은 그 아이의 장래 인격에 많은 영향을 미칠 것이다. 이 아이는 존재의 고유함보다는 가족 구성원 중의 하나로 가장의 종속물에 불과했던 것이다.

그러나 철학의 시대, 장자의 사상이 다시 살아나는 지금은 다르다. 장자는 '개별 존재의 고유함이 조화를 이루는 세상'이 가장 아름답다."라고 했다. 이제는 가족 구성원 모두가 각자의 자율적 기준을 존중받으며, 그 차이가 오히려 가정을 더 풍성하게 만든다. 자녀는 부모의 분신이 아니라 고유한 존재이며, 부모 또한 자녀 위에 있는 절대 권력이 아닌 함께 사유하고 성장하는 하나의 인격체다.

부모와 자식 사이에도 이제는 권력이 아니라 상호 존중과 인정이 작동해야 한다. 이는 장자가 꿈꾸었던 무위의 조화와도 맞닿아 있다. 억지로 조율하거나 누르지 않고, 각자가 자기 흐름을 따라 존재하면서도 서로가 잘 어우러지는 가족. 이것이야말로 철학이 실현되는 구체적인 삶의 장면이다. 그리고 Web 3.0 시대는 그러한 삶의 구조를 기술적으로도 가능하게 만든다.

우리가 철학의 회복이라고 말할 때, 그것은 거대한 담론의 회복이기도 하지만 동시에 일상의 작고 섬세한 질서의 회복이기도 하다. 한 가정 안에서 아버지의 말이 절대 기준이 되어 부인이나 자녀의 생각이나 감정, 개성은 뒷전으로 밀려났던 시대가 있었다. 가족이라는 이름 아래 억눌린 감정들, 단절된 소통들, 침묵 속에 짓눌렸던 고유한 존재들은 결국 관계의 불화를 불러왔다.

그러나 이제는 시대가 달라졌다. 가정 안에서도 각자의 기준이 존중받아야 하는 시대가 왔다. 자녀는 부모의 명령을 따르는 수동적 존재가 아니라 독립된 의견과 고유한 성향을 가진 하나의 인격체다. 부모 역시 권위를 앞세우는 존재가 아니라, 자녀와 함께 성장하고 변화하는 동반자로 다시 태어나야 한다.

이는 단순한 가정 내에서만의 질서의 변화가 아니라 인간이 다시 '관계' 속에서 자신의 존재를 회복하는 중요한 전환이다. 장자가 말한 '스스로 그러함'은 결국 억지로 정렬되지 않은 질서다. 무위(無爲)의 조화는 억압이 없는 흐름이며, 각자가 자기 리듬을 지키면서도 전체의 아름다움을 만드는 방식이다.

Web 3.0의 기술은 이러한 삶의 철학을 실현할 수 있도록 도와준다. 가족 관계에서도 탈중앙화가 가능해지는 것이다. 공동의 규칙은 있지만, 그 규칙은 어느 한 사람의 기준이 아니라 모두의 참여로 만들어진다. 자녀는 디지털 세계에서 자신만의 프로필과 데이터를 가지고 주체적으로 존재하며, 부모 또한 기존의 권위 대신 함께 고민하고 결정하는 참여자가 된다.

이제 우리는 가정이라는 가장 가까운 관계 속에서부터 철학을 실천할 수 있다. 억압하지 않고, 지시하지 않고, 함께 살아가는 것. 그것이 바로 장자가 꿈꾸던 삶이며, Web 3.0이 그 가능성을 열어 주는 새로운 일상의 시작이다.

4장 장자와 DeFi, 무위의 세계

장자를 이해하는 가장 핵심적인 개념 중 하나는 '무위(無爲)'다. 그러나 많은 사람들은 이 개념을 '아무것도 하지 않음'으로 오해한다. 무위란 단순히 '아무것도 하지 않음'이 아니다. '억지로 하지 않음'이다. 억지와 인위에서 벗어나 자연의 흐름에 따르고, 각자의 본성대로 존재하는 것이 장자가 말한 삶의 방식이다.

누군가는 말한다.

"무위하기 위해 산속에 홀로 들어간다."

그것은 무위가 아니다. 무위가 목적이 되어서는 안 된다. 장자는 모든 것은 주체가 될 수 없다고 한다. 주체, 그것조차 중앙이 되어 버린다. 어떠한 목적도 목적 그 자체로 중앙이 되어 버린다. 사실 장자의 모든 철학은 단어로 설명할 수 없다. 왜냐하면 주목받는 순간 중심이 된다. '그냥 존재하는 것' 그 자체, 그것이 핵심이다.

억지로 하지 않음, 기술에도 적용될 수 있을까?

장자의 무위는 오늘날 기술사회 속에서도 되새겨 볼 가치가 있다. 우리는 기술이 발전할수록 더 많은 것을 조절하고, 계산하고, 제어하려 한다. 하지만 블록체인 기술은 이와는 정반대의 구조를 지향한다.

블록체인은 탈중앙화(Decentralization) 시스템이다. 즉, 모든 결정이 중앙의 관리자 없이 네트워크 참가자들의 합의로 이루어진다. 금융을 예로 들면, 비트코인은 중앙은행 없이도 전 세계 누구나 거래를 할 수 있도록 만든 화폐 시스템이다. 이런 시스템은 누군가가 강제하거나 조작하지 않아도 스스로 굴러간다. 이것이 바로 장자의 무위 철학과 닮아 있다.

장자는 이렇게 말했다.

"도(道)는 하는 것이 아니라 저절로 그러한 것이다(無爲而無不爲)."

이는 블록체인 생태계에서 스마트 계약(Smart Contract)이 작동하는 방식과도 맞닿아 있다. 스마트 계약은 사람이 직접 개입하지 않아도 조건이 충족되면 자동으로 실행되는 디지털 계약이다. 계약이 체결되면 누구의 허락도 필요 없이 스스로 실행된다. 이 자동성과 자율성은 바로 '무위의 시스템'이다.

스마트 계약(Smart Contract)이 현실에서 제대로 작동하려면, 단지 아이디어나 코드만으로는 충분하지 않다. 계약이 실현되기 위해서는 이를 뒷받침하는 기술적 토대가 필요하다. 스마트 계약이 가능해진 이유는 바로 블록체인이라는 혁신적인 개념의 기술이 존재하기 때문이다.

블록체인은 데이터를 중앙 서버가 아닌 수많은 컴퓨터에 분산 저장하는 구조를 갖고 있다. 각각의 참여자는 동일한 원장을 공유하며, 누가 언제 어떤 데이터를 추가했는지 모두가 확인할 수 있도록 설계되어 있다. 이런 구조 덕분에 한 번 기록된 정보는 함부로 변경하거나 삭제할 수 없다. 계약 내용을 누구나 열람할 수 있고, 조작은 사실상 불가능해진다. 이러한 특성은 스마트 계약이 실행될 때 투명성과 신뢰성을 보장해 주는 핵심 기반이 된다.

하지만 블록체인이 애초의 목적처럼 비트코인만을 위한 단순히 데이터를 저장하는 수단에 그쳤다면, 계약을 자동으로 실행하는 일은 불가능했을 것이다. '탈중앙화'라는 개념에 또 다른 창의적인 기술이 결합되면서 스마트 계약은 진정한 의미를 갖게 된다.

탈중앙화란 말 그대로 한 곳의 서버나 기관이 모든 정보를 통제하는 것이 아니라, 네트워크에 참여하는 모든 노드가 함께 시스템을 운영하는 구조를 말한다. 다시 말해, 특정 기업이나 정부가 스마트 계약을 일방적으로 바꾸거나 막을 수 없다는 뜻이다. 이로 인해 계약은 그 누구의 간섭도 받지 않고, 약속된 조건에 따라 스스로 작동하는 자율적 시스템이 된다. 이는 신뢰를 제삼자가 아닌, 시스템 그 자체에 맡긴다는 점에서 근본적인 변화라 할 수 있다.

이러한 모든 과정을 실제로 구현하고 실행하게 해 주는 것이 '이더리움'이다. 이 안에는 '이더리움 가상 머신(Ethereum Virtual Machine, EVM)'이라는 환경이 존재하는데, 이는 마치 전 세계에 있는 모든 컴퓨터에서 동일한 계약을 똑같이 실행하도록 만들어 주는 스마트 계약의 표준이라고 할 수 있다. 어떤 사용자가 계약을 호출하더라도, EVM은 항상 같은 방식으로 계산을 처리하고, 똑같은 결과를 도출해 낸다. 이러한 표준화 덕분에 스마트 계약은 네트워크 어디서든 신뢰할 수 있는 동일한 결과를 만들어 낸다. 계약 실행에는 소량의 수수료(가스 비용, ETH로 지불)가 필요하지만, 이는 시스템을 운영하고 유지하는 데 필요한 최소한의 비용일 뿐이다.

이렇게 블록체인의 불변성과 공개성, 탈중앙화 구조의 자율성, 그리고 이더리움 가상 머신의 실행력을 통해 스마트 계약은 현실 속에서 작동 가능한 기술로 자리 잡게 되었다. 사람이 개입하지 않아도 되는 계약, 시스템이 스스로 약속을 지키는 사회. 그 바탕에는 이 세 가지 기술이 조용히, 그러나 조용히 작동하고 있다.

장자의 시각으로 보는 블록체인: 거대한 붕새와 작은 참새
장자는 「소요유(逍遙遊)」 편에서 이렇게 말한다.

北冥有魚，其名為鯤。鯤之大，不知其幾千里也。化而為鳥，其名為鵬。鵬之背，不知其幾千里也。怒而飛，其翼若垂天之雲

: 북쪽의 어딘가, 북명(北冥)이라는 심오하고 깊은 바다가 있다. 그 바다에는 곤(鯤)이라는 물고기가 살고 있다. 곤은 엄청나게 거대한 존재인데, 그 크기는 아무도 헤아릴 수 없다.

이 곤이 변하여 붕(鵬)이라는 새가 된다. 붕새는 등 길이만 해도 수천 리에 이르고, 날개를 퍼덕일 때는 하늘을 가득 메운다. 붕새는 바람이 불어오는 때를 타고 남쪽의 남명(南冥), 즉 남쪽의 끝없는 바다로 날아가려 한다. 하늘 높이 올라가면서 구만리를 솟구쳐 올라, 육 개월 동안 쉬지 않고 날아간다. 그 아래의 바람은 하늘을 받치듯이 붕을 떠받치고, 그는 마침내 하늘과 바다를 넘는다.

그러나 세상의 작은 새들, 참새와 멧새들은 이를 비웃는다.

"저게 무슨 새란 말인가? 우리도 나뭇가지 사이로 날 수 있는데, 왜 저렇게 높이까지 가려 애쓰는가?"

이에 장자는 말한다.

"좁은 시야를 가진 자는 큰 뜻을 이해하지 못한다."

붕새는 단지 새가 아니다.

작은 생명은 작은 공간에 머물고, 큰 생명은 큰 하늘을 품는다. 붕은 '소요(逍遙)', 즉 무한히 자유롭고 걸림 없는 경지를 실현하는 상징이다.

장자는 이 이야기를 통해 말하고자 한다.

진정한 자유는 작은 현실의 제약에서 벗어나, 하늘과 바다를 넘나드는 정신의 해방을 뜻한다고.

또, 이 일화는 '기준'과 '틀'에 대한 장자의 반발을 보여 준다. 참새는 자신의 짧은 비행만을 기준으로 삼고, 붕새를 이해하지 못한다. 하지만 장자는 말한다. 존재에는 크고 작음이 없으며, 그 차이는 다름일 뿐이라고. 무위는 바로 그 다름을 억지로 맞추지 않는 것에서 출발한다. 이 이야기에서 곤이라는 거대한 물고기는 기존의 중앙화 세력들이고 작은 새는 비상하는 붕새를 비웃는 기득권 세력이다. 또한 비상하는 붕새는 새로운 변화를 추구하는 시대적 요구이다.

Web 3.0은 이와 유사한 '다름의 인정'을 기술적으로 구현하는 시대다. 모두가 같은 방식으로 존재할 필요가 없다. 각자가 다른 정체성을 가지고 각기 다른 경로로 존재하고 연결될 수 있다.

노동과 근로의 개념 변화

이러한 흐름 속에서 노동과 근로의 개념도 변화하고 있다. 우리는 더 이상 정해진 시간 동안 사무실에 머무르는 방식으로 삶을 살아가지 않는다. 대신, 우리는 참여하고, 기여하고, 존재하는 것 자체로 보상을 받는다. '일하지 않음'이 게으름이 아닌, 새로운 방식의 창조와 연결로 이어지는 것이다.

결국, 장자가 말한 '소요유(逍遙遊)'—아무것도 얽매이지 않고 자유롭게 존재하는 삶—은 이제 철학적 사변이 아니라, 기술의 진보가 만들어 낸 하나의 현실이 되어 가고 있다.

우리는 이제 일하지 않음 속에서도 가치가 흐르는 세상에 진입하고 있다. 블록체인 생태계는 '참여'와 '기여', '보유'라는 행위를 통해 수익을 만들어 낸다. 그 안에서 사람은 더 이상 생존을 위한 노동의 틀에 얽매이지 않고, 존재 자체가 의미가 되는 방향으로 나아간다. NFT는 나의 창작이 곧 자산이 되고, 디파이는 나의 보유가 곧 이자가 되며, DAO에서는 나의 발언이 곧 영향력이 된다.

이러한 구조 속에서 인간은 물리적 생산이나 단순 반복의 노동에서 벗어나, 명상, 창작, 커뮤니티 거버넌스, 성찰, 자연과의 연결, 바이오헬스, 라이프케어, 게임오락, 스포츠 등 오롯이 스스로에게 집중하는 시간을 얻게 된다. AI가 정보를 찾아 주고, 자동화가 일상을 관리하며, 스마트 계약이 조건을 판단하고, 블록체인이 거래를 기록하는 이 시대에 인간은 '존재하기'에만 충실해도 충분한 세상이 되어 가고 있다.

그렇기에 장자가 말한 무위는 단지 철학자의 상상이나 은둔의 개념이 아니다. 무위는 오히려 첨단 기술 문명이 제공한 새로운 자유의 상태이며, 우리는 그 안에서 오히려 인간다움을 회복하는 중이다.

이제 삶의 의미는 '얼마나 더 가지는가'보다 '얼마나 덜 얽매이는가'로 이동하고 있다. 덜 얽매이고도 풍요로울 수 있다는 것, 그것이 바로 장자의 무위이고 기술이 제공한 디지털 시대의 소요유다. 인간은 다시 자신에게로 돌아갈 수 있는 시간을 부여받고 있다. 이것이 바로 무위의 세계, 그리고 진정한 디지털 소요유의 시작이다.

우리는 그동안 끊임없이 누군가의 통제 아래 살아왔다. 학교에서, 회사에서, 가정에서, 사회에서. 늘 누군가가 기준을 제시하고 우리는 그에 맞춰야 했다. 하지만 지금, 블록체인과 Web 3.0 기술은 우리에게 처음으로 '통제 없이 살아가는 법'을 제시한다. 장자의 철학은 이렇게 말하고 있다.

"억지로 정렬되지 않은 조화가 가장 완전한 조화다."

기술이 스스로 작동하는 시대, 인간은 다시 자율성과 존재의 본질을 되찾고 있다.

그동안 세상의 구조는 중앙화된 권력에 의해 움직여 왔다. 이 권력은 인간이 반드시 하지 않아도 되는 움직임—생존을 위한 필요 이상의 활동—까지도 강요해 왔다. 인간은 단지 자신의 몫을 위해 움직인 것이 아니라, 보이지 않는 중앙의 몫까지도 함께 떠안아야 했다. 이러한 구조는 인간의 시간을 빼앗고, 에너지를 소진시키며, 무위로부터 멀어지게 했다. 이 잉여적인 활동은 인간이 스스로를 돌아볼 여유조차 허락하지 않았고, 결과적으로는 존재의 본질을 착취해 온 셈이다.

블록체인은 이러한 소모적인 잉여 활동을 줄이는 전환점을 제공한다. 이 기술은 인간이 스스로의 가치와 몫을 직접 소유하고, 직접 관리할 수 있도록 돕는다. 중간에 개입하는 중앙 권력이 사라지고, 데이터와 자산의 흐름은 스마트 계약을 통해 자동으로 이루어진다. 인간은 이제 타인을 위한 잉여 생산이나 행정적 절차에 매몰되지 않고, 자신의 시간과 자원을 본질적인 삶에 집중할 수 있게 된다.

이렇게 절감된 움직임은 단순히 '게으름'이 아니라, 진정한 의미의 소요유를 가능하게 하는 기반이다. 우리는 비로소 걷고, 사유하고, 느끼고, 존재하는 데 집중할 수 있다. 이것이야말로 장자가 말한 무위의 상태이며, 블록체인이 만들어 낸 디지털 시대의 새로운 자유다.

장자는 물질적 소유에 집착하지 않았다. 그는 외형이나 재산, 권력 같은 외부의 기준이 아닌, 마음의 평온과 자연에 따르는 삶을 강조했다. 정신적인 질서, 정신적인 안녕에 집중하라는 그의 철학은 오늘날 우리가 마주한 기술 혁신과 놀랍도록 닮아 있다.

그것은 바로 탈물질을 선도하는 Web 3.0 시대, 블록체인과 양대 축을 이루는 메타버스이다. 메타버스와 블록체인의 결합은 물질 중심의 시대를 넘어 탈물질적인 가치와 경험 중심의 세계를 가능하게 만든다. 블록체인은 신뢰와 검증, 메타버스는 감정과 관계를 담당하며, 두 기술은 함께 새로운 디지털 생태계를 구성한다. 여기서 '소유'는 더 이상 실물에 갇힌 개념이 아니라, '접속'과 '참여'로 재정의된다. 탈물질은 탈소유로, 탈소유는 탈욕망으로, 궁극적으로는 폭력 없는 사회에 대한 가능성까지 확장된다.

영화 『이퀄리브리엄』은 감정을 제거함으로써 질서를 유지하려 한 체제를 보여 준다. 그러나 이제 우리는 정반대의 방향으로 나아가고 있다. 억압이 아닌 신뢰, 통제가 아닌 연결로 질서를 유지할 수 있는 구조. 메타버스는 감정이 살아 숨 쉬는 공간이 되고, 블록체인은 그 신뢰를 뒷받침하는 기반이 된다. 기술은 더 이상 감정을 통제하는 수단이 아니라, 감정을 지켜 주는 생태계가 되는 것이다.

이러한 기술 구조는 단순히 물질을 대체하는 것이 아니라 인간이 진정으로 집중해야 할 정신적 가치, 감성적 연결, 자아 탐색의 중요성을 부각시킨다. 메타버스는 블록체인의 기능을 드러내는 사회적 껍질이자 시각화된 공동체가 되며, 사용자는 더 이상 익명의 지갑 주소가 아니라 디지털 존재로 구현된 철학적 개체가 된다. 즉, 탈물질화를 통해 인간은 더 본질적인 삶으로 돌아가게 되는 것이다. 그리고 이것이야말로 장자가 말한 무위의 깊은 정신성과 정확히 맞닿아 있다. 그것은 곧 '자연 그대로의 나로 존재하기'를 가능하게 하는 디지털 기반이 되고 있다.

메타버스의 기술과 적용 효과

메타버스는 기술이 아니라 새로운 세계의 방식이다. VR, AR, XR 그리고 '탈물질성'으로의 전환이다. 우리는 지금, 현실과 가상이 경계 없이 뒤섞이는 '확장된 세계' 속으로 진입하고 있다. 그 중심에는 '메타버스(Metaverse)'라 불리는 디지털 공간 기반의 새로운 삶의 무대가 있다.

그렇다면 메타버스는 단순한 기술일까? 아니면 새로운 문명적 전환일까? 이를 이해하기 위해서는 먼저 메타버스를 구성하는 핵심 기술들에 대한 이해가 필요하다.

메타버스를 이루는 세 가지 핵심 기술

① **VR(Virtual Reality) – 가상현실**

VR은 완전히 새로운 디지털 공간을 만든다. 우리가 현실과 단절된 상태에서 전적으로 가상공간에 몰입하는 기술이다. 헤드셋을 착용하면 사용자의 시야와 동작이 가상의 공간 속으로 옮겨지고, 실제로 그곳에 있는 것 같은 착각을 준다. 게임, 시뮬레이션, 원격 협업 등에 폭넓게 활용되고 있다.

예를 들어, 의료 분야에서는 VR을 활용해 수술 시뮬레이션을 진행하거나 해부학 교육에 몰입형 환경을 제공한다. 실제 수술 전에 가상의 환경에서 여러 차례 연습함으로써 위험 부담을 줄일 수 있고, 의과 대학생들은 인체 구조를 3D로 학습하며 이해도를 높일 수 있다.

또한 군사 훈련에서도 VR은 실전 같은 상황을 구현하여 병사들이 실제 전투에 가까운 상황을 반복적으로 훈련할 수 있도록 돕는다. 탄약이나 공간이 제한된 실제 훈련보다 훨씬 경제적이고 안전하게 전술과 행동을 익힐 수 있다.

원격 근무 및 협업 분야에서도 VR은 점점 더 확대되고 있다. 예를 들어, Meta의 Horizon Workrooms나 Microsoft Mesh 같은 플랫폼은 사람들이 가상 회의실에서 아바타 형태로 모여 실시간으로 소통하고 협업할 수 있게 한다. 같은 공간에 없어도 눈앞에 함께 있는 듯한 몰입감을 주기 때문에, 특히 글로벌 협업 환경에 효과적이다.

건축 및 인테리어 분야에서도 VR은 설계 도면만으로는 파악하기 힘든 공간감을 사전에 체험할 수 있게 한다. 고객은 완공 전에 가상공간에서 건물 내부를 걷고 벽 색상이나 가구 배치를 바꿔 보며 최종 결정을 할 수 있어, 시공 전 커뮤니케이션 오류를 줄이고 만족도를 높이는 데 크게 기여하고 있다.

마지막으로, 정신 건강 치료에서도 VR은 새로운 방식으로 활용되고 있다. 고소공포증, 외상 후 스트레스 장애(PTSD), 사회불안장애 등을 가진 사람들에게 가상의 노출 환경을 통해 점진적으로 두려움을 극복하는 심리 치료가 이루어지고 있다. 실제 공간에선 구현하기 어려운 치료 상황을 가상으로 조절하며 접근하는 방식이다.

② AR(Augmented Reality) – 증강현실

AR은 현실 위에 가상 요소를 덧씌운다. 실제 세계는 그대로 존재하지만, 그 위에 디지털 정보(이미지, 텍스트, 오브젝트 등)가 덧입혀진다. 스마트폰으로 보는 포켓몬고, 자동차 HUD, 산업용 설비 가이드는 모두 AR의 사례다.

더 나아가, 소매 유통과 전자상거래 분야에서는 AR이 소비자 경험을 혁신하고 있다. 예를 들어, IKEA는 고객이 스마트폰을 통해 가구를 자신의 집 공간에 배치해 보는 AR 앱을 제공한다. 덕분에 구매 전 실제 배치된 모습을 미리 확인하고 결정할 수 있어, 온라인 쇼핑의 한계를 극복하는 데 도움이 된다.

뷰티 산업에서도 AR은 활발히 활용된다. L'Oréal이나 Sephora 같은 브랜드는 가상 메이크업 체험 기능을 제공해, 사용자가 앱이나 매장 내 거울을 통해 자신의 얼굴에 립스틱, 아이쉐도우, 파운데이션 등을 가상으로 적용해 볼 수 있도록 한다. 이는 소비자의 선택을 빠르게 도와줄 뿐 아니라, 구매 만족도도 높인다.

교육 현장에서도 AR은 직관적인 학습을 가능하게 한다. 예를 들어, 과학 수업에서 지구의 내부 구조나 태양계의 회전 운동을 실제 공간 위에 띄워 놓고 체험할 수 있다. 아이들은 책 속의 그림이 아니라 눈앞의 입체적인 모델을 보며 개념을 이해하게 되기 때문에, 학습 효과가 높아진다.

산업 현장에서는 AR 기반의 설비 유지보수 가이드가 작업자에게 실시간으로 정보를 제공한다. 기계를 수리하거나 점검할 때, AR 안경이나 태블릿을 통해 기기 위에 매뉴얼이나 경고 표시가 실시간으로 겹쳐 보이는 방식이다. 이는 오류를 줄이고 작업 시간을 단축시키는 데 매우 유용하다.

또한, 관광 및 문화 콘텐츠에서도 AR은 공간 경험을 확장시킨다. 예를 들어 유적지나 박물관에서 사라진 건축물이나 유물을 AR로 복원해 실시간 안내와 함께 보여 주는 서비스가 운영되고 있다. 관람객은 단순히 보는 것을 넘어, 과거의 공간과 상호작용하는 듯한 몰입 경험을 하게 된다.

이처럼 AR은 현실을 지우지 않고, 그 위에 정보를 더함으로써 인간의 인식 능력을 확장하는 기술이다. 단순한 시각 효과를 넘어서 교육, 유통, 산업, 문화 등 일상의 다양한 장면 속에서 현실과 디지털을 겹치는 새로운 경험의 방식으로 진화하고 있다.

③ XR(Extended Reality) - 확장현실

XR은 VR과 AR을 포함한 모든 혼합현실 기술을 통칭하는 개념이다. 현실과 가상의 경계가 자연스럽게 연결되거나, 사용자의 상황에 따라 유연하게 전환되는 체험을 제공한다. 즉, XR은 '현실과 가상이 분리되지 않는 삶'을 가능하게 하는 기술적 기반이라 할 수 있다.

예를 들어, 의료 분야에서는 XR을 활용해 의사가 실제 환자 몸에 AR을 통해 장기 위치를 시각화하면서 동시에 VR 환경에서 수술 계획을 세우는 통합된 시뮬레이션을 제공할 수 있다. 이는 수술의 정확성을 높이고, 교육용으로도 매우 유용하다.

제조업과 정밀 산업 현장에서는 XR을 통해 작업자가 실제 기계를 직접 조작하면서 동시에 가상의 데이터와 조작 가이드를 눈앞에 띄워 보는 방식이 적용된다. 예를 들어, 비행기 정비사나 고압 장비 엔지니어는 HoloLens 같은 XR 장비를 착용하고 실시간으로 센서 데이터를 보면서 수리를 진행할 수 있다.

리테일 분야에서도 XR은 단순한 AR 매장 체험을 넘어서, 쇼핑객이 매장에 직접 방문해 상품을 보면서도 VR 기술을 통해 다른 색상이나 스타일, 심지어 가상의 착용 이미지를 동시에 확인할 수 있는 시스템으로 발전하고 있다. 오프라인과 온라인 쇼핑의 경계를 허무는 시도다.

교육과 훈련 분야에서 XR은 VR과 AR을 넘나들며 학습 몰입도를 획기적으로 높인다. 예를 들어, 소방관 훈련 프로그램에서는 실제 장비를 착용한 상태에서 VR로 재현된 화재 현장을 경험하고, AR을 통해 각 공간의 위험 요소와 대피로를 동시에 시각화해 대응 능력을 강화할 수 있다.

원격 협업에서는 XR 회의 공간이 도입되고 있다. 실제 책상에 앉아 있는 동시에, XR 기기를 통해 가상의 회의실 안에서 동료의 아바타와 상호작용하고, 문서나 3D 설계 도면을 공중에 띄워 함께 작업하는 형태다. 이는 특히 디자인, 건축, 엔지니어링 분야에서 현실적인 협업 환경을 만들어낸다.

이처럼 XR은 단순히 VR과 AR을 따로 사용하는 것이 아니라 현실 위에 디지털을 더하고, 필요할 땐 완전히 가상으로 전환하면서도 다시 현실로 돌아올 수 있는 유연한 기술 생태계를 말한다. 사용자는 더 이상 '어느 쪽에 있나'를 구분하지 않고, 현실과 가상 사이를 자연스럽게 오가며 존재할 수 있는 '경계 없는 경험'을 하게 되는 것이다.

④ MR(Mixed Reality)

MR은 현실과 가상 요소가 실시간으로 상호작용하는 혼합형 기술이다.

MR(Mixed Reality)은 가상현실(VR)과 증강현실(AR)의 중간 지점에 위치한 개념으로, 현실 세계와 가상 요소가 단순히 함께 존재하는 것을 넘어서, 실제로 '상호작용'하는 경험을 제공한다. 사용자는 물리적 공간 안에서 가상의 오브젝트를 마치 실제 물건처럼 다루고 조작할 수 있으며, 가상 요소 또한 현실의 환경이나 동작에 반응한다.

예를 들어, 사용자가 책상 위에 놓인 가상 피아노를 실제 손으로 눌러 소리를 내거나, 공중에 떠 있는 가상 디스플레이를 손으로 넘기고 조작할 수 있는 구조가 바로 MR이다. 이러한 상호작용은 헤드셋의 센서와 공간 인식 기술을 통해 현실을 정확히 분석하고, 가상의 물체를 그 안에 '자연스럽게 섞는' 기술로 가능해진다.

대표적인 MR 기기로는 마이크로소프트의 HoloLens 시리즈가 있다. 사용자는 안경처럼 착용한 디바이스를 통해 현실 공간 안에 3D 가상 객체를 띄우고, 손짓과 음성으로 제어할 수 있다. MR은 특히 의료 시뮬레이션, 공정 설계, 고급 교육 훈련, 산업 장비 유지보수 등에서 실전감 있는 체험과 높은 정확도를 동시에 요구하는 분야에 효과적으로 활용되고 있다.

MR의 핵심은 '현실 위에 덧씌우는 것(AR)'이나 '완전히 몰입하는 것(VR)'을 넘어서, 현실과 가상이 '동시에 반응하고 통합적으로 작동하는 환경'을 제공한다는 점이다. 현실의 테이블 위에 가상의 로봇이 앉고, 그것이 실제 물리적 장벽에 부딪혀 반응하는 모습은 AR로는 구현되지 않는 MR만의 특성이다.

VR, AR, MR, XR 비교 정리

구분	정의	특징	주요 기능	적용 분야	대표 사례
VR (Virtual Reality)	완전히 가상공간에 몰입	완전몰입형, 현실과 단절됨	3D 시뮬레이션, 가상환경 체험	게임, 교육, 의료 수술 훈련	Meta Quest, Playstation VR
AR (Augmented Reality)	현실 위에 디지털 정보를 덧씌움	실시간 정보 추가, 현실과 병행 사용	정보 오버레이, 위치 기반 콘텐츠 제공	내비게이션, 쇼핑, 산업 설비 안내	포켓몬GO, IKEA Place 앱
MR (Mixed Reality)	현실과 가상이 실시간으로 상호작용	가상 객체가 현실과 상호작용	제스처 인식, 실시간 상호작용	건축 설계, 원격 협업, 군사 훈련	Microsoft HoloLens, Magic Leap
XR (Extended Reality)	VR, AR, MR을 모두 포함하는 확장 개념	기술 통합, 유연한 환경 제공	융합형 플랫폼 구축, 몰입형 체험 설계	메타버스, 스마트 제조, 디지털 트윈	애플 Vision Pro, VRChat, Mesh

우리는 눈에 보이는 세계를 '현실'이라 부른다. 지금까지 그 현실은 주로 '물질' 위에 세워져 있었다. 좋은 곳에 살고 있는지, 어떤 브랜드의 옷을 입는지, 얼마나 큰 기업과 사무실에서 어떠한 직함으로 일하는지가 곧 '나'라는 사람을 설명해 주었다. 물리적인 공간과 재화는 곧 정체성과 권력, 신분을 의미했고, 인간은 그 안에서 자리를 찾아야 했다.

하지만 지금, 우리는 그 모든 기준이 뒤바뀌는 거대한 전환의 문턱에 서 있다. 그 변화의 핵심에는 '메타버스(Metaverse)'라는 이름의 새로운 세계가 있다.

처음에는 단순히 신기한 오락성 기술처럼 보였다. VR 기기를 쓰고 가상공간을 체험하는 놀이라거나, AR을 통해 현실에 정보를 띄우는 장치 정도로 여겨졌다. 그러나 기술이 점점 삶 속으로 스며들고 사람들의 활동이 디지털 공간으로 확장되면서, 메타버스는 단순한 '기술'이 아니라 존재의 공간'이 되어 가기 시작했다.

이제 중요한 것은 '어디에 사는가'보다 '어디에 접속하는가'이다. 현실의 외모나 성별보다, 디지털 공간에서 내가 어떻게 표현되는지, 누구와 연결되어 있는지가 더 많은 의미를 가진다. 현실에서는 문밖을 나서지 않아도 가상 세계에서는 지구 반대편 친구와 만나 대화를 나누고, 아바타로 콘서트에 참석하며, 디지털 의상을 입고 나만의 정체성을 실현한다.

이처럼 메타버스는 우리에게 '탈물질화(Dematerialization)'라는 새로운 감각을 선사한다. 즉, 실체를 소유하는 것이 아닌, 경험을 구성하고, 감정을 공유하고, 네트워크 속에서 존재를 확장하는 것이 중요한 사회로 이동하고 있는 것이다. 이제는 현실의 물질적인 정체성이 나를 대표하지 않는다. 대신, 내가 머무는 디지털 공간, 내가 사용하는 아바타, 내가 소속된 커뮤니티가 나의 '존재'를 표현해 준다. 현실의 제한은 사라지고 가상의 가능성이 정체성을 구성하는 핵심이 된다. 이런 변화는 단순한 유행이 아니다. 그것은 근본적인 질문을 던진다.

"나는 누구인가?"

"나는 물리적으로 존재해야만 진짜일까?"

"정체성은 무엇으로 정의되는가?"

메타버스는 이러한 질문에 대해 새로운 대답을 제시한다.

VR은 완전히 가상의 세계를 열어 준다.

AR은 현실 위에 가상의 층을 더한다.

XR은 그 모든 것을 연결하며, '현실과 가상'이라는 이분법 자체를 무너뜨린다.

우리는 점점 더, 물리적인 세계에만 머물지 않고 디지털 존재로서의 자아를 구축해 나가고 있다. 이제는 소유보다 체험이 중심이 되고, 장소보다 연결이 중요해지며, 신체보다 정체성이 유동적으로 변한다. 그 안에서 우리는 이전보다 더 자유롭고, 더 다채로운 방식으로 '존재할 수 있는' 기회를 얻게 된다. 결국, 메타버스는 기술 그 자체보다도 인간이 어떻게 살아가고 서로를 이해하며, 자신을 표현할 것인가에 대한 새로운 삶의 방식을 의미한다. 우리는 지금, 가상이라는 거울을 통해 새로운 현실을 만들어 가는 중이다. 그 거울 속 나 역시 진짜이며, 어쩌면 현실보다 더 나다운 나일 수도 있다.

2부

전환기,
다시 장자를
소환하다

어떤 사유는 시대를 훌쩍 넘어 돌아온다.

위기의 문턱에서 사람들은 다시 근원으로 향한다.

그리고 그 근원에서 만나는 사상가들은 대개 같은 사람들이다.

혼란을 견디는 방식, 질서를 다시 그리는 방법, 존재의 의미를 새롭게 묻는 철학—그 모든 길 위에, 장자가 있다.

2부는 문명의 전환기마다 되살아나는 장자의 사유를 따라간다.

5장에서는 동서양의 대표적인 사유체계인 유교, 불교, 기독교를 지나 장자로 향하는 지적 여정을 그린다. 도덕과 규범, 구원과 해탈이라는 전통적 해석을 넘어서, 장자가 제시한 '그저 존재하라'는 선언은 지금 시대에도 여전히 유효하다. 그것은 규칙의 붕괴 속에서도 고유성을 잃지 않는 존재 방식이기 때문이다.

6장에서는 블록체인이라는 기술이 어떻게 장자의 철학과 구조적으로 닮아 있는지를 살펴본다. 무위로 작동하는 탈중앙 시스템, 강요 없이 연결되는 네트워크, 누구의 지배도 받지 않는 프로토콜. 장자는 예언자가 아니었다. 하지만 그가 말한 자연의 길은 예기치 않게 디지털 코드로 되살아났다.

7장은 과거의 거대한 전환기—14세기 유럽의 흑사병과 그 이후의 르네상스—를 돌아본다. 문명의 붕괴는 단절이 아니라 창조를 위한 침묵이었다. 제도는 무너졌고 인간은 다시 생각하기 시작했다. 과학과 예술, 철학이 새롭게 피어났다.

8장에서는 팬데믹 이후 우리가 맞이하고 있는 디지털 르네상스를 조명한다. 이제 우리는 플랫폼의 시대를 넘어 프로토콜의 시대로 이동하고 있다. 그리고 이 거대한 전환은 또다시 장자를 소환한다. 제도 없는 생태계, 규율 없는 연결, 존재 자체로 살아가는 기술의 가능성.

장자는 지금, 가장 낯설지만 가장 익숙한 방식으로 이 전환의 시대에 다시 등장하고 있다.

2부는 증명이다.

역사는 언제나 위기의 끝에서 철학을 호출했고, 철학은 항상 가장 오래된 사유로부터 다시 시작되었다.

장자는 귀환한 것이 아니다. 그는 늘 이 자리에 있었다.

진실은 '우리가 돌아온 것'이다.

5장 기득권 종교와 기존의 중앙화 질서에서 Web 3.0 자유인 장자로

인류는 오랫동안 '어떻게 살아야 하는가?'에 대한 해답을 종교와 도덕 속에서 찾으려 했다. 유교는 가족과 사회의 질서를 통해 인간에게 '마땅히 지켜야 할 역할과 도리'를 부여했고, 불교는 고통의 근원을 자아에서 찾으며 '해탈'을 삶의 목표로 제시했다. 기독교는 인간의 삶을 신의 뜻에 맡기며, 복종과 믿음을 통해 구원을 약속했다.

종교는 각각의 방식으로 인간에게 '삶의 기준'을 제시해 왔다. 그러나 이 기준은 대부분 외부로부터 주어진 것이며, 인간은 그 틀 안에서 자신의 생각과 욕망을 억누르며 살아야 했다.

유교는 가족 질서와 위계, 도덕적 행위를 강조했다. 가부장 중심의 유교 질서는 구성원 간의 위계와 규범을 통해 사회 전체의 안정을 도모했지만, 개인의 자율성과 고유함은 쉽게 억압되곤 했다. 아버지의 말이 곧 집안의 법이고 사회의 원칙은 오랜 관습과 유교적 교훈에 의해 정해졌다. 그 틀에서 벗어나는 순간 '불효'나 '무례'라는 낙인이 찍혔다. 거기에 개인은 없었다.

불교는 '무아(無我)'를 통해 해탈의 경지를 강조했다. 이는 인간이 욕망에서 벗어나야 한다는 철학이었지만, 때로는 그 과정에서 '자기 자신'이라는 존재의 고유함마저도 무력화시키는 결과를 낳기도 했다. 자아를 지우는 과정이 자칫 개성의 억제와 연결될 수도 있었던 것이다.

기독교는 인간의 삶을 신의 뜻에 일임하라고 말한다. 구원은 인간의 행동이 아닌, 신에 대한 절대적 믿음을 통해 이루어진다. 그 안에서 인간은 신의 종으로 살아가며, 옳고 그름의 판단을 내리는 권리는 '신'이라는 외부 절대자에게 있다.

유교 · 불교 · 기독교의 교리와 인간에게 요구하는 가치 비교

구분	유교	불교	기독교
중심 가치	도덕, 인(仁), 예(禮), 수양	해탈, 자비, 무아, 수행	사랑, 은혜, 믿음, 구원
인간관	본래 선함 → 수양을 통해 완성	윤회와 업의 결과 → 해탈이 목표	원죄의 존재 → 은혜로 구원
목표	성인(聖人), 조화로운 사회	고통에서 벗어난 자유로운 마음	하나님과의 관계 회복과 구원
요구사항	자기 수양, 예절, 가족/사회 책임	욕망의 소멸, 자비심, 명상/수행	하나님 사랑, 이웃 사랑, 믿음

이러한 종교적 전통은 모두 공통적으로 '외부 기준'에 인간을 맞추는 구조를 갖는 동시에 그 자체가 중앙 권력의 역할을 하고 있었다. 그렇지만 먼저 알아야 할 것은, 유교·불교·기독교는 각 시대에서 그 시대에 맞는 중요한 소명을 다해 왔다는 것이다. 그들은 무지와 공포, 혼란의 시대에 질서와 위안을 제공했고, 인간이 자기 삶을 되돌아보고 공동체 속에서 조화를 이루도록 시대적 역할을 했다. 하지만 주목해야 할 점은, 유교·불교·기독교의 본래 교리나 철학이 본질적으로 억압적이지 않았다는 것이다. 오히려 이들 종교는 각기 나름의 방식으로 인간의 삶에 깊이 있는 성찰과 위안을 제공해 왔다. 유교의 인(仁)과 예(禮), 불교의 자비와 해탈, 기독교의 사랑과 구원은 모

두 인간을 위한 위대한 가르침이었다.

하지만 문제는 그 교리들이 시간이 흐르며 권력과 결합되었을 때 발생했다. 교리 위에 군림한 교권, 황권, 정치권력은 종교를 도구로 삼아 인간을 통제하고 규율하는 체계로 만들어 버렸다. 본래의 신념에서 벗어나 그것을 빙자한 새로운 '기준'이 만들어지고 강화된 것이다. 이 왜곡된 기준은 사람들로 하여금 내면의 자유를 잃고 타인의 시선과 규범에 얽매여 살도록 만들었다.

장자는 바로 이와 같은 변형되고 왜곡된 외부 기준 자체를 해체하려 했다. 그는 신념도, 교리도, 도덕도 본질적으로는 '만들어진 기준'이라고 보았다. 인간은 그러한 기준 없이도 충분히 조화롭게 살아갈 수 있다고 믿었고, 실제로 그것이 자연의 이치라고 여겼다. '스스로 그러함'이라는 장자의 사상은 인간에게 강요된 길이 아니라 각자의 리듬에 따라 살아가는 삶을 뜻한다. 아이러니하게도 장자가 말하는 진정한 무위를 이룰 수 있다면 앞서 제시한 여러 가지 모든 기준이 의미가 없어진다는 것이다. 그저 존재함으로써 모든 것을 이룬다는 것이다.

오늘날 블록체인 기술 역시 이와 닮아 있다. 블록체인은 중앙의 권위나 통제 없이 작동하는 시스템이다. 하나의 주체가 전체를 지배하거나 조작할 수 없고, 누구도 다른 사람의 삶을 강제할 수 없다. 이러한 시스템은 다시 권력이 집중되고 폭력화되는 것을 막는 구조적 안전장치다. 신념을 강요하지 않고, 참여자가 스스로 선택하고 결정하는 시스템. 그것이 바로 블록체인이 만들어 가는 디지털 시대의 철학적 기반이다. 인간은 끊임없이 정답을 따라야 했고, 자기 안의 기준이 아닌 외부의 도덕·신념·규범에 자신을 맞춰야 했다.

그러나 장자는 다른 길을 제시했다. 그는 말한다. "스스로 그러함(自然而然)이 가장 이상적인 상태"라고. 장자는 도덕도 교리도 기준도 모두 인위적인 구속이라 보고, 인간이 진정으로 자유로울 수 있는 길은 "외부의 기준을 따르는 것이 아닌, 내면의 흐름을 따르는 것"이라고 말했다.

장자의 철학은 기존 종교가 인간을 규제하고 경계 짓는 틀을 제공한 반면, 인간을 해방시키고자 한다. 그는 스스로 그러한 삶을 살라 했고, '무위'의 삶을 실천하라고 강조했다. 이는 교리가 없고, 도덕적 명령이 없고, 신의 판단도 없는 삶이다. 그 안에서 인간은 비로소 자연과 하나가 되고, 억지 없이 자기 삶을 살아갈 수 있다.

이제 우리는 다시 장자의 시선에서 인간을 바라봐야 할 시점에 와 있다. 디지털 기술은 더 이상 인간을 규정하지 않는다. 오히려 인간을 다시 자유롭게 만들어 주는 철학적 기반이 되어 가고 있다. 장자는 말한다.

"자연을 거스르지 말고, 그대로 따라가라."

그리고 Web 3.0 시대의 블록체인 기술은 바로 그것을 실현하는 기반이 되어 주고 있다. 외부의 신념이 아닌, 내 안의 기준으로 살아가는 시대. Web 3.0 시대는 장자에서 다시 시작되는 철학의 부활이다.

기존의 종교 질서와 도덕 질서, 법질서들은 모두 중앙화된 구조 속에서 작동해 온 것이다. 이는 마치 Web 2.0의 인터넷 구조와도 흡사하다. 예를 들어 유튜브나 페이스북 같은 거대 플랫폼은 사용자가 만든 콘텐츠와 데이터를 기반으로 수익을 창출하지만, 정작 그 소유권과 보상은 플랫폼에 귀속된다. 우리는 정보를 생산하지만, 그 가치는 중앙 플랫폼이 가져가고, 이용자들은 단지 '접속자'로만 머무른다. 우리의 사생활, 관심사, 관계망까지도 데이터화되어 수익의 도구가 되었다. Web 2.0 시대에는 플랫폼 기업이나 국가 기관처럼 거대한 중앙 관리자가 모든 정보와 자산, 권한을 통제하고 결정하는 구조였다. 사용자들은 정보를 생산하고 행동하지만, 그에 따른 소유권과 수익은 대부분 중앙이 가져갔다. 이 구조는 곧 종교적·도덕적·법적 질서에서 인간이 외부 기준에 종속되었던 상황과 본질적으로 닮아 있다. 이는 Web 2.0 시대의 사회적 구조와도 유사하다. 중앙이 통제하고, 기준을 설정하며, 인간은 그 질서에 따라야 했다. 하지만 이제, 블록체인을 기반으로 하는 Web 3.0 시대의 탈중앙화 러시가 도래하고 있다.

이 시대는 장자의 철학이 실현되는 기술적 토양이자, 인간이 다시 내면의 기준으로 살아갈 수 있는 시대이다. Web 3.0은 중심 권력의 간섭 없이 스스로 그러한 흐름을 따르는 탈중앙화된 생태계를 구축하고 있다. 기술은 철학을 닮아 가고 있으며, 장자는 이 시대의 방향을 오래전부터 말해 주고 있었던 셈이다.

6장 블록체인의 탈중앙과 장자의 무위

장자는 인생을 하나의 '흐름'으로 보았다. 억지로 방향을 틀거나 외부의 기준에 스스로를 맞추지 않고, 있는 그대로의 나로 살아가는 삶. 그는 이것을 '무위(無爲)'라 불렀고, 그 삶의 자세를 '소요유(逍遙遊)'라 했다. 얽매이지 않고, 강제하지 않으며, 자연의 이치에 따라 살아가는 인간.

이 철학은 오랫동안 인간의 이상이자, 현실에서는 실현하기 어려운 꿈처럼 여겨졌다. 그러나 놀랍게도 오늘날 기술이 그 철학을 가능하게 만들고 있다. 그 기술은 바로 블록체인이다.

중앙이 사라진 세상, 무위가 작동한다

장자는 "물은 가장 좋은 것이다."라고 했다. 물은 낮은 곳으로 흐르고, 장애물을 만나면 맞서 싸우지 않고 돌아간다. 그것은 무위(無爲)의 성질을 그대로 보여 주는 존재다. 물은 유연하지만 동시에 강력하다. 담으면 그릇의 모양대로 담기고, 흐르면 강이 되며, 모이면 바다를 이루고, 응축되면 바위도 깎는다. 이러한 물의 성질은 억지로 무엇을 하지 않아도 자연스럽게 모든 것을 이루는 장자의 철학을 상징적으로 보여 준다.

무위는 바로 그런 물의 흐름과 같다. 억지로 나아가지 않고, 자연의 흐름에 순응하며, 충돌을 피하면서도 궁극적으로 길을 찾아간다. 그러나 동시에

물은 강하다. 한 방울은 약해 보일지 모르지만, 그것이 모이면 강을 이루고, 바위를 뚫고, 근본적으로 생명을 살린다.

블록체인을 통한 초연결의 구조도 이와 닮아 있다. 각각의 개인은 물방울처럼 작지만, 그들이 연결되어 흐를 때 하나의 강이 되고 바다를 이룬다. 물이 어디든 스며들듯, 블록체인은 사회 곳곳에 다양한 형태로 존재하며 분산된 개인들이 때로는 미세하게, 때로는 거대하게 시스템 전체에 영향을 미치는 생태계를 만든다.

블록체인의 분산형 구조와 자동 실행 메커니즘은 바로 이와 같은 철학적 흐름을 기술적으로 구현하고 있다.

블록체인은 중앙 서버나 관리자 없이도 작동하는 시스템이다. 특정 기관이 권력을 쥐고 판단하지 않고, 모든 참여자가 평등하게 네트워크를 유지한다. 데이터는 분산되고, 신뢰는 프로토콜에 기반하며, 누구도 임의로 변경하거나 통제할 수 없다. 이러한 구조는 누군가의 '허락' 없이도 시스템이 움직이고, 누구의 '명령' 없이도 계약이 실행되는 생태계를 만든다. 바로 장자가 말한 무위의 구조다.

✓ 무위의 실현 기술, 스마트 계약(Smart Contract)

현실 세계에서 사람과 사람 사이의 계약은 항상 완전하지 않다. 이해관계가 엇갈리면 감정이 대립되고, 계약 과정에서 '갑과 을'이라는 권력의 비대칭이 개입되며, 때로는 위력과 강제, 협박, 정보의 비대칭, 혹은 순간적인 판단 착오 등으로 인해 돌이킬 수 없는 불공정 계약이 성립되기도 한다. 인간의 본성이 개입되는 계약에는 필연적으로 불안정성과 편파성이 따라온다. 그 결과, 계약은 법적 분쟁이나 갈등의 씨앗이 되기도 한다.

그러나 스마트 계약(Smart Contract: 자동 실행 계약)은 이러한 요소를 제거한다. 이는 블록체인 기술의 핵심 요소 중 하나로, 사람이 개입하지 않아도 사전에 설정된 조건이 충족되면 자동으로 실행된다. 이는 일종의 자동화된 디지털 계약으로, 사람이 개입하지 않아도 사전에 설정된 조건이 충족되면 자동으로 실행된다.

예를 들어, 디지털 자산을 거래할 때 양쪽 조건이 충족되면 중개인이 없어도 자동으로 계약이 체결된다. 이 과정은 중앙의 관리자나 신뢰 기관 없이도 가능하며, 모든 것이 분산된 네트워크상에서 투명하게 기록된다.

여기서 가장 핵심적인 원리는 '조건 충족'이다. 스마트 계약은 단 1%라도 조건이 불일치하면 실행되지 않는다. 이 점은 자연의 섭리와도 흡사하다. 사계절은 단지 시간의 흐름만으로 이루어지는 것이 아니라 태양의 주기, 지구의 자전과 공전, 대기 상태, 일교차 등 수많은 조건이 충족될 때만 나타난다. 자연환경에서 꽃이 피고 씨앗이 발화하는 데에도 햇빛, 온도, 습도라는 여러 조건이 완벽히 맞아야 한다. 심지어 비구름조차도, 그 속의 습도가 1%만 부족해도 비가 되지 못하고 먹구름으로 그냥 지나간다. 이러한 자연의 질서처럼 스마트 계약 또한 억지나 감정 없이, 오직 조건이 맞아야만 실행되는 것이다. 이는 장자가 말한 자연의 흐름과도 완벽하게 닮아 있다. '억지로 하지 않아도 이루어지는' 것이야말로 무위의 진정한 실현이다.

스마트 계약은 장자가 말한 '억지로 하지 않아도 이루어지는 세계'와 일맥상통한다. 장자는 인간 사회에서 '억지로 하려는 것'이 얼마나 많은 문제를 야기시키는지 꿰뚫어 보았다. 무엇이든 억지로 하려면 힘이 들어간다. 사물은 견딜 만큼의 힘보다 큰 힘을 받으면 파괴되거나 질서가 무너지게 된다.

그러니 장자는 애쓰지 말라고 한다. 그는 인간이 자연스럽게 존재하고, 그 흐름 속에서 스스로의 질서를 발견할 때 가장 자유롭고 조화로운 상태에 도달한다고 보았다. 그것이 곧 무위다. 이러한 철학은 누군가의 지시나 허락 없이, 조건이 충족되면 자연스럽게 작동하는 스마트 계약의 구조와 놀라울 만큼 닮아 있다. 마치 계약이라는 인간사의 갈등 요소조차도 이제는 '자연처럼 작동'하게 만드는 것이다. 억지로 누군가의 명령이나 심사를 기다리지 않아도 되는 구조, 바로 기술이 실현한 무위의 질서다.

✅ 무위의 실현 조직 DAO(탈중앙화 자율조직)

또한, 블록체인의 거버넌스 구조에서 등장한 DAO(Decentralized Autonomous Organization: 탈중앙화 자율조직)는 장자의 철학을 기술적으로 구현한 대표적인 사례다. DAO는 중앙의 관리자 없이도 전 세계의 참여자들이 투표와 합의로 조직을 운영한다. 규칙은 코드로 작성되어 스마트 계약에 의해 자동으로 실행되고, 운영의 모든 과정은 블록체인상에 기록되어 누구나 검토할 수 있다.

우리가 알고 있는 대부분의 조직은 '중심'이 있다. 회사는 사장이 있고, 학교에는 교장이 있으며, 나라는 대통령이나 총리가 운영한다.

결정은 위에서 내려오고 구성원들은 이를 따르며 움직인다. 이 방식은 인류가 수천 년 동안 사용해 온 조직 운영의 전통적인 구조다.

하지만 지금, 그 전통을 완전히 뒤바꾸는 새로운 방식이 등장했다. 바로 DAO(디오)다. DAO는 영어로 Decentralized Autonomous Organization, 우리말로는 '탈중앙화 자율조직'이라 한다. 말은 조금 낯설고 어렵게 느껴질 수 있지만, 그 뜻은 아주 간단하다.

어떤 한 사람이 조직을 운영하는 것이 아니라 규칙을 미리 정해 두고 그 규칙대로 조직이 자동으로 움직이도록 만든 시스템이다. 사람이 명령하지 않아도, 컴퓨터 프로그램과 투표 시스템이 조직을 움직이는 것이다.

DAO는 먼저 조직의 운영 방식과 규칙을 컴퓨터 코드로 만든다. 예를 들어 "모든 중요한 결정은 참여자의 과반수 투표로 정한다.", "제안은 누구나 올릴 수 있다."와 같은 규칙이 코드로 작성된다.

이 코드는 '블록체인'이라는 기술을 통해 저장되고, 누구도 함부로 바꾸거나 조작할 수 없게 된다.

이렇게 만들어진 DAO에 참여하고 싶은 사람들은 일정한 '토큰'을 받는다. 이 토큰은 말하자면 그 조직에서의 '투표권'이다.

누군가가 어떤 사업 제안이나 아이디어를 제출하면, 토큰을 가진 사람들이 온라인상에서 투표를 통해 그 제안을 찬성할지, 반대할지를 결정한다. 만약 찬성표가 많으면 사람의 손을 빌리지 않아도 시스템이 그 제안을 실행한다. 예산이 필요한 경우, 투표에서 통과된 예산이 자동으로 그 프로젝트에 배정된다. 그 과정에서 누가 임의로 돈을 가져가거나 누군가의 결정을 거부할 수 없다.

모든 것은 처음에 정한 규칙대로, 그리고 투명하게, 자동으로 작동한다. 이러한 DAO의 방식은 실제로 다양한 분야에서 활용되고 있다.

대표적으로 'MakerDAO'는 중앙은행 없이도 세계 최초의 탈중앙 스테이블코인을 운영하고 있다. 토큰 보유자들이 시스템의 금리를 조정하고, 자산 운영 방식을 결정한다. 또한 'Uniswap DAO'는 탈중앙화 거래소의 수수료 구조와 기능 개선 방안을 모두 사용자들이 함께 투표하고 운영한다.

어떤 조직은 디지털 예술 작품에 투자하기도 한다. 예를 들어 'Flamingo DAO'는 NFT라는 디지털 자산에 공동으로 투자하고, 수익을 구성원들과 나눈다.

'Ukraine DAO'는 우크라이나 전쟁 중 전 세계 사람들로부터 기부금을 모아 신속하게 전쟁 피해자를 도왔다. 기존의 정부나 NGO보다 빠르고 투명한 방식이었다.

DAO는 이미 금융, 예술, 교육, 환경 운동, 스타트업 공동 창업 등 다양한 분야로 확장되고 있다. 자금 조달과 집행을 스스로 결정할 수 있는 구조 덕분에, 기업 없이도 '함께 일하고 나누는 공동체'가 형성될 수 있게 된 것이다.

어떤 DAO는 교육 콘텐츠를 만들어 사람들과 공유하고, 그에 대한 보상을 투표를 통해 나눈다. 또 다른 DAO는 친환경 프로젝트를 계획하고, 직접 실행하며, 보상 시스템까지 운영한다.

이처럼 DAO는 기존의 위계적 조직 구조와는 완전히 다른 길을 걷는다. 지도자가 지시하는 시대에서, 참여자 모두가 주체가 되어 결정하고 실행하는 시대로 나아가는 것이다. 그리고 그 과정은 사람의 손을 거치지 않아도 컴퓨터 시스템이 자동으로 처리한다.

DAO는 장자가 꿈꿨던 '강제 없는 자유', '형식 없는 조화'를 디지털 기술로 구현하는 시도일 수 있다. 장자가 살던 시대엔 그것이 사상일 뿐이었지만, 오늘날 우리는 스마트 계약과 블록체인, 토큰이라는 도구를 통해 무위의 조직, 자유로운 참여, 수평적 질서를 실제로 만들어 나가고 있다.

결국 DAO란, 장자의 철학이 21세기 기술과 만났을 때 열리는 새로운 조직의 형태다. 장자가 꿈꾸던 '소요'의 세계는, 이제 코드와 연결을 통해 현실로 옮겨 오고 있는 중이다.

이러한 구조는 몇 가지 놀라운 장점을 가진다.

첫째, 투명하다. 모든 결정과 집행이 블록체인에 기록되어 누구나 열람할 수 있다.

둘째, 공정하다. 일부 권력자나 내부자가 임의로 규칙을 바꾸거나 정보를 독점할 수 없다.

셋째, 효율적이다. 복잡한 의사결정 과정 없이, 다수가 동의하면 곧바로 실행에 옮겨진다.

물론 DAO에도 한계와 숙제가 있다. 법적으로 어떻게 인정할 것인지, 해킹 위험은 어떻게 관리할 것인지, 참여자의 책임은 어디까지인지에 대한 논의는 여전히 필요하다.

그러나 여기서 중요한 것은 DAO가 이미 조직 운영의 패러다임을 바꾸는 실험이자 실천으로 자리 잡고 있다는 점이다.

우리는 더 이상 '회사'에 들어가지 않아도 '조직'에 속할 수 있다. 어느 날 아침, 스마트폰 알림을 열고 DAO 커뮤니티에 참여하면, 전 세계 사람들과 함께 무언가를 만들고 결정할 수 있다. 직함도, 건물도, 출퇴근도 없지만, 그 안에는 진짜 '조직'이 존재하고 있다. DAO는 더 이상 상상이 아니다. 지금 이 순간에도 수많은 DAO가 전 세계 곳곳에서 조용히, 그러나 급진적으로 세상을 바꾸고 있다.

✅ DAO의 시작, 이더리움의 The DAO

2016년, 이더리움 생태계 안에서 세상을 놀라게 할 만한 실험이 시작되었다. 그 이름은 'The DAO(더 다오).' 'DAO(탈중앙화 자율조직)'라는 개념을 현실에서 시험해 본 첫 번째 대형 프로젝트였다.

The DAO는 일종의 이더리움 재단을 위한 탈중앙 투자 펀드였다. 전통적인 벤처캐피털처럼 특정 인물이 자금을 모으고 투자 결정을 내리는 구조가 아니라, 이더리움 블록체인 위에 구축된 스마트 계약 시스템이 대신 펀드를 운영하는 방식이었다. 투자자는 The DAO의 규칙에 따라 자신이 ETH(이더)를 보내면, 그에 상응하는 DAO 토큰을 받게 되었다.

이 토큰은 투자 제안에 대한 투표권으로 활용되며, 참여자들이 직접 어떤 프로젝트에 자금을 배분할지 결정할 수 있도록 설계되었다.

이 혁신적인 실험은 전 세계의 관심을 끌었고, 수많은 이더리움 사용자들이 The DAO에 자금을 보내기 시작했다. 결국 단 4주 만에 총 1,200만 개의 이더(ETH)가 모였다.

당시 이더리움 1 ETH의 시세는 약 12~13달러 수준이었고, 전체 모금액은 약 1억 5천만 달러(USD)에 달했다.

한화로 환산하면, 약 1,650억 원 규모의 거대한 자금이 스마트 계약을 통해 탈중앙 방식으로 조달된 셈이다.

① The DAO: 최초의 탈중앙화 자율조직과 그 기술적 배경

'The DAO'는 2016년 이더리움 생태계 내에서 출현한 세계 최초의 대규모 탈중앙화 자율조직(DAO)이었다. DAO란 '탈중앙화 자율조직(Decentralized Autonomous Organization)'의 약자로, 중앙 관리자 없이 스마트 계약(smart contract)을 통해 코드만으로 운영되는 분산형 조직을 의미한다.

'The DAO'는 이더리움 기반 스마트 계약으로 만들어졌으며, 누구든지 이더(ETH)를 DAO 스마트 계약에 예치하면 그에 상응하는 DAO 토큰을 지급받았고, 이 토큰을 이용해 프로젝트 제안에 투표할 수 있는 권한이 주어졌다. 이 구조는 중간 관리자나 심사위원 없이 참여자들이 직접 펀드를 조성하고 운용하는 방식으로 설계되었다. 즉, 이더를 예치한 참여자가 곧 DAO의 공동 운영자이자 투자자였다.

이와 같은 구조가 가능했던 것은 이더리움의 핵심 기술인 EVM(Ethereum Virtual Machine) 덕분이었다. EVM은 이더리움 네트워크의 모든 노드에서 똑같이 실행되는 가상 컴퓨팅 환경으로, 스마트 계약을 자동으로 처리하는 운영 기반이다. 'The DAO'는 EVM 위에 작성된 복잡한 스마트 계약으로 구성되었고, 자금의 입금, 토큰 발행, 제안 등록, 투표, 자금 집행 등이 모두 코드로 자동 실행되었다.

'The DAO'는 블록체인 역사상 전례 없는 주목을 받으며 출시되었고, 전 세계에서 수많은 참여자가 몰려들었다. 결과적으로 약 11,000,000 ETH(당시 시세 기준 약 1.5억 달러)의 자금이 모금되었으며, 이는 전체 이더리움 유통량의 약 14%에 해당하였다. 자금을 넣은 투자자들은 DAO 토큰을 통해 의사결정에 참여하였고, 프로젝트 제안과 투표가 진행되면 그 결과에 따라 스마트 계약이 자동으로 자금을 이체하도록 설계되었다.

② **DAO의 자금 구조와 참여 방식**

DAO에 참여하기 위해서는 이더리움(ETH)을 보유하고 있어야 했다. 사용자는 DAO 스마트 계약에 이더를 예치하였고, 그 대가로 DAO 토큰을 지급받았다. DAO 토큰은 단순한 암호화폐가 아니라 DAO 내에서 의사결정에 참여할 수 있는 투표권이자 지분이었다. 예치된 ETH는 곧 DAO가 실제로 투자에 사용하는 자금 원천이 되었으며, 제안서가 통과되면 그 자금이 자동으로 해당 프로젝트에 전달되도록 설계되었다.

즉, 이더는 단순한 입장권이 아니라 곧 DAO의 실질적인 자금이었다. 이더를 예치함으로써 참여자는 DAO에 자금을 공급했고, 동시에 지분을 획득하여 프로젝트의 운용에 관여할 수 있었다. DAO 토큰은 이 지분의 증표였으며, 자금 집행 권한은 이 토큰을 통해 행사되었다.

블록체인 기술 특성상 DAO에 유입된 자금 흐름은 모두 블록체인 상에 공개되어 있었기 때문에, 누가 언제 얼마나 많은 이더를 예치했는지는 추적이 가능하였다. 그러나 대부분의 참여자는 익명의 지갑 주소를 사용하였기 때문에 실명이나 신원 정보는 직접적으로 드러나지 않았다. 일부 초기 참여자들—슬록잇(Slock.it) 개발팀이나 이더리움 커뮤니티의 일부 인물들—은 공개적으로 자신의 참여를 인정하였으나, 대다수는 익명 상태로 참여하였다.

③ 기술적 의미와 이후의 영향

'The DAO'는 EVM 기반 스마트 계약이 단순한 프로그래밍 기술을 넘어, 실제 자금 운영과 집단 의사결정 구조를 자동화할 수 있다는 가능성을 보여 주었다. 이는 오늘날 DAO, DeFi, 거버넌스 토큰 생태계의 기술적 출발점이 되었다. 동시에, '코드는 완벽하지 않다'는 현실도 드러났고, 이후 DAO를 설계할 때 반드시 고려해야 할 보안 문제와 윤리적 논의(예: 코드 대 공동체의 권한)에 대한 기준도 함께 제시되었다.

결국 'The DAO'는 실패한 실험이 아니라, 탈중앙 기술이 실제 세계에서 어떻게 작동하고, 어떻게 충돌하고, 어떤 방향으로 진화할 수 있는지를 집약적으로 보여 준 하나의 전환점이 되었다.

이는 단순한 크라우드 펀딩을 넘어, 기존 금융 시스템을 대체할 수 있는 새로운 조직 운영 모델의 가능성을 보여 준 사건이었다. 한 명의 관리자도 없이, 자율적인 시스템과 참여자들의 집단 의사결정으로 거대한 자금이 움직인다는 사실은 많은 이들에게 충격과 영감을 동시에 안겨 주었다.

그러나 이 실험은 오래가지 못했다. 스마트 계약 코드에 있던 보안 취약점을 악용한 익명의 공격자가 The DAO의 자금 중 약 3,600만 달러(약 400억 원 상당)를 빼내 가는 일이 벌어진 것이다.

이 사건은 이더리움 역사상 가장 큰 논란을 불러왔고, 결국 이더리움은 하드포크(체인 분리)를 결정하게 된다.

이로 인해 현재의 이더리움(Ethereum, ETH)과 해킹 전 기록을 유지하기로 한 이더리움 클래식(Ethereum Classic, ETC)이 갈라지게 되었다.

이 이야기는 DAO가 단순한 기술 개념이 아닌, 실제로 수천억 원 규모의 금융 실험으로 작동했던 역사적 사례임을 알 수 있다.

이더리움 생태계는 실험적 탈중앙화 프로젝트인 The DAO를 중심으로 전례 없는 규모의 참여와 기대를 모았다. 그러나 예상치 못한 기술적 결함이 드러나며 커뮤니티는 깊은 위기에 직면한다. 해킹 사건으로 인해 막대한 자금이 의도와 다르게 유출되는 상황이 발생하자, 이더리움 커뮤니티는 이를 받아들일 것인지, 아니면 되돌릴 것인지를 두고 격렬한 논의에 빠지게 된다.

이때 누구 하나가 결정을 내리지 않았다. 이더리움은 중앙이 없는 시스템이었고, 따라서 대응 역시 중심 없는 참여 방식으로 이루어져야 했다. 커뮤니티는 온라인 포럼과 개발자 회의, 깃허브 제안, 유튜브 토론, 그리고 암호화 투표 등 다양한 채널을 통해 자신들의 의견을 드러냈고, 어떤 방식으로든 이 사태를 수습해야 한다는 데에 공감대를 형성하기 시작했다.

특정 권위자나 개발팀이 독단적으로 해결책을 제시하지 않았다는 점이 무엇보다도 중요하다. 이더리움 사용자들, 채굴자들, 투자자들, 개발자들이 함께 모여 각자의 생각을 공유하고, 시스템의 철학과 기술적 안전성을 동시에 고려하며 하나의 결론에 다가가기 시작한 것이다. 누군가는 '코드가 곧 법'이라는 원칙을 강조했고, 또 다른 누군가는 블록체인이 인간 사회의 일부라면 윤리적 판단이 중요하다고 주장했다.

논의는 점차 블록체인을 되돌리는 '하드포크'를 선택할 것인가, 아니면 아무 조치 없이 시스템의 결과를 그대로 받아들일 것인가의 양자택일로 좁혀졌다. 수많은 의견 교환과 설득 끝에, 커뮤니티의 다수는 하드포크를 찬성했고, 실제로 이를 수행하기 위한 기술적 준비에 착수하게 된다. 이 결정은 투표나 명령에 의한 것이 아니라 말 그대로 자율적인 참여와 공감, 그리고 판단의 흐름 속에서 자연스럽게 모인 선택이었다.

2016년 7월 20일, 이더리움은 하드포크를 단행한다. 해킹 피해를 복구하고, 블록체인을 이전 상태로 되돌리는 이 결정은 곧바로 실행되었고, 그 결과 현재의 이더리움(Ethereum, ETH)이 탄생한다. 동시에, 이 결정에 반대한 일부 참여자들은 기존 체인을 유지하며 이더리움 클래식(Ethereum Classic, ETC)이라는 새로운 역사를 이어 가게 된다.

흥미로운 점은, DAO라는 시스템이 코드 기반의 자율조직을 실험하다 실패한 상황 속에서, 그 조직을 복구하려는 움직임 역시 아이러니하게도 DAO의 정신, 즉 탈중앙화된 자율적 참여 구조를 통해 이루어졌다는 사실이다. 기술이 만든 위기를 기술로 해결한 것이 아니라 사람들이 스스로 참여하고 결정하고 실행한 DAO적인 방식이 위기를 넘기는 핵심이 되었던 것이다.

결국, DAO가 무너졌을 때 이더리움 커뮤니티가 보여 준 대응은 탈중앙화 조직의 진정한 의미를 되묻는 중요한 실험이 되었다. 이는 인간의 판단과 윤리가 기술의 자동성을 보완할 수 있음을 보여 주는 사례였고, DAO라는 철학이 단지 코드로만 존재하는 것이 아니라 실제 사람들의 결정 방식 속에서도 살아 있다는 것을 증명한 순간이었다.

이더리움은 하드 포크 이후 다수의 커뮤니티가 선택한 체인으로, 스마트 계약과 탈중앙화 애플리케이션 개발에 집중하며 오늘날 가장 활발한 블록체인 생태계를 이룬다. 반면, 이더리움 클래식은 블록체인은 어떠한 상황에서도 불변성을 유지해야 한다는 원칙을 고수한 커뮤니티에 의해 유지되고 있으며, 하드포크 자체가 블록체인의 철학을 훼손한다고 보아 원래의 체인을 보존한 것이다.

즉, 이더리움은 실용성과 확장성, 개발 친화성을 강조하며 진화하는 체인이고, 이더리움 클래식은 원칙과 철학적 정통성을 중시하는 보수적인 체인으로 분화되었다. 이는 기술적 결정이 철학적 논쟁으로 이어질 수 있음을 보여 주는 대표적인 사례다.

이 사건은 DAO의 철학이 단순한 코드 자동화에만 의존할 수 없음을 보여 주었다. 기술이 아무리 자율적이어도, 그 운영의 근간에는 공동체의 가치 판단과 합의가 필요하다는 사실이 드러난 것이다. 동시에 이는 DAO가 단지 기술 실험을 넘어서, 사회적 판단과 윤리적 기준을 품은 새로운 거버넌스 모델로 작동할 수 있음을 보여 주는 사례가 되었다. 앞서 언급한 MakerDAO도 탈중앙화 스테이블코인의 발행과 정책을 커뮤니티의 거버넌스를 통해 조정하며, ENS DAO는 이더리움 도메인의 등록과 관련된 정책을 DAO를 통해 설정한다.

이러한 메커니즘은 구성원 간의 수평적 협력 구조를 가능케 하며, 조직 운영의 투명성과 참여의 권리를 모두 보장한다. DAO의 구조에서는 누구도 타인의 행동을 강제하거나 독점적으로 지시하지 않는다. 대신, 코드에 의해 자동화된 규칙과 커뮤니티의 합의가 전체 시스템을 이끌어 간다.

각자의 판단과 참여가 모여 조직이 스스로 돌아가는 DAO의 원리는 장자가 강조한 '스스로 그러함(自然而然)'을 떠올리게 한다. 구성원들이 강제 없이 자연스럽게 연결되고, 조화를 이루는 조직 구조는 장자의 무위 철학을 실천적으로 반영하고 있다. DAO는 중앙의 관리자 없이도 전 세계의 참여자들이 투표와 합의로 조직을 운영한다. 규칙은 코드로 작성되어 스마트 계약에 의해 자동으로 실행되고, 운영의 모든 과정은 블록체인 상에 기록되어 누구나 검토할 수 있다.

✅ 무위의 기술적 확장(이더리움 생태계)

이더리움은 현재까지 가장 활발하고 강력한 스마트 계약 생태계를 구축한 퍼블릭 블록체인이다. 수많은 토큰이 이더리움 위에서 발행되었고, 탈중앙 금융(DeFi), 대체불가토큰(NFT), DAO, 실물 자산 토큰화(RWA) 등 거의 모든 Web 3.0 분야의 근간이 되었다. 이더리움은 EVM(Ethereum Virtual Machine: 이더리움 가상 머신)을 통해 수많은 블록체인이 호환 가능한 스마트 계약 코드를 실행하도록 허용하며, 이더리움 네트워크를 넘어선 확장성과 표준화를 이끌어 냈다. 이더리움은 단순히 암호화폐가 아니다. 그것은 하나의 디지털 생태계이며, 인터넷 위에 구축된 완전히 새로운 '가상 경제 세계'다. 이 생태계의 중심에는 ETH(이더)라는 네이티브 코인이 있다. ETH는 이더리움 네트워크의 연료이자 통화 역할을 한다. 하지만 이더리움의 진짜 힘은 단순한 거래 기능을 넘어, 그 위에서 수많은 스마트 계약(Smart Contract)과 토큰들이 자유롭게 탄생하고 연결된다는 데 있다.

이처럼 자동화된 계약 시스템이 신뢰성 있게 작동하기 위해서는 어떤 조건에서든 동일하게 실행될 수 있는 통합된 계산 환경이 필요하다. 이 역할을 담당하는 것이 바로 EVM, 즉 이더리움 가상 머신(Ethereum Virtual Machine)이다.

EVM은 이더리움 네트워크 전체에서 실행되는 스마트 계약의 '운영 체제'라 할 수 있다. 누군가 이더리움에 코드를 올리면 이 코드는 전 세계 수많은 노드(컴퓨터)에서 EVM을 통해 동일하게 해석되고 실행된다. 이 덕분에 누가 어디에서 스마트 계약을 실행하든 결과는 항상 같고 신뢰할 수 있다.

EVM은 마치 '법의 심판자'처럼, 모든 계약을 편향 없이 자동으로 처리하는 디지털 판사라고 할 수 있다.

이런 기술적 기반 위에서 이더리움은 'ERC(Ethereum Request for Comment)'라는 이름의 규칙 체계를 만들게 되었다. 이 규칙은 이더리움 생태계에서 어떤 식으로 토큰을 만들고, 어떤 기능을 갖춰야 하는지에 대한 일종의 '공통 언어'라고 할 수 있다. 쉽게 말해, 서로 다른 개발자들이 만든 수많은 토큰과 앱들이 서로 호환되며 문제없이 작동하게 하기 위한 통일된 약속인 셈이다.

그중에서도 가장 널리 사용되는 것이 'ERC-20'이라는 표준이다. 이 표준을 따르면 누구든지 이더리움 위에 자신만의 토큰을 쉽게 만들 수 있게 되었고, 수많은 프로젝트들이 이 규칙을 이용해 새로운 암호화폐를 만들어 냈다.

예를 들어, USDC나 DAI처럼 가격이 달러에 고정된 스테이블코인, 혹은 유니스왑(UNI), 체인링크(LINK) 같은 유명 프로젝트들의 토큰도 모두 ERC-20 규칙을 따르고 있다. 이런 토큰들은 서로 바꿔 쓸 수 있고, 1:1 가치로 교환이 가능하다. 즉, 같은 종류라면 어느 것이든 동일하게 취급되며, 마치 현금처럼 교환 가능한 구조라고 할 수 있다.

반면에 ERC-721은 이와는 전혀 다른 성격의 규칙이다. 이 표준은 서로 다른 고유한 디지털 자산을 만들기 위해 개발된 규칙이다. 여기서 만들어진 토큰은 각각이 고유하고, 복사할 수도 없고, 대체할 수도 없는 특별한 값을 가진다.

바로 우리가 알고 있는 NFT(Non-Fungible Token, 대체 불가능 토큰)가 이 규칙을 기반으로 만들어졌다. 예를 들어 디지털 그림 한 점, 게임 속 유일한 아이템, 음악 저작권 등이 이에 해당하며 크립토펑크, BAYC(지루한 원숭이 클럽) 같은 유명 NFT 컬렉션도 모두 이 ERC-721 규칙을 따라 만들어졌다.

마지막으로, ERC-1155는 위의 두 가지 규칙을 하나로 합쳐서 더 유연하고 실용적인 형태로 만든 표준이다. 예를 들어 하나의 게임 안에서 금화처럼 여러 개가 똑같이 생긴 대체 가능한 자산과 전설의 검처럼 하나밖에 없는 유일한 아이템을 동시에 만들고, 같은 지갑에서 관리하고, 거래할 수 있도록 설계된 구조이다.

즉, ERC-20은 현금처럼, ERC-721은 미술 작품처럼, ERC-1155는 그 둘을 한꺼번에 다루는 멀티 지갑처럼 작동한다고 보면 된다.

여기서 EVM은 이 모든 스마트 계약을 블록체인의 모든 노드가 일관된 방식으로 실행하도록 보장하는 핵심 인프라다. 이더리움이 단순한 암호화폐가 아니라 NFT 마켓플레이스, DAO 조직, 탈중앙 금융 시스템, 심지어 게임과 인증까지 포괄하는 거대한 플랫폼으로 성장할 수 있었던 것은 EVM 덕분에 생태계 전반의 신뢰성과 호환성이 유지되기 때문이다.

2025년 4월 기준, 전 세계에서 이더리움 지갑은 2억 개 이상 개설되었고, 매일 150만 개 이상의 지갑이 활성화되고 있다. 이더리움 위에서 발행된 ERC-20 토큰은 약 80만 개, NFT는 ERC-721 기준으로 2,000만 개 이상이 유통되고 있다. 이러한 현상의 시작은 어느 제도권이나 특정한 중앙 세력의 의도가 아닌 이더리움 생태계의 발생 후 일부 소수 개발자 들에 의해 자연스럽게 파생된 결과들이다. 그 흐름의 거대한 힘에 의해 이제는 각국 제도권과 조직의 중앙들이 뒤늦게 참여하고 있다.

이더리움 네트워크를 이용하는 모든 거래와 계약 실행에는 가스비(Gas Fee)라는 수수료가 필요하다. 이 가스비는 ETH(이더)로 지불되며, 네트워크가 붐빌수록 더 높아진다. 2023년 기준으로 이더리움이 가스 수수료로 벌어들인 연간 수익은 약 20억 달러, 한화로 2조 8천억 원 수준에 달한다. 여기에 더해 이더리움 기반 DeFi 생태계에는 약 600억 달러의 자금이 예치되어 있으며, NFT 시장은 월간 수십억 달러의 거래를 만들어 내고 있다.

또한 이더리움에서 유통되는 스테이블코인의 월간 거래량은 약 4조 1천억 달러에 이르며, 사실상 글로벌 디지털 금융의 중추적 인프라 역할을 하고 있다.

이처럼 이더리움은 기술적으로는 스마트 계약과 EVM을 기반으로 경제적으로는 ETH와 토큰, NFT를 통해, 그리고 사회적으로는 DAO와 탈중앙화 플랫폼을 통해 새로운 디지털 질서를 만들어 가고 있다.

이 안에서 개발자가 아닌 사람도 자신의 콘텐츠를 자산화할 수 있고, 아티스트가 NFT를 발행하며, 누구나 DAO의 구성원으로 프로젝트에 참여할 수 있다.

즉, 이더리움은 오늘날 가장 자유롭고 역동적인 디지털 공화국이라 할 수 있으며, 그 중심에는 EVM이라는 엔진이 조용히 돌아가고 있다.

이제 이더리움은 단순한 기술을 넘어 이제 Web 3.0 시대의 주춧돌이 되었다. Web 3.0은 기존의 인터넷(Web 2.0)이 '중앙 플랫폼'과 '광고 수익 모델' 중심이었다면, 그 대안으로 '자율적 참여와 데이터 소유의 분산형 구조'를 지향하는 새로운 디지털 패러다임이다. 그 중심에 이더리움이 있다.

왜냐하면 Web 3.0의 모든 핵심 요소—NFT, DAO, DeFi, 디지털 ID, 자율 소유권—가 바로 이더리움 위에서 가장 활발하게 구현되고 있기 때문이다. 이더리움은 그 자체가 Web 3.0의 '운영체제'이자 '철학적 토대'로 기능한다. 이 점에서 우리는 이더리움 생태계를 단지 기술 인프라로 보기보다는 사유의 방식, 존재의 방식, 더 나아가 사회 구조의 전환으로 바라볼 수 있다.

여기서 흥미로운 접점 하나가 등장한다.

바로, 장자(莊子)의 철학과 이더리움의 세계가 맞닿아 있다는 점이다. 장자는 억지로 통제하지 않고, 스스로 그러함(自然)을 따르는 삶을 강조했다. 그는 '무위(無爲)'라는 개념을 통해, 누가 강제로 다스리지 않아도 세상은 스스로 조화롭게 돌아갈 수 있다고 보았다. 이것은 바로 DAO와 스마트 계약이 말하는 탈중앙화 조직의 원리와 정확히 일치한다.

또한 장자는 만물이 고유한 '도(道)'를 따라 자율적으로 존재해야 한다고 했다. "참새는 붕새의 높이를 이해하지 못하고, 물고기는 바다를 벗어날 수 없다"는 구절처럼, 각자의 고유한 존재 방식이 존중될 때 진정한 자유, 즉 소요유(逍遙遊)의 경지에 도달할 수 있다고 보았다. 이더리움 생태계에서 사용자는 중앙 플랫폼의 검열이나 조건 없이 자신이 선택한 이름, 지갑, 콘텐츠, 자산을 스스로 만들고 소유하며 스스로 연결한다.

　이는 장자가 말한 "제도에서 벗어난 자유로운 존재 방식"의 디지털 실현이다. 특히 Web 3.0에서 정체성은 고정된 신분이 아니라 스스로 구성하는 자아의 확장이며, 소유는 물리적 소유가 아니라 코드와 네트워크상에서의 자율적 참여와 증명이다.

　이는 곧 장자가 말한 탈물질화된 존재, 경계가 없는 자아, 자연과 순환 속에서 존재하는 자유와 닮아 있다. 결국 이더리움이 이룬 Wed 3.0은 장자가 꿈꾸던 이상을 디지털 세계에서 처음으로 기술적으로 구현해 낸 하나의 실험이라 할 수 있다.

　그 세계는 강제되지 않고 명령받지 않으며, 누구도 위에 있지 않지만 모두가 함께 결정하고 움직인다. 이를 통해 마치 붕새가 구만 리를 날 듯, 우리 각자의 정체성과 삶도 더 넓고 유연한 방식으로 확장되고 있다.

　EVM에 대한 추가적인 사항들을 더 살펴보자면, 일종의 범용 디지털 실행 환경으로 이더리움상의 모든 스마트 계약이 동일한 방식으로 작동하게 만든다. 이는 마치 하나의 공용 운영체제처럼 기능하며, 개발자들은 별도의 플랫폼을 학습하지 않고도 이더리움 기반의 탈중앙화 애플리케이션을 자유롭게 구축할 수 있다. 또한 EVM과 호환되는 다양한 블록체인(예: Polygon, BNB Chain, Avalanche 등)은 'EVM 호환성'을 통해 이더리움의 개발 생태계를 자연스럽게 공유하게 된다. 이는 각기 다른 블록체인들이 하나의 철학적 흐름 아래 연결되고 공존하는 기술 생태계를 형성하게 한다.

　이러한 EVM 기반의 연결성은 장자가 말한 "억지로 일치시키지 않아도 스스로 그러하게 흐르는 조화"의 철학과 닮아 있다. 중앙이 없이도 같은 언어로 소통하고, 다양한 주체들이 각자의 개성을 유지한 채 연결되는 생태계는 무위와 소요유의 디지털 구현이라 할 수 있다.

하지만 이더리움은 높은 거래 수수료(Gas Fee)와 트랜잭션 속도 한계로 인해 확장성 문제를 겪었다. 이를 해결하기 위해 등장한 것이 레이어2(Layer 2) 솔루션이다. 레이어2란 기존 이더리움 메인 체인의 보안을 유지하면서도, 거래 처리 속도와 수수료 문제를 해결하기 위해 별도의 블록체인 위에서 거래를 처리하고 그 결과만 메인 체인에 기록하는 방식이다. 대표적인 형태는 '롤업(Rollup)'이다. 롤업은 여러 개의 트랜잭션을 모아 하나의 묶음으로 압축한 후, 이를 메인 체인에 기록하는 기술이다.

대표적인 레이어2 솔루션으로는 아비트럼(Arbitrum)과 옵티미즘(Optimism)이 있다. 이들은 이더리움의 스마트 계약과 완벽하게 호환되며, 사용자는 이더리움 지갑을 그대로 이용하면서도 훨씬 빠르고 저렴한 거래 경험을 누릴 수 있다. 예를 들어 아비트럼은 오프체인에서 대부분의 거래를 처리하고, 그 결과를 요약하여 메인 체인에 제출함으로써 처리 비용을 획기적으로 줄인다. 옵티미즘은 '낙관적 롤업(Optimistic Rollup)' 방식을 통해 거래를 빠르게 처리하고, 문제가 있을 경우에만 검증을 하는 방식으로 효율성과 신뢰성을 동시에 확보한다.

이러한 레이어2의 등장은 이더리움이 단독으로 모든 문제를 해결하려 하지 않고, 외부 생태계와 함께 협력하고 확장하려는 움직임으로 이해할 수 있다. 자신의 한계를 인정하면서 외부 생태계와 자연스럽게 연결되고 확장된다는 점이다. 이는 억지로 하나의 중심이 되기보다 다양한 블록체인과 어울려 유기적으로 협력하는 구조로, 마치 장자가 말한 '스스로 그러함(自然)'의 철학을 기술로 실현하는 듯하다. 힘으로 통제하거나 위계로 나아가지 않고, 서로 다른 존재들이 자신만의 방식으로 존재하면서도 연결되어 흐르는 자연의 모습과 유사하다. 이더리움의 이러한 접근은 단순한 기술 진보를 넘어, '무위'라는 철학의 기술적 구현이자 '소요유'의 생태계적 실천이라 할 수 있다.

이더리움의 생태계의 네이티브 코인(native coin)은 이더(ETH)다. 이더리움 메인넷 기반의 스마트 계약을 실행할 때 드는 모든 수수료는 이더(ETH)로 지불된다. 이는 물리적 노동 대신 디지털 가치가 흐르는 방식이며, 무위 속에서의 자율적 작동을 가능하게 하는 기반 자산이다. 그 외에도 각종 네이티브 토큰(native token)이 다양한 블록체인 생태계 안에서 고유의 기능을 수행하며, 사용자의 보유와 참여 자체가 경제적 가치로 이어진다.

예를 들어, 폴리곤(Polygon)이나 아발란체(Avalanche), 솔라나(Solana) 같은 이더리움 호환 또는 독립된 체인들은 각자의 생태계 안에서 수많은 사용자 활동을 유도하고 있으며, 거버넌스, 게임, 예술, 금융 등 다양한 분야에서 '참여 기반 가치 생성 구조'를 실현하고 있다. 이것이 바로 장자의 철학이 디지털 기술 안에서 확장되고 있는 양상이다.

블록체인의 구조와 생태계 이해

오늘날 블록체인은 단일 기술이 아니라 수천 개의 서로 다른 목적과 구조를 지닌 네트워크의 생태계를 의미한다. 2024년 기준, 전 세계에 존재하는 퍼블릭 블록체인 네트워크는 수천 개에 이르며, 그 안에서 수백만 개의 스마트 계약, 디앱

(dApp), 토큰, 탈중앙화 자율조직(DAO)이 활발하게 운영 중이다.

블록체인은 크게 퍼블릭(public), 프라이빗(private), 컨소시엄(consortium) 형태로 나뉜다. 퍼블릭 블록체인은 누구나 참여할 수 있는 오픈 네트워크로, 이더리움, 비트코인, 솔라나 등이 대표적이다. 프라이빗 블록체인은 특정 기업이나 기관만 접근 가능한 폐쇄형 구조이며, 주로 기업 간 계약이나 데이터 관리를 위해 사용된다. 컨소시엄 블록체인은 복수의 기관이 공동으로 운영하는 구조로, 금융·의료·물류 등에서 협업형 시스템을 구축할 때 활용된다.

블록체인 유형별 정리

항목	퍼블릭 블록체인	프라이빗 블록체인	컨소시엄 블록체인	하이브리드 블록체인
설명	누구나 참여하고 검증할 수 있는 완전히 개방된 네트워크	승인된 사용자만 접근할 수 있는 폐쇄형 블록체인	특정 그룹(컨소시엄)에 의해 운영되는 반폐쇄형 블록체인	공개성과 통제성을 조합한 혼합형 구조
특징	탈중앙화, 투명성, 익명성, 검열 저항	속도 빠름, 개인정보보호, 중앙 집중적	합의된 참여자 간 신뢰 기반, 협업에 적합	공개 및 비공개 데이터 동시 운영 가능
주요 활용 분야	암호화폐, DeFi, NFT, DAO	기업 내부 기록, 회계, 고객 데이터 관리	금융기관 간 송금, 공급망 추적	정부 인증, 무역, 산업 제어 시스템
대표 사례	비트코인, 이더리움, 솔라나	Hyperledger Fabric, R3 Corda (비공개 설정)	R3 Corda, 에너지웹 체인	IBM Food Trust, XDC Network

이더리움 외에도 비트코인(Bitcoin), BNB Chain, Cardano, Polkadot, Cosmos, Near Protocol, Arbitrum, Optimism 등 각기 다른 목적과 기술 스택

을 갖춘 네트워크가 독자적인 생태계를 형성하고 있다. 이들은 각자의 블록체인 위에서 네이티브 코인(native coin), 탈중앙화 앱, NFT, RWA(실물 자산의 토큰화) 등 다양한 기능과 경제활동을 가능케 한다.

특히 최근에는 다양한 레이어 2 솔루션(Layer 2 Solution)과 크로스체인 기술이 등장하면서, 서로 다른 블록체인 간의 상호 운용성(interoperability)도 크게 향상되고 있다. 이는 마치 장자가 말한 "억지로 하나로 묶지 않아도 조화롭게 흐르는 자연의 이치"처럼, 기술들이 강제적인 통합 없이도 연결되어 기능하고 있다는 점에서 철학적 유사성을 보여 준다.

⊘ 기술이 철학을 담는 시대

장자의 철학은 단순한 이론이 아닌 대자연의 진리 그 자체다. 인간이 자연 속에서 어떤 자세로 살아가야 하는지를 보여 주는 근본적인 삶의 태도다. 그는 말한다. "그냥 존재하라." 억지로 무엇을 하지 않고, 있는 그대로, 자연의 흐름에 순응하면서도 고유의 존재감을 유지하는 것. 그런데 아이러니하게도 이 세상에서 가장 자연스럽지 못한 존재가 바로 인간이다. 인간은 대자연 속에서 가장 분주하게 움직이며, 가장 인위적인 제도와 구조를 만들어 냈다.

한번 상상해 보자. 만약 이 세상에 인간이 존재하지 않는다면, 지구 위의 모든 동물과 식물, 생태계는 오직 자연의 섭리에 따라 조화롭게 살아갈 것이다. 해는 떠오르고, 물은 흐르고, 나무는 자라고, 비는 내린다. 그러나 지난 수천 년 동안 인간은 자연의 흐름을 거슬러 가며 문명을 만들고, 질서를 만든다며 스스로의 제도와 규칙을 남발해 왔다.

그 결과 자연뿐만 아니라 인간 사회 내부에서도 균형이 무너졌다. 한쪽 세계에서는 식량과 자원이 과잉되어 질병을 유발하고, 다른 한쪽에서는 기아와 빈곤으로 사람이 죽어 간다. 이는 대자연의 질서를 인위적으로 왜곡한 결과이자, 장자가 우려했던 '혼란'의 전형적인 모습이다. 그는 질서를 억지로 만들기보다는, 그저 흐름에 맡기고 자연과 함께 살아가는 것을 이상으로 삼았다.

하지만 장자 이후의 인류는 기술의 발전과 문명의 진보를 거치며 오히려 더 많은 질서와 규제를 만들었고, 그 안에서 스스로 억압당하며 살아왔다. 그런 의미에서 블록체인의 등장은 단순한 기술 혁신이 아니다. 그것은 어쩌면 장자가 말한 무위의 철학을 기술로 환생시킨 사건처럼 보인다.

중앙 권력 없이도 작동하는 시스템, 조건이 충족되면 자연스럽게 실행되는 계약, 구성원 간의 합의에 의해 자율적으로 굴러가는 조직, 그리고 개인이 억압되지 않고 참여를 통해 가치를 인정받는 생태계. 이 모든 것은 장자의 사상과 닮아도 너무 닮았다. 단순한 유사성을 넘어, Web 3.0은 장자가 주장했던 '억지 없는 질서'를 실제로 실현할 수 있는 도구가 되고 있다.

장자는 기술을 예언하지 않았지만, 기술은 장자를 실현하고 있다. 그리고 우리는 이제, 기술이 철학을 담아내는 시대에 살고 있다.

블록체인은 또한 과거의 중앙화 권력 구조가 수행하던 기능을 본질적으로 해체한다. 전통적으로 중앙 권력은 제도와 법, 종교와 도덕을 매개로 피지배 계층에게 일정한 질서를 강요해 왔다. 그 과정에서 권력은 항상 자신들의 지배 논리를 '합리적'이고 '정당한' 것으로 포장해 왔다. 하지만 블록체인은 이러한 주장에 대한 정당성을 흔든다.

블록체인의 핵심은 '투명성'에 있다. 모든 거래와 계약, 의사결정 과정은 블록체인 상에 기록되고, 누구나 열람할 수 있다. 즉, 더 이상 감춰진 룰이나 비대칭적인 정보 구조가 존재할 수 없다. 이로써 권력은 더 이상 일방적인 해석이나 억지로 스스로를 정당화할 수 없게 된다. 블록체인은 모든 시스템 참여자에게 동일한 정보와 권한을 제공함으로써, 진정한 의미에서 권력의 분산과 개인의 회복을 실현하는 기반이 된다.

장자의 철학은 이제 기술과 만나 현실 구조 안으로 들어오고 있다. 블록체인은 단지 디지털 자산이나 금융 시스템의 혁신이 아니다. 그것은 인간의 존재 방식, 연결 방식, 그리고 살아가는 방식 자체를 바꾸는 기술이며, 그 철학적 기반은 바로 장자가 말한 자유와 흐름에 있다.

이제 우리는 기술이 철학을 담는 시대에 살고 있다. 블록체인은 장자의 철학이 구현된 디지털 생태계. 인간은 억지로 무엇을 하지 않아도 된다. 중심은 사라지고, 흐름만이 존재한다. 바로 그것이 장자가 오래전 꿈꿨던 세계이고, 우리가 지금 맞이하고 있는 Web 3.0의 본질이다.

7장 흑사병 이후, 르네상스의 탄생, 디지털 르네상스의 전조

1347년부터 1351년까지 유럽을 강타한 흑사병(페스트)은 단순한 전염병이 아니었다. 유럽 인구의 약 30~50%에 해당하는 7,500만 명 이상이 목숨을 잃었고, 도시와 마을 전체가 폐허가 되었다. 시신을 치울 사람이 없어 거리에는 주검이 방치되었고, 사람들은 가족조차 돌보지 못한 채 서로를 피하고 의심했다. 이로 인해 경제활동은 마비되었고 종교의 권위는 무력해졌다. 교회는 이 재앙을 설명하지 못했고, 신의 뜻이라는 교리는 더 이상 설득력을 갖지 못했다.

이 충격은 유럽 사회의 전반적인 구조를 변화시켰다. 농업과 생산 활동이 중단되며 노동력은 급감했고, 생존한 농노들의 협상력은 급격히 상승했다. 이로 인해 임금은 상승하고 농노 해방이 가속화되며 중세 봉건 질서는 근본적으로 균열이 가기 시작했다. 도시로 이동한 농민들은 장인과 상인의 신흥 계층으로 편입되었고, 점차 화폐경제가 확산되며 초기 자본주의의 싹이 트였다.

이러한 흐름 속에서 귀족과 성직자 중심의 권력은 약화되었고, 상공업과 금융으로 부를 축적한 중산 계층—대표적으로 이탈리아의 메디치 가문과 같은—이 예술과 학문의 주요 후원자로 등장하였다. 동시에 코페르니쿠스, 갈릴레이, 케플러, 뉴턴과 같은 사상가와 과학자들이 등장해 자연의 법칙을 발견하고 사실주의의 세계관을 정립하면서 신 중심의 세계관을 인간 중심의 이성적 세계관으로 전환시켰다.

르네상스(Renaissance)는 바로 이 전환의 상징이었다. 이는 단지 예술의 부활이 아니라, 인간의 감정과 개성, 이성, 창조성을 되찾으려는 전방위적 정신 운동이었다. 예술은 종교적 찬양에서 인간의 표현 수단으로 바뀌었고, 과학은 신학에서 독립해 자연을 객관적으로 해석하려는 시도로 발전하였다. 이러한 변화는 결국 18세기 산업혁명으로 이어져, 기술과 기계의 발전 속에 인간의 노동은 대체되고 생산은 대량화되었다. 이는 새로운 도시화와 사회 계층 구조를 낳았고, 근대 자본주의의 기반이 되었다.

이 모든 흐름은 현대 심리학자인 매슬로우(Abraham Maslow)의 욕구 5단계 이론으로도 조명할 수 있다. 중세의 개인들은 정신은 신을 앞세운 신권에, 육체는 권력 중심에 의해 피폐해 있었고, 생리적 욕구(식량, 수면, 건강)와 안전 욕구(폭력과 질병으로부터의 보호)조차 충족되지 못하던 시대였다. 르네상스는 이러한 하위 욕구가 일정 부분 충족되면서 사회적 욕구(소속감과 관계), 존중 욕구(인정, 자율성), 자기실현 욕구(창의성과 존재 의미 탐색)로 나아가는 출발점이 되었다. 즉, 1차 르네상스는 '물질적 결핍의 해소를 통한 인간성 회복'이라 정의할 수 있다.

이러한 인간 중심의 전환은 이후 수백 년에 걸쳐 인류의 정신과 구조를 근본적으로 뒤흔드는 일련의 혁명들로 이어졌다. 17세기 계몽주의는 인간의 이성과 합리성을 중심에 두었고, 전통적 권위로부터의 해방을 외쳤다. 이는 18세기 프랑스 혁명, 미국 독립 혁명 등 시민혁명으로 이어져 정치적 권리와 자유를 개인에게 확장시키는 계기가 되었다.

이어지는 산업혁명(18세기 말~19세기)은 석탄, 증기기관, 방직 기계와 같은 발명을 통해 물질 생산 방식을 혁신하며 자본주의 사회의 기초를 만들었고, 대량 생산과 도시화를 가속화했다. 20세기 중반 이후 정보혁명은 컴퓨터, 인터넷, 모바일 기기의 발전으로 정보의 분산과 민주화를 가져왔으며, 이는 세계를 초연결하게 되는 정보화 사회로 진입시켰다.

특히 흑사병 이후 노동력 부족으로 인한 임금 상승은 일부 지역에서는 기존의 2배, 많게는 3배까지도 인상되었고, 이는 농노 해방과 도시로의 노동력 이동을 촉진했다. 기존에는 생필품을 물물교환이나 봉건적 배분 구조로 처리했지만, 인구 감소와 이동의 증가로 인해 보다 유연하고 효율적인 경제 활동 수단이 필요해지면서 화폐의 사용이 급격히 증가하였다. 지역마다 통일된 가치 척도가 필요해졌고, 이는 초기 은화, 금화 유통의 활성화로 이어졌다. 화폐경제의 발달은 상공업과 금융의 성장으로 이어졌고, 이후 자본주의 체제를 뒷받침하는 핵심 기제로 자리 잡았다.

페스트 이후 르네상스와 근대 전환 연표

년도/시기	주요 사건/운동	의미 및 역사적 변화
1347~1351	흑사병(페스트) 유럽 대유행	유럽 인구의 1/3 감소 → 노동 가치 상승, 중세 붕괴의 촉진제
1350~1400	인문주의 발흥 (초기 르네상스)	인간 중심 세계관 확대, 교회 권위 약화
1400~1500	르네상스 전성기 (예술·과학 혁신)	고대 그리스·로마의 재발견, 예술과 이성 강조
1517	종교개혁(마르틴 루터 95개조 반박문 발표)	개인의 신앙 강조, 교회의 권위 도전 → 종교 분열
1550~1650	과학혁명(코페르니쿠스, 갈릴레이, 뉴턴 등)	경험과 실험 중시, 자연법칙 탐구 → 근대 과학 기반 마련

년도/시기	주요 사건/운동	의미 및 역사적 변화
1600 ~1700	절대왕정과 계몽주의 사상 성장	이성·자유·평등 강조 → 근대 시민 사회의 토대 형성
1700 ~1800	산업혁명 시작	기술 발전, 도시화, 자본주의 발달 → 현대 사회로의 전환
1789	프랑스혁명	봉건제 붕괴, 인권 선언 → 시민 중심 민주주의 확산
1800 ~1900	제2차 산업혁명	전기·철강·대량생산 체계 확립 → 자본주의 고도화
1914 ~1945	세계대전과 근대 붕괴	두 차례 세계대전 → 식민지 해체, 국제 질서 재편

이제 우리는 이러한 역사적 전환의 연장선상에서 디지털 기술과 철학이 결합된 또 다른 시대적 변곡점—제2의 정신적 디지털 르네상스—을 맞이하고 있다. 이 시대는 물리적 현실에 얽매이지 않는 탈물질적 구조와 중앙의 통제를 벗어난 분산형 네트워크를 기반으로 한다. 데이터는 개인이 소유하고, 가치는 창작과 참여를 통해 분배되며, 기술은 억압이 아닌 자율을 가능케 한다. 이는 단순히 기술 진보의 결과가 아닌, 인간 중심 철학의 귀환이자 장자가 말한 무위의 세계가 기술이라는 매개를 통해 재현되는 흐름이라 할 수 있다.

이 시기의 동양, 특히 중국과 조선의 상황은 서양과는 전혀 다른 양상을 보였다. 원래 중국은 도교를 근본 사상으로 하여 인간과 자연의 조화, 무위자연의 철학을 삶과 정치의 원리로 삼아 왔다. 그러나 진시황이 천하를 통일한 이후, 다민족 국가였던 진나라는 소수 지배층의 안정적 통치를 위해 더 강력한 규범과 제도, 통제력을 필요로 하게 되었다. 이러한 이유로 도교는 진시황의 통치 이념과 상충했다. 진은 강력한 통치 도구인 법가사상을 국시로 삼았고, 진 이후 한나라 초기에는 법가와 도가의 혼합 통치 과정을 거치게 되었지만, 결국 유교의 엄격한 위계질서와 역할 구분, 제도 중심의 사고 체계는 대규모 국가를 효과적으로 운영할 수 있는 정치적 기반을 제공했던 것이다.

이후 한나라 시대에 들어서면서 유교는 국가 이념으로 정착되었고, 과거 제도와 관료 시스템, 법치와 도덕 교육 등을 통해 체계화되며 천 년 넘게 동아시아 전역을 지배하는 중심 사상으로 자리 잡았다. 이에 비해 도가는 점차 사적인 삶이나 예술, 은둔 철학 등으로 물러났고 국정 운영의 철학으로는 소외되었다. 흥미롭게도 이러한 법가, 유교 중심의 제도적 사고는 정량화, 계량화, 표준화의 기초가 되었고, 이후 과학적 합리성과 행정 효율성의 기반이 되었다. 즉, 유교의 통치 철학은 인간 중심의 질서와 위계로 시작했지만, 결과적으로 오늘날 디지털 시스템의 모태가 되는 사회적 운영 구조와 조직 기술로 이어진 측면도 있다.

국가는 커질수록 유교가 통치에 유리하고, 작고 유기적인 공동체일수록 도교적이고 장자 철학이 더 잘 작동한다고 할 수 있다. 이 점에서 볼 때, 디지털 시대의 Web 3.0이 다양한 소규모 자율 주체들의 연결로 구성된 탈중앙 생태계라는 점은 오히려 도가 사상과 장자의 철학에 가까운 방향으로 진화하고 있다는 것을 보여 준다. 한때 통치를 위해 억눌렸던 철학이, 오늘날 기술의 도움으로 다시 살아나는 시대를 우리는 맞이하고 있는 것이다.

중국은 원나라가 붕괴된 후 1368년 명나라가 건국되며 새로운 질서를 형성하고 있었다. 흑사병은 실크로드를 통해 중국 대륙을 먼저 강타했고, 이는 원 제국의 붕괴에 중요한 영향을 미쳤다. 그러나 명나라 건국 이후에는 중앙집권적 통치 체제가 강화되었고, 유교 질서가 절대적 기준으로 자리 잡았다. 이 시기 동양에서는 '인본주의'라기보다는 '도덕주의'와 '질서중심주의'가 강조되었으며, 과학이나 예술보다는 예의와 명분, 제도 중심의 안정이 우선되었다.

중국 철학·정치 사상 연대기(진~근대혁명기)

시기	주요 사건 / 사상 흐름	철학적·정치적 의미 및 변화
221 BCE -206 BCE 진(秦)나라	법가 통치 이념 확립 / 유교 탄압 / 도가 소외	진시황의 통일 이후, 법가 중심의 강력한 중앙집권 체계 구축 유교 억제, 도가 철학은 은둔·비정치적 사상으로 밀려남
206 BCE ~ 220 CE 한(漢)나라	유교의 국가 이념화 / 도가와 법가 혼합	한무제 시기 동중서에 의해 유교가 국교화 법가와 병행되며 실용적 운영 도가는 여전히 개인의 내면 철학으로 유지됨
220 ~ 589 삼국·위진 남북조 시대	혼란기 속의 불교 전래 / 도가 부흥	유교 중심 정치질서 붕괴. 도가와 불교의 철학적 융합(예: 선도사상) 현실 도피·은둔의 미학 강화
618 ~ 907 당(唐)나라	불교 전성기 / 도가와 유교의 공존	불교가 정치·문화 중심으로 부상 도가도 제도권 종교로 인정 유교는 유지되었지만 비교적 관용적 시대 분위기 형성
960 ~ 1279 송(宋)나라	성리학(주자학) 정립 / 유교의 철학화	유교가 도가·불교와 철학적으로 경쟁하며 주자에 의해 성리학으로 체계화 도덕 중심의 인간관 강조, 정치 이념으로도 강화됨
1271 ~ 1368 원(元)나라	몽골 지배 / 유교적 질서 약화 / 도교·불교 유지	몽골의 다민족 통치, 유교 이념 약화 불교(티베트계) 영향력 확대 유교는 실용 행정 수단으로만 활용됨
1368 ~ 1644 명(明)나라	성리학 강화 / 양명학 등장 (사상적 르네상스)	유교가 절대적 통치 이념으로 강화 왕양명에 의해 '마음(心)' 중심의 자각과 주체적 도덕 실천 강조 → 개인 내면의 철학적 자각 확대
1644 ~ 1911 청(淸)나라	고증학 / 실사구시 / 전통 보수화	유교는 경전 해석 중심의 고증학으로 전환, 현실에 기반한 실용적 학문(경세치용) 강조 그러나 사상은 보수화, 유럽 사상 유입에 폐쇄적 대응
1839 ~ 1911 아편전쟁 ~변법자강	양무운동 / 변법자강 / 서구 충돌 / 유교 재해석 시도	서구 충격 속에서 유교 질서를 지키려는 동시에 근대화를 시도 전통 유교의 한계 노출, 개혁주의 유학 (캉유웨이 등)과 헌정 담론 대두

한편 조선은 1392년 건국되어 성리학을 국가 이념으로 삼았고, 유교적 규범에 따른 철저한 계급제와 가족 윤리가 지배하였다. 르네상스 동시대 조선을 포함한 동남아권은 서양과 같은 인간의 해방이 아닌, 도덕과 질서의 공고화를 통한 사회 안정이었다. 이는 인간을 자연 속의 존재로 보기보다는 규범 속의 역할로 규정하는 구조였다. 이러한 유교적 질서 속에서 동양의 철학은 내면을 다듬고 자기 수양을 강조하였지만, 새로운 창조성이나 탈중심적 사고는 억제되었다.

그럼에도 불구하고, 동양에는 공자와 맹자로 대표되는 유교 외에도 노자(老子)와 장자(莊子)의 사상을 잇는 도가(道家) 철학이 존재했다. 유교는 춘추전국시대의 혼란 속에서 공자가 '예(禮)'를 중심으로 한 인간 사회의 질서를 정립하려는 철학으로 출발하였다. 공자는 인간은 도덕적으로 성장할 수 있으며, 그 성장을 위해 가정과 사회, 국가 단위의 규범과 책임을 강조했다. 맹자는 공자의 뒤를 이어 '성선설'을 주장하며 인간의 본성을 긍정하고, 왕도 정치와 민본주의를 강조하였다.

반면, 도가는 유가의 질서 중심적 사고와는 달리 인간이 억지로 세상을 통제하거나 규범으로 포섭하려는 시도를 경계했다. 노자는 『도덕경』에서 '도(道)'는 형언할 수 없는 자연의 궁극적 원리이며, '무위자연(無爲自然)'의 삶이야말로 이상적인 삶이라고 주장하였다. 노자는 사회적 역할보다는 존재 그 자체에 가치를 두었고, 약함과 유연함, 비움의 미학을 통해 삶의 진리를 찾고자 했다.

장자는 노자의 사상을 계승하면서도 더욱 철학적이고 예술적인 사유를 발전시켰다. 그는 『장자』를 통해 인간의 고정된 정체성과 사회적 역할에서 벗어나 존재의 자유를 이야기했다. 장자는 꿈에서 나비가 된 자신을 예로 들며 '나비가 장자인가, 장자가 나비인가'라는 정체성의 해체적 질문을 던진다. 이는 존재의 경계와 기준을 허무는 사유이며, 타자와 자아, 인간과 자연의 구분마저 무의미하게 만든다.

즉, 장자는 유교가 강조하는 도덕, 위계, 역할 중심의 질서에서 벗어나, 억지로 무엇을 하지 않아도 자연스럽게 이루어지는 삶의 흐름을 중시했다. 그는 '무위(無爲)'를 통해 모든 억압적 구조로부터 벗어나고자 했으며, 인간이 자연과 하나가 되는 경지를 이상으로 삼았다. 그러나 이러한 철학은 당시의 중앙집권적 권력 구조와는 맞지 않았고, 실용성과 통치 이념으로는 환영받기 어려웠기에 점차 변방의 사상으로 밀려나게 되었다.

결과적으로 유교는 동양 사회의 질서와 국가 운영의 중심 이념과 개인의 문화로 자리 잡은 반면, 장자의 철학은 시대를 앞서간 자유의 철학으로 남아 후대에 더 깊은 영향을 미치게 된다. 현대에 와서는 오히려 장자의 무위와 소요유 사상이 디지털 시대, 특히 Web 3.0의 철학과 깊은 연결을 맺으며 다시 조명받고 있다. 장자는 억지로 무언가를 하지 않고, 자연의 흐름에 맡겨 살아가는 '무위(無爲)'를 강조했다. 이는 당시의 주류였던 유교의 경직성과는 정반대의 사상이었다. 하지만 장자의 사상은 제도와 규율 중심의 사회 구조 속에서 철저히 주변부로 밀려났고, 실용성과 권위를 중시하던 시대의 흐름에서 잊혀져 갔다.

결국 동서양 모두 전환의 시기를 겪었지만, 서양은 흑사병의 혼란 속에서 인간과 세계를 새롭게 인식하며 개개인의 자유와 이성을 중심으로 재구성해 갔고, 동양은 외부로부터의 충격보다는 내부의 질서와 전통을 지키는 방향으로 나아갔다. 이러한 차이는 이후 디지털 시대에서 서양의 철학이 기술에 융합되는 기반이 되었고, 동양의 철학은 인간 내면과 자연의 흐름을 이해하는 사상적 자원으로 남게 되었다. 결국 1차 르네상스 시기에 출발하여 각기 다른 길로 가는 듯한 동서양 두 갈래 길의 사고가 서양의 기술과 동양의 철학으로 다시 만나 융합하여 더 이상 신이 아닌 인간, 더 이상 중앙이 아닌 분산된 존재로서의 '나' 자신 정체성 회복을 추구하고 있다. 또한 이것은 장자가 말한 '억지 없는 자연스러움'의 기술적 실현이자 Web 3.0의 핵심이라 할 수 있다.

그런 의미에서 Web 3.0의 등장은 천 년 이상 동아시아 전역을 지배해 온 유교적 통치 철학과 서양의 산업에 의해 소멸돼 가던 개인의 소외 구조를 다시 반전시키려는 철학적 전환점이라 볼 수 있다.

유교는 인간 사이의 질서와 위계를 강조하며 사회 전체의 조화를 우선시해 왔다. 법치와 도덕 교육을 통해 사회를 체계화하고, 공공의 이익을 위한 역할 분담을 정당화함으로써 개인의 정체성보다는 사회적 위치와 책임을 중시하는 문화를 형성했다.

사회는 더욱 효율적으로 작동하게 되었지만, 그만큼 개인은 더욱 추상화되고 다시 한번 체계의 일부로 환원되었다. 동양 사회에서 개인은 더 이상 독립된 주체가 아니라 전체 조화 속에서 자신의 역할을 수행해야 하는 존재로 자리매김되었던 것이다.

한편, 서양은 인문주의의 출현을 통해 개인의 회복을 선언했다. 중세의 신 중심 세계관에서 벗어나, 인간은 사고하고 선택할 수 있는 자율적 존재로 거듭났다. 그러나 이러한 인문주의적 흐름은 곧 산업화와 자본주의의 물결 속에서 방향을 잃기 시작했다. 개인은 자유를 획득한 동시에 생산의 단위로 조직되었고, 소비와 경쟁의 시스템 속에서 자신의 고유한 정체성을 상실해 갔다. 이성과 자유를 외쳤던 개인은 결국 정보와 이미지, 데이터로 상품화되며 또 한 번 체계의 수동적 구성요소로 전락하게 된다.

결국 동양은 유교적 질서 속에서 개인을 묻었고, 서양은 자본주의적 소비 구조 속에서 개인을 파편화했다. 이처럼 동서양 모두가 서로 다른 길을 통해 개개인의 본질을 희미하게 만든 이 시점에서, 하나의 철학적 전환점을 제시하는 기술을 바탕으로 하는 개념이 등장한다. 그것이 바로 블록체인을 품은 Web 3.0이다.

Web 3.0은 단순한 인터넷 기술의 진화가 아니다. 이는 탈중앙화, 자율성, 데이터 주권을 핵심 개념으로 삼으며 오랜 시간 체계에 예속되어 온 개인을 다시 중심으로 소환하려는 시도다. 사용자는 더 이상 거대한 플랫폼의 수동적 소비자가 아니라, 스스로의 데이터를 소유하고, 참여하고, 영향력을 행사하는 존재로 변화한다. 동양 사회에서 Web 3.0은 공동체 중심 문화 속에서 가려졌던 개인의 목소리를 다시 드러나게 만들고, 서양 사회에서는 자본과 정보의 홍수 속에서 길을 잃은 개인에게 진정성 있는 정체성과 주체성을 회복할 기회를 제공한다.

하지만 Web 3.0이 되살리는 개인은 과거의 그것과는 다르다. 그것은 연결 속에서 존재하는 개인, 네트워크 속에서 자율과 책임을 균형 있게 갖춘 개인, 그리고 공동체와 대립하는 것이 아닌 조화를 이루는 새로운 형태의 주체다. 디지털 기술은 마침내 사회 철학과 맞닿기 시작했으며, 이 변화는 단순한 기술적 진보를 넘어선 문명사적 전환이라 할 수 있다.

결국, Web 3.0은 동서양 모두가 놓쳐 버린 개인을 '되찾는' 시도라기보다, 그 너머에서 개인을 다시 '창조하는' 실험이다. 철학과 기술이 맞닿는 그 지점에서 우리는 더 이상 과거의 개인도, 플랫폼의 종속물도 아닌, 새로운 시대의 주체로 거듭날 수 있는 개인으로의 거듭남을 꿈꾸고 있는 것이다.

장자는 인간의 고정된 정체성과 사회적 역할로부터 벗어나 '스스로 그러한 존재(自然)'로 살아가는 삶의 자유를 이야기했다. 그는 삶을 억지로 조직하려 하지 않고, 바람처럼 흘러가는 존재의 리듬 속에서 진정한 자아를 찾고자 했다.

오늘날 Web 3.0이 만들어 내는 디지털 생태계는 바로 그런 흐름을 닮아 있다. 중앙의 통제 없이도 자율적으로 작동하고, 규범 없이도 조화를 이루며, 각 개인은 고정된 틀에서 벗어나 자신만의 방식으로 연결된다. 마치 장자의 '호접지몽(胡蝶之夢)'처럼, 정체성은 유동하고, 경계는 열려 있으며, 주체는 자유롭게 변화한다.

기술은 인간을 통제할 때 위험하지만, 인간을 해방할 때 문명을 다시 시작하게 만든다. 그리고 지금, 그 문 앞에는 Web 3.0이 놓여 있다. 억눌렸던 철학이 되살아나고, 잃어버린 개인이 다시 숨을 쉬는 시대가 시작되고 있는 것이다.

8장 새로운 세상 디지털 르네상스

2020년, 인류는 또 한 번의 전 지구적 위기를 마주하게 되었다. 바로 코로나19 팬데믹이다. 2019년 12월 중국 우한에서 처음 보고된 이 신종 코로나바이러스 감염증(COVID-19)은 불과 몇 달 만에 전 세계로 확산되었고, 2020년 3월 11일 세계보건기구(WHO)는 이를 팬데믹(Pandemic)으로 공식 선언했다. 이후 전 세계는 국경을 봉쇄하고, 각국은 도시를 봉쇄하며, 경제와 일상은 급속도로 멈춰 섰다.

코로나19는 단순한 전염병이 아니라 문명 전반을 정지시킨 전대미문의 위기였다. 세계은행에 따르면 2020년 전 세계 경제성장률은 -3.4%로 급락했고, 약 1억 1천만 명이 극빈층으로 전락했다. 노동 시장은 붕괴되었으며, 관광, 항공, 소매업, 외식업 등의 산업은 직격탄을 맞았다. 국제항공운송협회(IATA)는 2020년 항공 여객 수요가 전년 대비 65.9% 감소했다고 발표했다.

보건 영역에서는 더 큰 충격이 있었다. 2020년 한 해 동안만 해도 180여 개국에서 9천만 명 이상의 확진자가 발생했고, 사망자는 190만 명에 달했다. 이후 백신이 개발되어 보급되기까지 각국은 긴급 사용승인과 접종 전략을 수립해야 했다. 화이자(Pfizer)와 모더나(Moderna), 아스트라제네카(AZ) 등의 백신이 2020년 말부터 긴급 승인되었고 2021년부터는 대규모 접종이 시작되었지만, 백신 확보의 불균형, 부작용에 대한 불안, 그리고 백신 접종 거부 운동(anti-vaccine movement)은 사회적으로 새로운 갈등을 불러왔다.

이러한 혼란 속에서 인간은 '사회적 거리두기'라는 이름으로 물리적 관계를 제한받았고, 비대면이 일상이 되었다. 학교는 폐쇄되었고, 기업은 재택근무로 전환되었으며, 병원은 응급 외에는 진료를 제한했다. 우리는 더 이상 물리적 공간에서 살아갈 수 없었고, 디지털 공간으로의 '이주'를 선택할 수밖에 없었다. 이때부터 디지털은 생존의 조건이자 인간 활동의 기반이 되기 시작한 것이다.

이전까지 디지털 기술은 선택의 영역에 가까웠지만, 팬데믹은 그것을 생존의 수단으로 전환시켰다. 줌(Zoom) 회의, 구글 클래스룸, 온라인 쇼핑과 비대면 의료 서비스, 원격 진료까지—디지털은 인간 활동의 새로운 기반이 되었고, 기술은 더 이상 도구가 아닌 '삶의 환경'이 되었다. 사회는 물리적 공간에서 디지털 공간으로 이주하였고, 이로 인해 탈중앙화와 탈물질화의 흐름은 가속화되었다.

이 시기 블록체인 기술은 조용히, 그러나 뚜렷한 존재감을 드러냈다. 중앙 서버가 아닌 수천, 수만 대의 컴퓨터가 동시에 데이터를 보관하고 검증하는 구조는 사회적 단절과 불신이 극대화된 시기에 '신뢰'의 새로운 형태로 주목받기 시작했다. 중앙 기관 없이도 작동하는 신뢰 시스템은 단순한 기술을 넘어, 철학적 전환의 징후였다.

Web 3.0은 이러한 기술 진보의 상징이다. Web 3.0은 기존 Web 2.0의 중앙 집중형 구조(플랫폼, 정부, 기업 등)에 반해, 블록체인 기반의 분산 네트워크로 운영된다. 데이터는 사용자가 직접 소유하며 거래는 중개자가 아니라 스마트 계약(Smart Contract)에 의해 자동으로 이루어진다. 스마트 계약은 사전에 입력된 조건이 충족되면 자동으로 실행되는 프로그램이며, 신뢰와 투명성을 보장한다.

Web 3.0은 이처럼 기술을 기반으로 재설계된 사회 시스템이며, 디지털 공간에서 인간의 자유와 자율성, 공동 운영을 실험하는 철학적 장치가 되고 있다.

1차 르네상스가 흑사병 이후 인간의 물질적 삶을 회복하고 그를 바탕으로 감성과 이성을 꽃피운 시대였다면, 디지털 르네상스는 정신적, 존재적 회복의 시기라고 할 수 있다. 매슬로우의 욕구 5단계 중 상위 욕구—자아실현, 자기 초월, 정체성과 의미의 탐색—로 진입하는 집단적 움직임이다. 인간은 더 이상 '노동하는 자'로만 존재하지 않고, '존재하는 자', '표현하는 자'로 자기 가치를 재정의하고 있다.

장자는 억지로 무언가를 하지 않고, 자연의 흐름에 따라 삶을 영위하는 '무위(無爲)'를 강조했다. 그는 각자의 존재 방식이 다르며, 조화를 강요하는 것은 억압일 뿐이라고 보았다. 디지털 세계는 바로 이러한 다름과 고유성, 자율성이 존중받는 공간이다. 개인은 아바타, 디지털 자산, DID(탈중앙 신원인증)를 통해 자신을 드러내고, 블록체인은 그것을 보증해 주는 인프라가 된다.

이제 인간은 중앙에서 부여받는 권위가 아닌 스스로의 데이터를 통해 존재를 증명하며, 기술은 그것을 뒷받침하는 무형의 철학이자 도구가 된다.

세상이 디지털로 다시 태어나다: 탈중앙과 탈물질의 콜라보

이러한 디지털 르네상스는 두 축으로 설명할 수 있다. 바로 '블록체인'과 '메타버스(Metaverse)'이다. 이 둘은 각각 탈중앙화와 탈물질화를 상징하며,

Web 3.0 시대의 핵심적인 두 기둥을 형성한다.

블록체인은 기존의 중앙 집중형 구조를 해체하는 대표적인 기술이다. 은행, 정부, 대기업 등 중앙 기관을 거치지 않고도 거래와 소유, 신뢰를 생성할 수 있게 한다. 스마트 계약(Smart Contract), 디파이(DeFi), NFT, DAO, DID 등 블록체인 기반의 기술들은 기존 사회 시스템을 대체하거나 재구성하는 수준까지 진화하고 있다. 이는 기술 그 자체로 하나의 '분산된 질서'를 만들어 P2P의 개념을 정립하는 과정이다. P2P(Peer2Peer)는 중앙이 해체되고 개인과 개인이 마주 보게 해 준 블록체인 시스템의 결과물이다. 개인과 개인을 바로 연결하는 것이 블록체인인 것이다.

메타버스는 현실의 물질적 제약을 넘어선 공간이다. 가상현실(VR), 증강현실(AR), 혼합현실(MR), 확장현실(XR) 등의 기술은 인간의 지각, 경험, 심지어 존재까지도 디지털로 확장한다. 메타버스 공간에서는 물리적 이동 없이도 사회적 관계, 경제활동, 자기표현이 가능하다. 이는 곧, '물질을 대체하는 정신적 공간'의 실현이며, 장자가 꿈꾸던 경계 없는 세계와도 닮아 있다.

장자는 호접몽에서 "내가 나비인가, 나비가 나인가?"라는 물음을 통해 현실과 꿈, 실재와 환상의 경계를 허물었다. 이 고대 철학은 메타버스의 본질을 꿰뚫는 통찰로 다시 살아난다. 우리는 지금, 현실보다 더 몰입도 높은 가상 세계에서 나를 표현하고 관계를 맺으며 삶을 살아간다. 과연 어디까지가 현실이고 어디부터가 가상 세계인가? 장자의 질문은 이제 기술로 실현되고 있다.

결국 블록체인은 신뢰의 분산, 메타버스는 존재의 확장이다. 이 둘이 교차하는 지점이 바로 Web 3.0이며, 이는 철학과 기술이 만나는 장자의 소요유적 삶의 현대적 실현이라 할 수 있다.

실물자산을 가상세계로 편입시키는 RWA(Real World Asset)와 DePIN(Decentralized Physical Infrastructure Network)

이제 우리는 현실 세계의 자산과 구조를 디지털로 확장하는 기술적 전환, 즉 RWA와 De-PIN, 그리고 디파이(DeFi)와 같은 기술들과도 연결 지어 생각할 수 있다.

RWA는 기존의 부동산, 미술품, 채권, 주식, 심지어 농작물과 와인 같은 실물 자산을 블록체인 상에 토큰화하여 디지털로 거래할 수 있게 만든다. 이는 현실 세계의 자산을 디지털로 복제하는 것이 아니라, 법적 효력과 경제적 가치까지 포함해 실질적 거래를 가능하게 하는 것이다. 메타버스 안에서도 RWA를 기반으로 한 경제활동이 가능해지고 있다. 예를 들어 가상 부동산의 소유권이 실제 건물이나 토지에 연결되어 디지털 공간과 물리 공간이 유기적으로 작동하게 되는 구조다.

RWA(실물 자산 토큰화) 적용 사례

자산 유형	적용 사례	특징 및 장점	비고
주식	Ondo Finance: 전통 금융 주식 펀드를 토큰화해 블록체인 상에서 거래	주식 투자 접근성 향상, 글로벌 참여 가능	Ondo의 토큰화 자산 규모 2억 달러 이상
부동산	RealT: 미국 부동산을 조각 투자 형태로 토큰화하여 월세 수익 배분	소액으로 실물 자산 투자, 월세 수익 자동 분배	RealT는 100개 이상 부동산 토큰화, 미국 거주자 우선 대상
채권	Maple Finance: 기업 채권을 디지털화해 투자자에게 수익 제공	기관 투자자 중심 → 개인도 접근 가능	Maple의 대출 누적액 30억 달러 이상

자산 유형	적용 사례	특징 및 장점	비고
예술품	Particle: 고가 미술품(NFT)을 분할 소유 형태로 제공	희소 자산을 블록체인 상에서 소유/거래 가능	Particle은 뱅크시 작품 등 실제 경매 참여 기반
상품(금, 석유 등)	Paxos Gold: 금 1온스를 1:1로 토큰화(PAXG), 온체인에서 거래	실물 금과 연동된 안정적 자산, 빠른 유동성	PAXG 시가 총액 약 5억 달러, 금과 1:1 연동

물리 세상 인프라를 블록체인 기반으로 연결하는 디핀

(DePIN, Decentralized Physical Infrastructure Network)

디핀(DePIN)은 우리 삶의, 현실 세계의 물리적 기반 인프라이다.

통신, 에너지, 저장, 센서, 위치 정보 등을 블록체인 위에 올려서 분산적으로 운영하는 새로운 네트워크 모델이다.

이전에는 거대한 기업이나 정부가 인프라를 독점적으로 설치하고 관리했다면, DePIN은 누구나 자신의 기기를 설치하고 기여한 만큼 보상받는 구조를 제안한다. 이런 구조는 단지 기술적 진보라기보다, 세상을 움직이는 방식 자체를 바꾸는 패러다임의 전환이다.

이 과정은 장자의 철학으로도 해석된다. 장자는 무위(無爲)를 말한다. 통제하지 않지만 모든 것이 자연스럽게 조화를 이룬다고 했다. DePIN이 그렇다. 거대한 규모의 통합된 중앙화 운영했던 자산들의 운영 방식을 조각내서 개인의 자발적 참여로 유지·운용하는 것이다.

누가 명령하지 않지만, 전 세계의 사용자들이 각자 한 조각씩 인프라를 제공하면, 그들의 기여는 스마트 계약을 통해 자율적으로 평가되고 자동으로 보상된다. 이 과정은 누구의 감시도, 통제도 필요 없다. 그저 참여하고, 존재하고, 흐름에 몸을 맡기면 된다. 바로 장자가 말한 '소요(逍遙)'의 세계, 억지 없이 스스로 그러함(自然)이 기술로 구현된 것이다.

이러한 구조는 단지 하나의 기술이 아닌 사회적 상상력을 바꾸는 힘을 지닌다. 현실의 자산(Real World Assets)은 블록체인을 통해 투명하게 토큰화되고, DePIN 위에서는 그 자산이 실시간으로 수익을 창출하며 움직이는 존재가 된다. 예를 들어 태양광 패널은 에너지를 만들어 내고, 그 데이터는 블록체인에 기록되며, 그에 따라 자동으로 수익이 분배된다. 이는 우리가 그동안 알던 '소유'라는 개념을 다시 묻는다.

과거에는 '물건을 가진 자'가 부자였다. 하지만 DePIN에서는 '가치를 창출하는 장비와 데이터에 연결된 자'가 미래의 주체가 된다. 이는 마치 장자가 말하던 "형(形)보다 도(道)를 따르라."는 사유를 디지털 방식으로 이어 가는 것이며, 겉으로 드러나는 힘보다 흐름에 참여하는 존재의 유연성이 더 중요한 세계로의 전환이라 할 수 있다.

이렇게 볼 때, DePIN은 블록체인의 확장이자 RWA(실물 자산 토큰화)의 실시간 구현 플랫폼이며, 메타버스 세계의 '현실 데이터 백엔드' 역할까지 수행한다. 현실과 가상이 연결되고 자율성과 보상이 합쳐지는 이 구조는 단지 기술 혁신을 넘어서, 우리가 '존재하는 방식'을 바꾸어 나가는 새로운 문명의 기초라고 할 수 있다.

DePIN(Decentralized Physical Infrastructure Network), 탈중앙화 물리 인프라 네트워크

이 개념은 기존에 정부나 대기업이 독점적으로 운영해 왔던 통신, 저장, 에너지 같은 물리적 인프라를 전 세계 사용자들이 자발적으로 구축하고 운영하며, 그 기여에 따라 블록체인 기반 보상을 받는 새로운 시스템이다. 다시 말해, 기존의 물리적 기반 시설을 누구나 참여할 수 있는 열린 인프라 생태계로 바꾸는 기술적·사회적 혁신이다.

예를 들어, 과거에는 통신망을 운영하기 위해서는 거대한 통신사가 전국에 기지국을 설치하고 유지보수도 독점적으로 진행해야 했다. 그러나 DePIN 생태계에서는 개인이나 소규모 커뮤니티가 직접 무선 통신 장비나 데이터 저장 장치, 전기차 충전소, 센서 네트워크 같은 물리 장비를 설치하고, 이를 통해 네트워크를 구성할 수 있다. 이러한 물리적 기여는 단순한 봉사나 참여에 그치지 않고 블록체인 기술을 통해 정량적으로 평가되며, 그에 따라 암호화폐 형태의 보상이 자동으로 주어진다.

이처럼 DePIN은 단순한 분산 네트워크의 개념을 넘어서, 현실 세계의 기계와 장치를 블록체인 네트워크에 '직접 연결'하는 기술이다. 참여자가 설치한 장비가 수집한 데이터는 실시간으로 블록체인에 기록되며, 네트워크는 이를 기반으로 투명하게 운영된다. 또한 모든 보상은 스마트 계약에 의해 자동으로 배분되어 누가 얼마나 기여했는지를 인간이 판별하지 않아도 되는 구조가 된다. 블록체인은 여기서 '중앙 관리자 없는 신뢰의 메커니즘' 역할을 하며, DePIN의 지속 가능성을 기술적으로 뒷받침한다.

DePIN이 지닌 철학적 힘은 Web 3.0의 핵심 정신과도 맞닿아 있다. Web 3.0이 데이터와 플랫폼 주권을 사용자에게 되돌려주려는 운동이라면, DePIN은 현

> 실 세계마저도 인프라의 소유권과 운영권을 탈중앙화된 참여자들에게 되돌려주는 확장된 실험이다. 누구든지 참여할 수 있고, 자신이 기여한 만큼 정당한 보상을 받으며, 중앙 기관 없이도 하나의 시스템이 자율적으로 작동한다는 점에서 이는 블록체인의 본질을 현실 세계로 확장한 사례라 할 수 있다.

현재 DePIN의 대표적인 사례로는 헬륨 네트워크(Helium)가 있다. 사용자들이 직접 소형 무선 기지국을 설치하면, 이들이 모여 도시 전체의 IoT 네트워크를 구성하고 운영자는 HNT라는 토큰을 보상으로 받는다. 이와 유사하게 저장 공간을 제공하고 토큰을 받는 Filecoin, GPU를 제공하고 AI 처리에 기여하는 Render Network도 DePIN의 원리에 따라 운영된다.

결국 DePIN은 단순한 기술 모델이 아니라 기존 인프라 권력 구조를 분산시키고 개인이 네트워크의 일부이자 중심이 되는 새로운 시대를 열고 있다. 기술과 철학이 결합된 이 구조는 디지털 세계와 현실 세계를 처음으로 완전히 연결시키는 다리가 될 것이며, 그 안에서 우리는 단순한 사용자(user)가 아니라 참여자(participant)로서 존재하게 된다. 디핀은 현실의 실물 자원을 연계하기 때문에 선점이 중요하다. 초기 선점 후에는 후기 진입이 어렵거나 불가능한 면도 있고, 한 번 진입하면 장기간 수익을 창출하는 파이프 라인을 만들어 주기도 한다.

이렇게 보면 RWA과 비슷한 느낌이 있지만 근본이 다르다. RWA는 고정된 현실 자산을 토큰화하여 디지털 트윈을 만드는 고정된 자산이고, 디핀은 실물 세계의 유동적인 부분과 흐름을 블록체인 기반에 연결한다는 점이 그 역할이 다르지만 상호 연계성이 있다.

DePIN 관련 주요 블록체인 및 토큰 현황

DePIN(탈중앙 물리 인프라 네트워크)은 블록체인을 기반으로 실제 세계의 통신, 저장, 연산, 센서 등의 인프라 자원을 개인이 자발적으로 제공하고, 그 기여에 따라 자동으로 보상받는 구조를 갖는다.

아래 표는 현재 실질적으로 운영 중인 주요 DePIN 프로젝트들과 그것이 기반하고 있는 블록체인, 그리고 해당 토큰의 역할을 정리한 것이다. Helium은 무선 통신망, Filecoin과 Arweave는 분산 저장 인프라, Render Network는 GPU 렌더링, DIMO와 WeatherXM은 실물 IoT 센서 데이터를 중심으로 DePIN 모델을 실현하고 있다. 이들은 모두 중앙 통제 없이, 개인 참여자들이 제공하는 물리적 자원을 통해 인프라를 구성하며, 블록체인 보상 시스템과 결합해 '디지털 무위(無爲)'를 실현하는 생태계로 성장 중이다. 이와 같은 DePIN 생태계는 앞으로 블록체인이 실물 경제와 접속하는 핵심 관문이 될 것으로 보인다.

프로젝트	기반 블록체인	토큰	핵심 역할
Helium	Solana	HNT	무선 통신 인프라 제공 참여자에게 보상
Filecoin	Filecoin 전용 체인	FIL	탈중앙 파일 저장 공간 제공 → 보상
Arweave	자체 블록체인	AR	영구적 파일 저장 구조
Render Network	Ethereum, Solana	RNDR	분산 GPU 렌더링 자원 제공 보상
DIMO	Polygon	DIMO	차량 데이터 공유 → 보상

프로젝트	기반 블록체인	토큰	핵심 역할
WeatherXM	Gnosis Chain(xDAI)	WXM	기상 관측 장비 제공 → 날씨 데이터 공유 보상
Peaq	Polkadot / Kusama	PEAQ(예정)	기계·로봇 기반 인프라의 DAO화
IoTeX	자체 IoTeX 체인	IOTX	IoT 기기 데이터 공유 및 검증 보상

블록체인과 메타버스의 금융 메타파이 그리고 아바타

중앙 금융기관 없이 누구나 금융 서비스를 이용할 수 있는 탈중앙 금융 생태계이다. 메타버스에서의 거래, 대출, 보험, 예치 등은 모두 MeFi를 통해 자동화되고, 블록체인 상에서 투명하게 기록된다. 사용자는 메타마스크(Metamask)나 트러스트 월렛(Trust Wallet)과 같은 디지털 지갑을 통해 자신의 자산을 직접 보관하고, 필요할 때 스마트 계약을 통해 빠르고 안전하게 거래할 수 있다.

이 모든 기술은 현실과 가상의 경계를 허무는 메타버스의 구조 안에서 서로 유기적으로 연결된다. 여기에 게임이라는 인터페이스가 결합되면 메타버스는 더욱 실제적인 참여 경제의 장이 된다.

대표적으로 로블록스(Roblox), 제페토(Zepeto), 엑시 인피니티(Axie Infinity) 같은 메타버스 기반 게임 플랫폼들은 단순한 오락을 넘어서, 사용자가 아바타를 꾸미고, 공간을 만들고, 아이템을 거래하고, 디지털 자산을 통해 수익을 창출하는 구조를 제공한다. 로블록스에서는 어린이와 청소년들이 직접 게임을 만들고 수익을 얻으며 디지털 창작자가 되고, 제페토에서는 아바타 의상 디자이너들이 NFT 형태로 의상을 판매한다. 엑시 인피니티는 블록체인 기술과 P2E(Play to Earn) 모델을 결합하여 게임을 통해 실제 수익을 얻는 구조를 제공하며 전 세계 수백만 명이 이용하고 있다.

2020년 11월, 미국의 인기 래퍼 릴 나스 엑스(Lil Nas X)는 전통적인 무대를 벗어나 전혀 새로운 형태의 공연을 시도했다. 무대는 현실이 아닌, 메타버스 기반 게임 플랫폼인 로블록스(Roblox)였다. 그는 로블록스 안에 마련된 가상의 무대에서 총 4회에 걸쳐 콘서트를 진행했고, 그 공연은 전 세계 3,300만 명 이상이 관람했다. 물리적인 관객도, 표를 직접 들고 입장한 사람도 없었지만, 이 공연은 현실의 스타디움 공연 못지않은 경제적 성과를 거두었다.

입장 자체는 무료였지만, 공연과 함께 로블록스 내에서 릴 나스 엑스를 테마로 한 아바타 의상, 춤 동작, 소품 등 다양한 디지털 아이템이 유료로 판매되었다. 이 아이템들은 로블록스의 가상화폐인 로벅스(Robux)로 거래되었으며, 수익 일부는 로블록스 측에, 나머지는 아티스트와 제작자에게 분배되었다. 이 공연을 통해 릴 나스 엑스가 거둬들인 수익은 약 1000만 달러(한화 약 130억 원) 이상으로 추산된다. 현실의 대형 콘서트에 버금가는 수익이 오직 가상공간에서 이루어진 것이다.

로블록스는 단지 하나의 게임이 아니라 누구나 콘텐츠를 만들고, 그 안에서 경제활동을 할 수 있는 플랫폼이다. 릴 나스 엑스의 공연은 이러한 플랫폼의 가능성을 최대한 활용한 사례로, 단순한 시청형 스트리밍 공연이 아니라 사용자가 공연 안에 직접 들어가고, 움직이며 소통하고, 아바타를 꾸미고, 가상의 굿즈를 구매하는 '참여형 경험'으로 구성되었다. 이때 소비된 것은 실물이 아닌 경험이었고, 판매된 것은 물건이 아니라 디지털 자산이었다. 여기서 주최 측은 무대도, 특수장치도, 조명도, 스텝도 없이 오로지 메타버스 디지털 신호만 가지고 공연을 하고 모든 거래나 자산의 이동을 DeFi 메타버스의 연결로 이룬 것이다. 결국 이 과정에 물리적인 것은 하나도 소모되지 않았다는 사실이 경이로운 것이다. 물질의 소모가 없이 행사를 만들고 참여하고 그 과정에서 은행이나 중계자 없이 자산이 이동하고 거래하는 이것의 본질이야말로 진정한 메타버스인 것이다.

이는 디지털 시대의 소비와 소유 개념을 재정의하는 사례였다. 아바타가 입는 옷, 공연장에서 쓰는 소품은 더 이상 단순한 장식이 아니라 사용자의 정체성을 구성하고 표현하는 수단이며, 이는 디지털 경제 안에서 진짜 '자산'으로 기능한다. 이러한 흐름은 RWA(Real World Assets, 실물 자산의 디지털화)와도 연결된다. 디지털 아이템이 NFT나 토큰으로 발행되어 블록체인에 기록되면, 그것은 유일한 소유권을 가지는 '진짜 자산'이 된다. 릴 나스 엑스의 공연 굿즈가 NFT로 발행되었다면, 그것은 단순한 기념품을 넘어 유통 가능하고, 재판매 가능한 하나의 투자 자산이 되었을 것이다.

이처럼 메타버스와 블록체인 기반 기술들의 융합은 무형의 경험조차 소유 가능한 가치로 변환시키는 구조를 가능케 한다. 그리고 이 구조는 철학적으로도 아주 흥미롭다. 장자(莊子)는 물리적 형식이나 제도에 얽매이지 않고, 스스로 그러한 존재의 흐름(自然), 통제 없는 질서(無爲), 그리고 자유로운 유동성(逍遙遊)을 강조했다. 릴 나스 엑스가 만든 공연은 더 이상 무대 위에서 연출된 쇼가 아니라, 각자의 위치에서 참여하는 수천만 존재들이 함께 만들어 낸 '네트워크 속의 유희'였다. 각자는 아바타로 존재하며, 물리적인 자리나 조건과는 무관하게 무대 위를 함께 걸었고, 춤췄고, 소통했다.

장자의 말처럼, 참새는 붕새의 날갯짓을 이해하지 못한다. 이 가상 공연은 아마도 기존의 전통적인 공연 문화에 익숙한 이들에게는 이해하기 어려운 '붕새의 비행'일지도 모른다. 그러나 기술과 감성이 융합된 이 새로운 방식은 단지 이벤트가 아니라, 존재 방식의 변화를 말해 주는 상징적 사례다.

릴 나스 엑스의 로블록스 공연은 우리가 어디에 있고, 무엇을 입고, 누구와 함께하는지를 결정짓는 기준이 더 이상 물질에 있지 않음을 보여 준다. 메타버스에서는 '어디'가 아닌 '무엇을 경험했는가'가 중요해지고, '무엇을 소유했는가'보다 '어떤 정체성을 만들었는가'가 중심이 된다. 이것은 곧 물질 중심에서 경험 중심으로 이동하는 세계관의 전환이며, 그 전환 속에서 우리는 장자가 말하던 자유롭고 가벼운 존재, '소요유'의 존재가 되어 간다.

게임이나 가상세계에서 얻는 수익 형태는 게임을 단순한 소비형 엔터테인먼트에서 생산형 경제활동으로 전환시킨다. 사용자는 게임을 통해 아이템을 획득하거나 토큰을 벌고, 이를 실제 암호화폐 거래소에서 현금화할 수 있다. 이는 게임 속 활동이 실제 경제적 가치를 갖는 구조를 의미하며, 특히 경제적 기회가 제한적인 지역에서 큰 반향을 일으켰다. 필리핀, 베트남, 베네수엘라 등에서는 P2E 기반 게임이 생계 수단으로 기능하며 새로운 디지털 노동 생태계를 형성하기도 했다. 메타버스 기반 게임은 단순한 가상 놀이를 넘어, 참여와 기여, 창작을 통한 분배가 이루어지는 새로운 경제 시스템으로 진화하고 있다.

이러한 플랫폼들은 메타버스가 단순한 환상의 공간이 아니라, 실제 경제 활동과 창작, 소유, 거래가 가능한 새로운 디지털 생태계임을 증명한다. 이 안에서의 경험은 가상이지만, 그 가치를 생성하고 분배하는 방식은 실물 세계를 넘어선다. 이는 장자의 철학에서 말한 실재와 허상의 경계를 허무는 또 하나의 현대적 구현이며, 디지털 르네상스의 가장 대중적인 현장이라 할 수 있다.

물리적 자산의 디지털화(RWA), 인프라의 분산화(DePIN), 금융 시스템의 탈중앙화(DeFi)는 Web 3.0 생태계의 실제 기반이자, 장자의 철학이 기술로 발현되는 현대적 장면들이다. 이처럼 디지털 르네상스는 단순한 디지털화가 아니라, 인간의 존재 방식과 사회 구조 전반의 철학적 재구성이라 할 수 있다. 우리는 지금, 기술과 철학이 합류하는 시대의 입구에 서 있다. 이 둘이 교차하는 지점이 바로 Web 3.0의 시작이며, 이는 철학과 기술이 만나는 장자의 소요유적 삶의 현대적 실현이라 할 수 있다. 결국 코로나 이후의 디지털 르네상스는 장자가 말한 무위의 삶, 소요유의 세계를 기술적으로 실현하는 새로운 문명의 시작이라 할 수 있다.

이러한 흐름은 가치의 중심이 어디에 있는지를 다시 생각하게 만든다. 과거 르네상스가 신권(神權)에서 인권(人權)으로의 전환이었다면, 지금의 디지털 르네상스는 물질 중심에서 비물질, 즉 정신적 기반의 가치로 전환되는 시기다. 이제 실물 자산이나 제조업보다 디지털 기반의 팬덤, 네트워크, 콘텐츠, 참여와 공감 같은 무형의 자산이 더 큰 가치를 갖는 시대가 되었다.

이를 상징적으로 보여 주는 것이 글로벌 기업 가치의 변화다. 세계 시가 총액 상위 10위 안에 드는 기업들—구글(알파벳), 아마존, 애플, 마이크로소프트, 메타(페이스북)—은 모두 물리적 생산보다는 플랫폼, 정보, 네트워크, 디지털 서비스를 기반으로 성장한 기업들이다. 이들은 '눈에 보이지 않는 것들'을 다루지만, 그 가치는 전통적인 제조업 기업을 훨씬 뛰어넘는다.

이는 곧 장자가 말한 '무형의 힘', 즉 물질에 구애받지 않고 본질에 가까운 삶의 방식과도 맞닿아 있다. 블록체인은 눈에 보이지 않지만 신뢰를 담보하고, 메타버스는 실체가 없지만 존재를 표현하며, NFT는 만질 수 없지만 소유를 증명한다. 이 모든 흐름은 탈물질의 시대를 의미하며, 디지털 기술이 단순히 편의성이 아니라 인간의 정신성과 자율성, 철학을 담는 수단으로 진화하고 있음을 시사한다. 우리가 눈으로 보고 손으로 만지는 이 세계는 과연 '진짜' 존재하는 것일까?

책상 위에 놓인 컵, 벽에 걸린 시계, 내가 걷는 바닥. 모두 단단하게 느껴지지만, 현대 과학은 이 모든 물질이 사실은 거의 '비어 있다'고 말한다. 원자의 구조를 보면 전자와 원자핵 사이에는 상상을 초월할 만큼의 거리가 존재하며, 그 대부분은 진공, 즉 공간이다. 물질이란 본질적으로 99.999999%가 비어 있는 구조이고, 우리가 만진다고 느끼는 '감각'조차도 실제 접촉이 아니라 전자기적 반발력에 의해 발생하는 착각에 가깝다.

더 놀라운 사실은, 우리가 눈으로 보고 색이라고 인지하는 것 역시 어떤 고정된 실체가 아니라 빛의 파장이 망막에 반사되어 해석된 결과일 뿐이라는 점이다. 우리가 보고 느끼고 믿고 있는 이 세계는 결국, 감각 기관과 뇌의 해석 시스템이 만들어 낸 하나의 경험적 현상이라는 뜻이다.

양자역학은 여기에 더해, 입자의 상태마저도 관찰자가 관측하기 전에는 확률적 파동 상태에 머문다고 주장한다. 즉, 관측 이전의 세계는 단단한 실체가 아니라 가능성의 집합이며, 보는 순간에만 비로소 현실이 된다.

이러한 과학적 사실은 불교에서 오래전부터 말해 온 '색즉시공, 공즉시색'이라는 사유와 겹쳐진다.

형상 있는 모든 것은 본질적으로 비어 있으며 그 비어 있음은 다시 형상으로 드러난다는 이 역설적인 문장은, 사실 존재와 비존재가 서로 전환 가능하다는 깊은 통찰을 담고 있다. 존재란 독립적으로 실체를 가진 것이 아니라 관계 속에서만 드러나는 조건적 현상이며, 이른바 '공(空)'의 개념이다. 현대 과학이 '모든 것은 상호작용의 결과일 뿐'이라 설명하는 것처럼, 불교 또한 이 세계는 인연(因緣)의 그물 속에서만 나타나는 것이라고 보았다.

장자의 철학은 이 흐름을 더욱 유연하고 자유롭게 풀어낸다. 그는 『제물론』에서 모든 존재의 구분은 인간의 관념에 불과하다고 말한다. 참과 거짓, 유와 무, 옳고 그름이라는 이분법적 구도는 실상 우리 인식의 위치와 상황에 따라 달라지는 상대적 개념일 뿐이다. 장자는 꿈속에서 나비가 되었다가, 다시 자신이 장자인지 나비인지 구분하지 못한다. 이 이야기의 핵심은 현실과 꿈, 실재와 환영의 경계가 애초에 명확하지 않다는 데 있다.

그는 형식과 기준을 뛰어넘는 자유로운 존재 상태, 즉 소요유(逍遙遊)를 강조한다. 이는 억지로 세상을 바꾸려 하지 않고, 자연스럽게 존재하는 흐름에 따르는 무위자연(無爲自然)의 삶이다. 이러한 관점은 양자 세계의 '관측에 따라 현실이 결정된다'는 원리와도 맞닿아 있다. 내가 있는 위치와 관점, 인식에 따라 세계는 다르게 보이며, 그 자체로 고정된 실체는 존재하지 않는다.

양자물리학, 불교의 공 사상과 인연법, 장자의 유무론은 서로 다른 언어를 쓰고 있지만, 결국 같은 이야기를 하고 있다.

우리는 이 세계를 실재라 믿는다. 그러나 그것은 단단한 실체가 아니라 유동적인 파동이며, 조건과 관점에 따라 나타나는 일시적 형상에 불과하다. 그 형상에 의미를 부여하고, 소유를 주장하며, 집착하는 순간 우리는 '진짜' 세계로부터 멀어진다. 장자는 바로 그 집착과 경계, 구분에서 벗어난 존재를 꿈꿨다. 그는 흐르고 흩어지는 세계 속에서 아무것에도 구속되지 않는 자유를 말했다. 현대 과학이 밝혀낸 물질의 비실체성은 그가 오래전 사유했던 '실체 없는 존재의 자유'와 놀라울 정도로 겹친다.

이제 우리는 단단한 것보다는 흐르는 것을, 고정된 실체보다는 관계 속에서 형성되는 존재를 이해해야 할 시점에 와 있다. 양자역학은 세계의 본질을 다시 묻고, 불교는 실체 너머의 공을 가르치며, 장자는 형식 바깥의 자유를 말한다. 이들은 모두 존재와 실재의 경계를 해체하며, 우리에게 새로운 사유의 가능성을 연다. 그것은 단지 철학이나 과학의 문제가 아니다. 그것은 우리가 이 세계를 어떻게 살아갈 것인가에 대한, 존재 방식 전체의 재설계다.

우리는 지금, 실체 없는 것이 더 큰 가치를 지닌 시대에 살고 있다. 눈에 보이지 않는 연결, 고정되지 않은 정체성, 측정 불가능한 기여가 새로운 의미를 갖는 세계. 그 중심에는 Web 3.0이라는 기술과 장자라는 철학이 조용히 결합하고 있다. 이 결합은 디지털의 코드와 철학의 무위가 손을 잡는 새로운 문명의 시작이며, 우리가 반복되는 위기 속에서 되찾아야 할 존재의 방향이기도 하다.

장자는 돌아온 것이 아니다. 그는 늘 거기 있었다. 우리가 지금, 다시 그를 필요로 하게 된 것뿐이다.

3부

존재, 일,
가치의 재정의
디지털 시대의 삶을
다시 구성하는
철학의 방식

● ● ● ●

삶으로 내려온 철학, 일상에 스며드는 무위 철학이 돌아왔다. 하지만 이제 철학은 다시 물어야 한다.

어디로 돌아왔는가? 누구에게 돌아왔는가? 무엇으로 살아갈 것인가?

3부는 그 질문에 대한 실천적 응답이다. 철학은 더 이상 사변의 도구나 서가의 장식이 아니다. 지금 이 시대, 철학은 '삶의 방향'으로, 존재의 형식으로, 수익의 구조로' 움직이고 있다.

9장은 철학의 중심에 '인간'을 다시 놓아 본다. 우리는 기술의 종말 이후, 인간이 다시 주체가 될 수 있을지를 묻는다. 기술이 너무 빠르게 진보한 이 시점에서, 인간은 더 이상 중심에 존재하지 않는 듯 보인다. 하지만 장자의 철학은 말한다. 중심은 위치가 아니라 태도라고. 존재는 자율의 방식으로 다시 중심을 회복할 수 있다고.

10장은 '일'에 대한 낡은 정의를 해체한다. 근대적 노동의 윤리는 끊임없이 일하라는 명령이었다. 하지만 장자의 철학은 '일하지 않음'이 결코 무능이 아닌, 존재의 충만함이라고 말한다. 일은 기능이 아니라 흐름이어야 하며, 억지로 하지 않음이야말로 진정한 창조의 조건이다.

11장에서는 수익 구조의 전환을 다룬다. 과거의 수익은 시간과 에너지의 대가였다. 그러나 Web 3.0 시대의 수익은 '미래에 기여할 가능성'의 대가다. 근로소득에서 기여 기반의 미래 가치 소득으로의 전환은 철학 없는 기술로는 불가능하다. 철학이 없으면 투기고, 철학이 있으면 생태계다.

12장은 존재의 가치를 되묻는다. '내가 어떤 일을 하는가'보다 중요한 것은, '나는 무엇으로 존재하는가'다.

장자는 말한다. 존재는 이름과 역할에 갇히는 것이 아니라, 흐름에 스며드는 것이다.

존재 자체가 데이터가 되고, 기여가 되고, 영향이 되는 세계에서, 우리는 존재 그 자체로 가치를 지닐 수 있다.

13장은 '업(業)'의 경계를 다시 그린다. 예전에는 직업이 나를 규정했다. 그러나 디지털 생태계에서는 업의 경계가 흐려지고, 연결이 중심이 된다. 나의 정체성은 소속이나 직위가 아니라, 연결과 참여로 새롭게 그려진다. 존재는 이제 혼자가 아닌, 공존의 방식으로 존재한다.

14장은 기술과 철학의 역할을 분리해 설명한다. 기술은 도구이고 철학은 방향이다. 기술이 아무리 정교해도 철학이 없으면 목적지를 잃는다. 기술이 방향을 만나야 비로소 무위의 세계로 향할 수 있다.

그리고 15장, 우리는 마침내 디지털 시대의 '소요유'를 만난다.

억지로 하지 않지만, 스스로 움직이고, 존재 자체로 생태계를 만드는 삶. 무위는 아무것도 하지 않는 게 아니다. 스스로 그러한 삶, 흐름 속에 존재하는 법을 아는 삶이다.

3부는 가능성을 보여 준다. 철학은 다시 기술을 만나 삶을 바꾸고 있다. 일이 바뀌고, 수익이 바뀌고, 존재가 바뀐다. 이제 철학은 존재를 바꾸는 힘이 되었다.

이것은 장자의 귀환이 아니라, 우리 삶 속으로 철학이 조용히 스며드는 시간이다.

그리고 그때, 철학은 비로소 다시 철학이 된다.

9장 인간을 다시 중심으로 (P2P와 P2E)

인류는 오랫동안 기술의 진보를 갈망해 왔다. 더 빠르게, 더 멀리, 더 많이 생산하고 연결되기를 원했다. 산업혁명 이후 증기기관과 전기의 발명은 인간의 노동을 대체하거나 확장시켜 주는 도구로 등장했지만, 이와 동시에 인간은 점차 시스템의 일부로 흡수되기 시작했다.

20세기 초, 프레더릭 테일러(Frederick Taylor)는 과학적 관리법을 제시하며 노동의 효율성을 극대화하고자 했다. 그는 작업을 세분화하고 측정 가능한 단위로 나누어 인간 노동을 시간과 움직임으로 정량화했다. 이러한 접근은 대량 생산을 가능케 했지만, 인간을 하나의 '부품'처럼 다루는 전례 없는 시도를 낳았다.

이어 헨리 포드는 테일러주의를 바탕으로 컨베이어 시스템을 도입하며 자동차 산업을 혁신했다. 공장은 정해진 시간과 리듬에 맞춰 움직이는 기계의 흐름 속에 인간을 삽입했고, 이는 대량 생산의 상징이자 인간 개성의 상실을 의미했다.

기계가 인간을 보조하기보다 인간이 기계를 중심으로 움직이게 만들었다. 인간은 창의적인 존재가 아니라, 반복 가능한 움직임과 규칙을 수행하는 '기능 단위'가 되었고, 존재의 자율성은 효율성과 교환되었다. 거대 기업의 조직 구조와 생산 방식은 인간을 시스템 안에서 제어 가능한 존재로 만들었으며, 이러한 구조는 산업사회 전반에 깊게 뿌리내렸다. 생산의 주체였던 인간은 점차 시스템의 부속품이 되었고, 자율성은 효율성에 의해 침식되었다. 삶은 규격화되고, 일은 정량화되었으며, 존재는 성과에 의해 측정되었다.

이러한 상황 속에서 인간은 점점 더 주변으로 밀려나기 시작했다. 그러나 바로 이 시점에서 중요한 변화가 발생한다. 물질적 풍요로움이 일정 수준 이상 충족되면서, 인간은 더 높은 차원의 욕구를 느끼기 시작한 것이다. 기계 문명 속에서 고된 노동을 통해 얻어진 물질적 안정은 오히려 인간 내면의 정신적 요구를 각성시키는 계기가 되었다.

더 나아가, 정보통신기술(ICT), 인공지능(AI), 빅데이터, 사물인터넷(IoT) 등 4차 산업혁명의 핵심 기술들은 인간이 더 이상 물리적 기계의 부속품이 되지 않아도 되는 환경을 만들어 주고 있다. 과거에는 기계는 기계, 통신은 통신, 소프트웨어는 소프트웨어로 기능이 분리되어 있었지만, 이제는 이 모든 기술이 융합되어 하나의 유기체처럼 작동한다. 기계는 펌웨어와 연결되어 외부와 교신하고, 통신하며, 스스로 움직인다. 즉, 인간이 직접 조작하지 않아도 되는 자동화의 시대가 열린 것이다.

육체노동은 로봇이, 정신노동은 인공지능이 대체하는 이 시대에 인간은 비로소 인간답게 살아갈 수 있는 여지를 되찾는다. 기술의 진보는 오히려 인간에게 '여유'를 돌려주었고, 이는 진정한 자아를 찾는 움직임으로 이어진다. 그 자아는 블록체인과 메타버스라는 새로운 기술적 기반 위에서 더욱 자유롭고 확장된 형태로 실현된다. P2P 기반의 참여 구조, 자신이 만든 창작물에 대한 보상 시스템, 데이터 소유와 통제권의 회복, 그리고 개인 중심의 디지털 공간은 인간이 다시 삶의 중심으로 복귀할 수 있도록 돕는다.

더 나아가, 인간은 이제 꼭 필요한 영역에 집중할 수 있게 되었다. 바이오헬스, 명상, 엔터테인먼트, 스포츠와 오락 같은 정신적·신체적 안녕을 위한 활동들이 새로운 삶의 중심축이 되고 있다. 이는 인간이 다시 '존재 그 자체'로서 의미를 갖는 세계로 나아가고 있는 현상이다.

Web 3.0 시대를 촉진한 코로나 팬데믹

하지만 코로나 팬데믹을 거치며 세상은 질문을 던지기 시작했다. 인간은 무엇으로 존재하는가? 무엇이 인간을 인간답게 하는가? 디지털 기술의 발전은 이 질문에 대한 새로운 답을 제시하기 시작했다. Web 3.0은 인간을 다시 중심에 세우려는 철학적 실험이다.

Web 3.0 생태계에서 모든 개개인은 더 이상 소비자에 머물지 않는다. 개인은 데이터를 소유하고, 참여를 통해 수익을 얻으며, 탈중앙화된 조직(DAO)의 운영자가 된다. 스마트 계약은 인간의 신뢰를 대체하는 것이 아니라, 오히려 인간 간의 신뢰를 디지털적으로 복원하는 수단이 된다. 블록체인은 신뢰를 코드화하고, 데이터는 권력에서 개인에게 귀속된다.

이러한 구조를 더욱 뚜렷하게 드러내는 기술이 바로 P2P 연결 방식이다. 중개자 없이 네트워크 자체에 참여하는 구조는 장자가 말한 무위의 질서, 억지로 개입하지 않고도 스스로 조화를 이루는 흐름과 깊이 닮아 있다.

장자는 '억지로 하지 않음(無爲)'을 통해 세상은 스스로 돌아간다고 보았다. 인간이 억지로 개입하지 않고도 자연의 흐름을 따를 때, 더 깊은 질서와 조화를 얻는다는 것이다. P2P 시스템은 바로 그런 흐름이다. 억지로 개입하거나 지배하지 않고 자연스럽게 흐르는 방식으로 세상이 작동한다면, 개인은 더 이상 누군가의 통제하에 있지 않아도 된다. 블록체인 위에서 구현된 P2P는 각 참여자가 자신의 역할을 자연스럽게 수행하며 전체 네트워크의 생태를 유지하는 구조이다. 이는 마치 장자가 말한 "큰 도는 형체가 없으나 만물을 움직인다."라는 구절처럼, 눈에 보이지 않는 질서 속에서 각자의 고유성이 조화롭게 작동하는 것과도 같다. P2P라고는 하지만 개인과 개인의 물리적 직접 대면은 없다.

P2P구조는 블록체인 위에서 다양한 형태로 구현된다. 예를 들어, 'IPFS(InterPlanetary File System)'는 중앙 서버 없이 파일을 분산 저장하고 공유할 수 있도록 하는 P2P 파일 시스템이다. 사용자는 네트워크의 일원이 되어 데이터를 제공하고 받으며, 콘텐츠 검열이나 삭제 없이 자유로운 공유가 가능하다. 또 하나의 예는 'Filecoin' 프로젝트다. 이는 IPFS와 연결되어 사용자의 유휴 저장 공간을 다른 사람과 P2P로 공유하고, 이에 대한 보상을 토큰으로 받는 구조다. 이러한 시스템은 단순한 데이터 저장을 넘어, 탈중앙 인터넷을 구현하는 기반이 되고 있다.

P2P 공유 시스템 IPFS와 파일코인

현대 사회는 데이터를 저장하고 전송하는 방식을 클라우드에 의존하고 있다. 우리가 사용하는 구글 드라이브, 드롭박스, 아이클라우드 같은 서비스는 모두 중앙 서버에 데이터를 저장하는 방식이다. 하지만 이러한 중앙 집중형 시스템은 보안 취약성, 검열 가능성, 그리고 데이터 소유권의 문제를 낳는다. 내 데이터를 내가 올려놓고도, 실제로는 플랫폼 기업이 그것을 통제하고 있다는 점에서, '디지털 자산의 주권'이 사용자에게 있지 않은 셈이다.

이러한 문제를 해결하기 위해 등장한 기술이 바로 IPFS와 Filecoin이다.

두 기술은 서로 다른 목적을 갖고 있지만, 같은 개발팀(Protocol Labs)에 의해 만들어졌고, 함께 작동함으로써 탈중앙화된 저장 생태계를 완성한다.

먼저 IPFS(InterPlanetary File System)는 인터넷의 기본 구조인 HTTP 방식의 한계를 극복하기 위해 고안된 탈중앙화 파일 전송 프로토콜이다. 기존의 웹은 특정 주소(서버 주소)에서 파일을 받아오는 방식인데, IPFS는 파일 자체의 고유한 내용(hash)에 따라 위치를 찾는 구조를 갖는다. 이는 마치 도서관에서 책을 찾을 때, 책이 놓인 장소가 아니라 책 내용의 고유한 식별코드를 기준으로 검색하는 것과 같다.

IPFS를 사용하면 파일이 한곳에만 저장되는 것이 아니라, 여러 사용자의 컴퓨터에 분산 저장될 수 있다. 이로 인해 서버가 사라지거나 특정 지역이 차단되더라도 파일은 여전히 다른 곳에서 접근 가능하다. 즉, 더 빠르고 안정적이며 검열에 강한 인터넷 구조를 가능하게 한다.

하지만 IPFS에는 하나의 근본적인 문제가 있었다. 바로, 파일을 '얼마나 오래 보관할지', '누가 자발적으로 저장해 줄지'를 보장할 수 없다는 점이다. 분산 저장이긴 하지만, 저장에 대한 경제적 동기가 없으면 장기 보관이 어렵다는 문제가 있었다.

이 문제를 해결하기 위해 등장한 것이 Filecoin이다. Filecoin은 IPFS에서 저장할 파일을 실제로 오래 보관해 주는 사용자들에게 암호화폐 보상을 제공하는 시스템이다. 누구든지 자신의 컴퓨터나 서버의 여유 저장공간을 공유하면, 다른 사용자들이 그 공간에 파일을 저장하고, 그 대가로 Filecoin 토큰을 지급한다. 이 방식은 IPFS의 기술 구조에 경제적 인센티브 시스템을 결합시킨 것이다.

즉, IPFS는 '어떻게 파일을 분산해서 전달하고 저장할 것인가'에 초점을 둔 기술이고, Filecoin은 '그 저장을 어떻게 유지하고, 참여자들에게 보상을 줄 것인가'를 해결하는 인센티브 레이어라고 할 수 있다.

이 둘은 함께 작동하면서, 중앙 서버 없이도 수천, 수만 개의 저장 장치를 연결해 전 세계 어디에서든 파일에 빠르게 접근하고 안전하게 저장할 수 있는 탈중앙 클라우드 생태계를 만든다.

그리고 이 시스템은 단순한 파일 저장을 넘어, 앞으로 다가올 Web 3.0 시대의 기반 인프라가 될 것으로 주목받고 있다. 파일코인의 디엔에이는 탈물질 기반이라 할 수 있다. 즉 파일을 저장하기 위한 새로운 저장소를 찾는 것이 아니다. 도처에 이미 생성되어 있는 유휴 저장소를 찾아 저장하기 때문에 물리 장치나 에너지의 소모를 그만큼 줄여 주기 때문이다. 이 시스템은 앞서 언급한 디핀의 한 모델로 보면 된다.

또한 블록체인 기반의 P2P 마켓플레이스인 'OpenBazaar'는 전통적인 전자상거래 플랫폼과 달리, 사용자가 직접 물건을 사고팔 수 있는 시장을 제공하며, 거래 내역은 블록체인에 안전하게 기록된다. 중개 수수료 없이, 검열 없이 운영되는 이 구조는 디지털 상거래의 미래로 주목받는다.

P2P 거래 시스템 마켓플레이스인 'OpenBazaar'

Web 3.0은 신뢰를 기술로 다시 설계하려는 시대의 선언이다. 그 핵심은 중개자가 없는 경제, 다시 말해 사람이 아닌 코드가 계약을 실행하는 구조에 있다. 탈중앙화된 마켓플레이스, OpenBazaar는 이 철학을 실현하는 상징적 실험이었다. 판매자와 구매자가 직접 연결되고, 결제는 암호화폐로, 보증은 멀티시그 에스크로로 이루어진다.

아마존도 없고, 쿠팡도 없고, 플랫폼 수수료도 없다. 오직 사람과 사람, 그리고 계약을 관리하는 코드만이 존재한다. 하지만 이상적인 구조 안에도 균열은 존재한다. 예를 들어 이런 상황을 생각해 보자. 판매자는 물건을 발송했고, 구매자는 그것을 수령했지만 '수령 확인' 버튼을 누르지 않는다. 의도적으로든, 실수로든, 구매자가 클릭하지 않으면 대금은 에스크로에서 해제되지 않는다.

판매자는 물건을 보냈음에도 아무런 대가를 받지 못하는 상황에 놓이게 된다. 탈중앙이 만들어 낸 신뢰의 공백, 바로 그것이다. 이 공백은 단순한 사용성의 문제가 아니다. 그것은 디지털 계약이 현실 세계의 행위를 완벽히 감지하지 못할 때 생기는 본질적 결함이다. OpenBazaar는 중재자(moderator)라는 구조를 도입해 이 문제를 보완한다. 구매자와 판매자가 사전에 합의한 제삼자가 거래를 확인해, 에스크로를 수동으로 해제할 수 있도록 한다. 하지만 중재자는 완전한 자동화가 아니라 인간의 개입이며, 그 마저도 사전에 지정하지 않으면 작동하지 않는다.

결국 이 시스템은 아직도 '신뢰는 사람에게 달려 있다'는 사실에서 벗어나지 못하고 있다.

그렇다면 질문이 생긴다. 정말 '사람의 클릭' 없이도, 거래가 완결되는 방법은 없을까? 바로 이 지점에서 등장하는 것이 Web 3.5라는 다음 단계의 상상력이다. 그 핵심은 단순한 기술 진화가 아니라, 현실 세계의 물리적 사건이 디지털 계약의 트리거가 되는 구조다. 예를 들어 보자.

상자에 작은 센서 하나만 붙여도 가능하다. 포장을 뜯는 순간, 센서가 개봉을 감지하고, 그 신호가 블록체인에 전송된다. 수령 확인 버튼을 누르지 않아도, '열림'이라는 물리적 사건이 곧 '수령 완료'라는 디지털 계약 조건을 만족시키는 것이다. 또 다른 방법은 상품의 위치 조회로 확인하는 방법도 생각해 볼 수가 있다. 이것은 단순한 자동화가 아니다. 물리와 코드가 처음으로 '동시에 계약에 참여하는 순간'이다.

이러한 구조는 IoT, 오라클, 스마트 계약이 통합된 Web 3.5의 전형이다. 이 세계에서는 인간이 신뢰를 '행동'으로 증명하는 것이 아니라 사물이 그것을 감지하고 자동으로 실행한다. 더는 확인 버튼을 누를 필요가 없다. 상자가 열리는 그 순간, 계약은 스스로 끝난다.

OpenBazaar가 제시한 철학은 위대했다. 그러나 현실을 기술로 딛지 못하면 철학은 이상으로만 남는다. 우리가 바라는 Web 3.0은 단지 탈중앙만이 아니라, 신뢰를 완성하는 디지털 인프라를 필요로 한다. 그리고 그것은 결국 현실과 디지털, 물리와 블록체인 사이의 완전한 연결에서 시작될 것이다. Web 3.5의 P2P 거래는 사람이 클릭하지 않아도 작동해야 한다. 그것이 신뢰가 사람을 벗어나, 사물과 코드 속에서 완성되는 순간이다.

앞으로 사람 간에 신뢰라는 개념은 Web 3.0의 기술 기반 시스템에 의해 완성된다. 각양각색의 사람 간에 비정형적인 요소는 서로 감각과 기준이 다르기 때문이다. 결국 기술은 감정의 탈중앙 개념도 완성시키는 것이다. 결국 사람 사이에 서로 다른 심리적 기준으로 인한 오해와 갈등은 사라지고 서로를 탓하는 일도 사라진다. 오직 시스템 기술의 흐름 속에서 장자가 추구한 '소요유' 할 수 있는 인간 본질의 중심으로 거듭나게 되는 것이다. 바로 그

때, 우리는 탈중앙화된 미래가 단지 자유로운 것이 아니라 정교하고 정확한 신뢰 위에서 작동할 수 있음을 증명하게 될 것이다.

P2P 금융

금융 분야에서는 'Aave'나 'Compound' 같은 디파이(DeFi) 플랫폼이 대표적인 P2P 대출 모델을 제공한다. 사용자는 은행 없이 자산을 예치하거나 대출할 수 있으며, 이자율은 수요와 공급에 따라 자동으로 조절된다. 모든 거래는 스마트 계약으로 실행되며, 중개 기관 없이도 신뢰를 기반으로 한 경제활동이 가능해진다.

P2P 프로젝트 사례 및 경제 규모

프로젝트 이름	분야	기능 및 특징	경제 규모/현황
BitTorrent	파일 공유	사용자 간 파일 직접 공유, 토큰화로 인센티브 제공	전 세계 2억 명 이상 사용자, BTT 토큰 유통 시총 약 5억 달러
Uniswap	탈중앙 거래소(DEX)	P2P 방식으로 토큰 교환, 자동화된 유동성 풀 사용	24시간 거래량 수십억 달러, TVL 약 50억 달러
Filecoin	분산 파일 저장	사용자가 여유 저장 공간 제공, 토큰으로 보상	시총 약 10억 달러, 전 세계 분산 저장 노드 활성
Helium	P2P 통신 인프라	무선 공유기 설치를 통한 로컬 네트워크 제공 및 보상	1만 개 이상 핫스팟 운영, HNT 토큰 유통 시총 수억 달러
Aave	P2P 대출/차입	스마트 계약 기반의 대출/차입, 담보 설정 가능	TVL 약 80억 달러 이상, 수백 개 자산 지원
DIMO	차량 데이터 공유	차량 센서를 통해 주행 데이터 공유하고 보상	데이터 공급 차량 수만 대, Web 3.0 차량 네트워크 확장 중
Sia	클라우드 저장	암호화된 데이터 저장, P2P 방식으로 운영	저장 서비스 이용자 수천 명, 암호화 보안 기반 제공

이처럼 블록체인 기반의 P2P 시스템은 단순한 데이터나 거래의 탈중앙화가 아니라, 인간 간의 직접 연결과 신뢰 회복을 가능하게 하는 도구로 작용하고 있다. 기술은 다시 인간 중심의 구조를 회복시키고 있으며, 이는 Web 3.0이 만들어 내는 가장 중요한 사회적 전환 중 하나이다.

호모루덴스, 놀면서 돈을 번다 - P2E(Play to Earn)

놀이하는 인간은 네덜란드 역사학자 요한 하우징어가 제창했다. 그는 인간을 놀이를 통해 문화를 창조하는 존재로 보았다. 그런 측면에서 P2E(Play to Earn) 모델을 주목할 필요가 있다. 이는 사용자가 단순히 게임을 소비하는 것이 아니라, 참여를 통해 실제 경제적 보상을 받는 구조다.

P2E는 블록체인 생태계 위에서 스마트 계약(Smart Contract)을 중심으로 구현된다. 먼저 사용자는 블록체인 기반 게임 플랫폼(예: 엑시 인피니티, 샌드박스, 디센트럴랜드 등)에 참여한다. P2E(Play to Earn) 모델은 메타버스 기반의 게임 환경에서 실행될 비중이 크다고 봐야 한다.

이때 사용자는 자신의 '지갑(wallet)'을 생성하고 연결한다. 대표적인 지갑으로는 메타마스크(Metamask)나 트러스트 월렛(Trust Wallet) 등이 있으며, 이 지갑은 사용자의 자산(토큰, NFT 등)을 안전하게 보관하고 거래할 수 있도록 한다.

P2E 시스템의 시작은 사용자의 게임 참여에서 비롯된다. 일반적인 온라인 게임과는 달리, 블록체인 기반의 P2E 게임에 참여하기 위해서는 먼저 NFT 형태로 발행된 캐릭터나 아이템, 게임 내 자산을 보유해야 한다. 이 자산들은 단순한 게임 아이콘이 아니라 블록체인 상에 등록된 고유한 디지털 자산으로, 각기 고유한 속성과 희소성을 지니며 실질적인 경제적 가치를 갖는다.

사용자는 이러한 NFT 자산을 직접 구매하거나, 다른 사용자로부터 임대받아 게임에 진입하게 된다. 일부 게임에서는 무자본 입장이나 기본 캐릭터 제공이 가능하지만, 대부분의 P2E 게임은 진입 단계에서부터 경제적 기여와 자산의 소유 개념이 포함되어 있다. 이는 단순한 '게임 시작'이 아니라, 사용자가 하나의 디지털 생태계에 투자자이자 구성원으로 들어서는 행위에 가깝다.

게임 참여는 곧 사용자 자신이 '게임 플레이어'이자 '자산 보유자', 나아가 게임 경제의 일부로 작동하는 참여자로서의 역할을 수행하기 시작하는 지점이다. 이 단계에서 사용자는 자신의 자산을 가지고 전략을 세우고, 어떤 방식으로 플레이할 것인지 결정하며, 이후 이루어질 활동과 수익의 기반을 마련하게 된다.

이처럼 게임 참여는 단순히 로그인만 하고 시작하는 것이 아니라, NFT 자산을 매개로 한 실질적 참여 행위이며, P2E 시스템 안에서 작동하는 경제적 주체로서의 첫걸음이다.

이 구조는 단순히 게임을 즐기는 것을 넘어서, 창의성, 시간, 전략, 참여 자체가 경제적 가치를 만들어 내는 새로운 수익 메커니즘이다. 또한, 중앙 플랫폼이 수익을 독점하지 않고 참여한 개인에게 그 가치를 분산하는 탈중앙형 경제 구조이기도 하다. 이 부분도 큰 의미에서도 또 다른 형태의 P2P라고 볼 수 있다. 이는 인간의 존재와 활동 자체가 '노동'이 아닌 '기여'로서 가치를 인정받는 새로운 시대의 가능성을 보여 준다. 이처럼 P2E의 세계는 억지로 성과를 내기 위한 경쟁이나 외적 동기보다는, 참여의 즐거움과 존재 그 자체에서 비롯되는 가치 창출에 더 큰 의미를 부여한다.

장자는 「소요유」에서 "사람들이 쓸모없다고 여기는 나무는 아무도 자르지 않기에 오래 살 수 있다."라고 말한다. 이는 목적과 효율 중심의 시각에서 벗어나, 존재 자체의 고유성과 여유로움을 통해 오히려 더 넓은 삶의 공간을 확보할 수 있다는 가르침이다. 블록체인 기반의 P2E는 이 철학을 기술로 체현(體現)하고 있다. 게임 참여자들은 굳이 경쟁하지 않아도, 단지 존재하고 기여하는 방식으로도 디지털 자산을 얻는다. 이것이야 말로 장자의 '쓸모없음의 쓸모'가 현대의 디지털 생태계 속에서 구현된 예라 할 수 있다. 마치 자연이 스스로 그러하듯, 기술도 인간의 개입 없이 자율적으로 보상을 분배하고 시스템을 유지하는 것이다. 참여자는 자신이 참여했음을 의식하지 않아도, 그 존재와 기여는 곧바로 디지털 생태계에서 가치로 변환된다. 장자가 말했던 '그냥 존재함'으로도 충분히 의미가 있는 삶의 방식이 현대 기술을 통해 구현된 예라 할 수 있다.

또한 교육 분야에서도 탈중앙화된 P2P 지식 공유 플랫폼들이 등장하고 있다. '비트디그리(BitDegree)' 같은 블록체인 기반 교육 플랫폼은 학습자와 강사를 직접 연결하고, 수료와 참여에 대한 보상을 토큰 형태로 제공함으로써 학습의 주체성과 참여 동기를 강화하고 있다. 이는 탈중앙화가 인간의 자율성과 성장을 실현하는 기술임을 보여 주는 사례다.

비트디그리(BitDegree)

비트디그리(BitDegree)는 블록체인 기반의 탈중앙 온라인 교육 플랫폼이다. 기존의 중앙화된 교육 시스템을 벗어나, 개인의 학습 활동과 성취를 투명하게 기록하고, 학습 자체에 보상을 부여하는 Web 3.0 기반 교육 모델을 지향한다.

이 플랫폼은 수강자에게 단순히 지식을 전달하는 것을 넘어, 학습 행위 자체를 블록체인에 기록하고, NFT 형태의 학습 인증서 또는 토큰 기반 리워드를 제공한다. 이를 통해 '공부한 시간'이 추상적 이력서가 아니라, 변조 불가능한 증거로 기록되는 구조를 만든다.

비트디그리는 특히 다음과 같은 측면에서 주목할 만하다.

- 온체인 학습 증명: 학습자의 수료 이력, 퀘스트 수행, 인증 시험 결과 등이 블록체인에 기록되어 위·변조가 불가능하다.
- 보상 기반 교육: 학습자에게 BTG(비트디그리 토큰) 등의 보상이 주어져, 학습 자체가 경제적 참여로 연결된다.
- Web 3.0 생태계 인재 양성: 개발자, 디자이너, 마케터 등 다양한 직무의 Web 3.0 교육 과정을 제공하며, DAO, 스마트 계약, NFT, 메타버스 교육도 포함된다.
- 마이크로 크레덴셜과 NFT 증서: 학위보다 '기술력'과 '기여'를 증명하는 시대에 맞춰, NFT 기반 학습 증서를 통해 수료 내용을 실시간 인증할 수 있다.

비트디그리는 중앙 대학의 졸업장이 아닌, '기여와 참여로 증명되는 새로운 자격 체계'를 실험하는 공간이다. 학습은 더 이상 비용을 지불하는 행위가 아니라, 가치를 생성하고 소득과 연결되는 '참여 행위'로 다시 정의되고 있다. 이는 '노동 없는 소득'이 아닌, '지식 기반의 참여 소득'이라는 Web 3.0 시대의 새로운 교육 철학을 반영한다.

2000년대 초, 대한민국에서는 인터넷 게임이 큰 사회적 반향을 일으켰다. 그중에서도 '스타크래프트'의 유행은 게임의 문화적 현상이었으며, 'E스포츠'라는 새로운 영역을 개척한 대표적인 게임이었다. 이 게임의 세 종족 중 '테란' 유닛을 다루는 데 천부적인 재능을 보인 한 인물이 있었으니, 바로 김요한이다.

그는 당시 공부보다는 게임에 몰두하며 부모님의 속을 썩이던 평범한 청소년이었다. 그러나 이후 E스포츠가 하나의 정식 스포츠로 인정받으면서 김요한은 '테란의 전설'이라 불리며 수많은 팬을 거느리고 큰 수익을 올리는 프로게이머가 되었다.

당시에는 게임이 '공부를 망치는 것', '쓸모없는 짓'으로 여겨졌지만, 시대가 바뀌면서 오히려 새로운 산업의 중심이 되었다. 이는 장자가 말한 '쓸모없음의 쓸모'와 정확히 맞아 들어간다. 겉으로 보기에 무의미해 보였던 행동이 실제로는 시대의 흐름 속에서 새로운 가치를 창출하는 씨앗이었던 것이다.

김요한의 사례는 세상의 기준으로 보았을 때 무가치해 보였던 활동이 오히려 새로운 시대의 가치를 만들어 내는 대표적인 예다. 오늘날 P2E나 디지털 창작 플랫폼에서도 우리는 같은 철학을 다시 목격한다. 겉보기에는 사소한 기여, 작은 참여조차도 기술이 마련한 생태계 안에서는 충분한 가치를 만들어 내는 요소가 된다.

이제 인간은 일하지 않아도 존재할 수 있는 시대, 소속되지 않아도 연결되는 시대에 들어서고 있다. 탈고용, 탈기업, 탈근로의 흐름 속에서 인간은 '노동력'이 아니라 '존재력'으로 가치를 갖는다. 이 존재력은 디지털 자산, 창작물, 참여 내역, 신원 인증(DID), 평판 시스템 등으로 구체화된다. 즉, 존재하는 방식 자체가 가치가 되는 시대이다.

장자가 말한 삶의 방식은 억지로 무엇인가를 하지 않고도 존재 그 자체로 의미를 갖는 삶이었다. 그는 각자의 존재가 우열이나 비교 없이 자연의 일부로서 조화롭게 흘러가야 한다고 보았다. 오늘날 디지털 기술은 이 철학을 기술적으로 구현하고 있다. 개인이 중심이 되는 Web 3.0 생태계는 장자의 철학이 실현되는 무대가 되고 있다.

"인간은 다시 중심에 설 수 있는가?" 이 질문에 대한 답은 이제 기술과 철학이 함께 내리고 있다. 중심은 지배가 아니라, '존재의 자율성'을 말한다. 그리고 우리는 그 중심에 다시 서려는 중이다.

디지털 르네상스는 디지털을 통한 인간성의 회복이다. 자칫 인간들의 욕망에 의해 통제 사회로 이끌 수 있었을 기술이, 이제는 기술과 시스템에 의해 모든 것을 분산함으로써 가치를 조정하고 나누어 비로소 인간이 다시 보이게 되었다. 이제는 더 이상 인간은 타인에 의해 지배받지 않으며 스스로의 정체성을 회복하고 하나의 자아로서 또 다른 자아와 교류하며 세상의 중심에 설 것이다. 그것이 P2P이다.

10장 일의 철학: 일하지 않음과 존재하기
(탈기업, 탈고용, 탈노동)

인간은 오랫동안 노동을 통해 자신의 가치를 증명해 왔다. 일하지 않으면 먹지도 못한다는 통념 아래, 우리는 시간을 팔고 육체를 쓰며 노동의 대가로 삶을 영위했다. 그러나 이제 그 질서가 서서히 무너지고 있다. 디지털 기술, 특히 블록체인 기술은 인간이 '일하지 않음'으로부터도 수익을 얻을 수 있는 새로운 가능성을 열어 주고 있다. 이것은 장자의 철학, 즉 '무위(無爲)'와도 깊이 닿아 있다. 억지로 무언가를 하지 않아도, 존재 자체로 의미를 갖는 삶이 기술적 현실로 구현되고 있는 것이다.

우리는 지금, '일'이라는 개념의 가장 깊은 전환점을 지나고 있다. 과거 산업화 시대에 '일'이란 정해진 시간에 정해진 장소에서 고용주가 부여한 임무를 수행하고 그 대가로 급여를 받는 것이었다. 일은 곧 생계를 위한 수단이었고, 계약과 규율, 시간과 관리의 체계 속에 존재했다. 그러나 Web 3.0 시대가 열리면서 이 구조에 균열이 생기고 있다. 기술(메타버스)은 물리적 공간의 제약을 없애고, 플랫폼(블록체인)은 중앙의 통제를 분산시켰다. 그리고 블록체인 기반의 시스템은 '신뢰 없이도 협력 가능한 구조'를 현실화하면서 일의 방식, 관계, 의미를 완전히 새롭게 정의하고 있다.

Web 3.0 시대의 '일'은 더 이상 고용(employment)이 아니다. 그것은 기여(contribution)이며, 시간을 팔기보다 가치를 만들어 내는 행위다. DAO에서는 누가 상사이고 누가 부하인지 따지지 않는다. 필요한 일에 자발적으로 참여하고, 그 기여도는 스마트 계약 기반의 투명한 평가 시스템에 의해 인식된다. 일에 참여하는 사람은 단지 급여를 받는 수동적 존재가 아니라 조직의 일원이며, 동시에 그 조직의 지분을 가진 공동 결정자가 된다.

디자이너는 한 DAO에 디자인을 제공하고, 개발자는 다른 DAO의 스마트 계약을 개선하며, 콘텐츠 제작자는 커뮤니티의 가이드 문서를 만들고 보상을 받는다. 이들은 모두 하나의 회사에 고용되어 있지 않지만, '일을 하고 있고, 수익을 창출하며, 더불어 지분을 누리는 참여자'로 존재한다.

이러한 변화는 플랫폼 노동의 확장과는 다르다. 우버나 배달 플랫폼이 만들어낸 '탈고용화'는 일의 자유를 가져왔지만, 그 구조는 여전히 중앙화된 플랫폼이 수익을 대부분 가져가는 방식이었다. Web 3.0은 이를 다시 전복한다. 기여한 만큼 소유하고, 참여한 만큼 결정에 관여하며, 결과를 함께 나누는 구조를 만든다. 이는 단순히 새로운 노동 형태라기보다, '일=소유=정체성'으로 이어지는 새로운 노동 철학이다.

이 과정에서 '일'은 더 이상 시간의 교환이 아니라 나의 지식, 아이디어, 열정, 기술, 창의성이라는 비물질적 자산이 자유롭게 유통되는 흐름이 된다. 즉, 일은 '하는 것'이 아니라 '존재하는 방식'으로 바뀌고 있다. 이러한 변화는 장자의 철학과도 공명한다. 장자는 고정된 틀 안에서 부여된 역할을 살아가는 것이 아니라, 스스로 그러한 존재로서의 흐름 속에 사는 삶, 즉 자연(自然) 속의 자율성을 말한다. Web 3.0 시대의 일도 그러하다. 누가 시키지 않아도 움직이고, 어디에 소속되지 않아도 연결되며, 정해진 시간표 없이도 가치를 생산하는 유동적 존재들이 스스로 일을 만들어 간다. 마치 장자가 말하던 붕새처럼 높은 곳에서 자유롭게 흐르며, 아래를 굽어보는 고정된 시야가 아닌 넓고 유연한 시야 속에서 '무위(無爲) 속의 창조'를 실현하는 것이다.

결국 Web 3.0은 우리에게 묻는다. 당신은 시간을 팔고 있는가, 아니면 가치를 창출하고 있는가? 당신은 고용된 사람인가, 아니면 연결된 존재인가? 그리고 이제 우리는 점점 더, 일의 구조가 아니라 일의 철학이 바뀌는 시대를 살아가고 있다.

일이란 과연 무엇인가. 왜 인간만이 일을 하는가?

동물은 일하지 않는다. 먹이를 구할 뿐이다. 그 외의 시간은 생존이 아닌 존재를 위해 쓰인다. 그러나 인간은 대부분의 시간을 '일'에 소비한다. 그 일은 자발적이라기보다는 의무이며, 계약이며, 책임이며, 나 아닌 누군가의 몫이 섞여 있는 활동이다. 우리는 언제부턴가 나를 위해 일하기보다, 중앙을 위해 일해 왔다.

인간이 일을 하기 시작한 것은 생존 때문이 아니라 제도와 계층과 권력이라는 중앙화 구조가 만들어 낸 질서의 결과였다. 일은 단지 내가 먹고살기 위한 수단이 아니었다. 그 안에는 늘 '중앙의 몫'이 숨어 있었다. 우리는 대가를 받았지만, 그보다 많은 잉여는 시스템으로 흘러갔다. 심지어 일은 윤리의 문제로까지 치환되었다. 신약성서 데살로니가후서 3장 10절, "누구든지 일하기 싫어하거든 먹지도 말게 하라." 이 말은 오랫동안 중앙이 노동을 강제하는 수단으로 활용해 왔다. 그러나 이 구절은 오히려, 스스로 기여하지 않고 남의 몫을 가로채는 '중앙'에게 돌아가야 할 말이었다.

Web 3.0의 철학은 이 구절을 다시 읽게 한다. '일하라'는 명령이 아니라, '스스로 존재하고 기여하라'. 지금 우리는 더 이상 일하지 않아도 되는 구조가 아니라, 억지로 일하지 않아도 되는 구조로 옮겨 가고 있다. 탈중앙화된 세상에서는 일은 생존의 명령이 아니라 존재의 표현이 된다. 수익은 위로부터 배분되는 것이 아니라 연결과 기여를 통해 생성된다. 우리가 존재하는 방식 그대로 흩어져 있는 생태계와 연결되고, 나만의 리듬과 적성으로 참여하며 나의 몫을 스스로 설계해 나간다.

일은 더 이상 중앙의 의무가 아니라 나의 리듬이며 나의 결정이며, 나의 방식으로 이루는 생태계의 기여다.

Web 3.0은 일을 해방시킨다. 아니, 일을 다시 '나의 것'으로 되돌려 준다.

일하지 않음의 일의 수익모델

✓ 스테이킹(Staking): 머물러 있음의 보상

앞부분에서 한차례 언급했지만 '머물러 있음'의 보상 측면으로 다시 한 번 간략히 살펴보면, 스테이킹은 지분증명(PoS) 기반 블록체인에서 자신의 암호화폐를 일정 기간 예치함으로써 네트워크 운영에 기여하고, 그에 따른 보상을 받는 구조이다. 사용자는 직접 노드(Validator)를 운영하거나, 신뢰할 수 있는 검증자에게 지분을 위임하는 방식으로 참여할 수 있다. 자산은 네트워크의 보안과 블록 생성 등에 활용되며, 참여자는 '존재하는 것만으로' 수익을 얻는 무위의 실천을 경험하게 된다.

- 이더리움: 최소 32 ETH를 예치해야 직접 밸리 데이터가 되지만, Lido, Rocket Pool 등의 유동성 스테이킹 플랫폼을 통해 소액 참여도 가능하다.

- 솔라나: 직관적인 위임 구조로, 검증자에게 SOL을 위임해 간편하게 수익 참여 가능
- 아발란체: 일정 수량 이상을 예치하거나 위임하는 방식으로, 일정 락업 기간이 요구된다.

스테이킹은 예금처럼 보이지만, 중앙이 아닌 스마트 계약을 통해 운영된다는 점에서 탈중앙적이며 자동화된 수익 시스템이다. 락업 기간, 보상률, 리스크 수준은 네트워크마다 다르므로 전략적 선택이 요구된다.

⊘ 유동성 마이닝(Liquidity Mining): 자산을 시장에 노출하여 얻는 수익

유동성 마이닝은 탈중앙화 거래소(DEX)에서 두 자산을 쌍으로 유동성 풀에 예치하고, 거래 수수료와 보상 토큰을 받는 구조이다. 사용자는 자신의 자산을 '시장에 깔아두는' 방식으로 참여하고, 거래가 일어날수록 수익을 얻는다.

- Uniswap: ETH/USDC 등의 페어로 참여하면 거래 수수료 수익을 얻고, LP 토큰을 통해 청구권을 갖는다.
- PancakeSwap: 보상 토큰(CAKE)을 추가로 지급받을 수 있어 인센티브 구조가 강화되어 있다.
- Curve Finance: 스테이블코인 교환 특화 플랫폼으로, 낮은 슬리피지와 높은 안정성이 강점이다.

그러나 신생 프로젝트나 검증되지 않은 토큰과의 페어 구성 시 '영구적

손실(Impermanent Loss)' 등의 리스크가 존재하며, 가치가 유지되지 않는 토큰으로 인해 손실을 입을 수 있다. 대표적인 사례로 'Squid Game Token' 사건이 있다.

> **Squid Game Token 사건**
>
> 2021년 11월, 전 세계적인 인기를 끌던 넷플릭스 시리즈 '오징어 게임'을 모티브로 한 Squid Token(SQUID)이 등장했다. 이 토큰은 실제 드라마 IP와는 아무런 관련이 없는 민간 프로젝트였으나 이름과 콘셉트만으로도 엄청난 화제를 불러일으켰고, 며칠 만에 가격이 1센트에서 수천 퍼센트 이상 폭등하였다.
>
> 문제는 토큰 구조 자체에 치명적인 결함이 있었다는 점이다. 사용자들은 SQUID를 구매할 수 있었지만, 이를 판매(출금)하는 기능이 막혀 있었다. 즉, 실질적으로 자산은 '갇혀 있는' 상태였다. 이런 구조는 백서에도 명확히 설명되어 있지 않았고, 개발자의 신원이나 공식 커뮤니케이션 채널도 부실하거나 허위였다.
>
> 결국 11월 1일, 개발자는 온체인 상에서 약 330만 달러 상당의 유동성 자산을 인출하고 모든 채널을 폐쇄한 뒤 사라졌다. 이 사건은 전 세계 언론에도 보도되었고, '디파이 시대의 러그풀(Rug Pull)'이라는 비판을 받았다.

블록체인은 거래 내역이 모두 기록되는 투명한 시스템이지만, 이 사건은 익명성 보장과 익숙하지 않은 사용자 환경 속에서 실질적 추적이 거의 불가능하다는 현실을 보여 주었다. 수익을 인출한 개발자는 믹싱 서비스와 거래소를 활용해 흔적을 흐렸고, 사법적 대응도 사실상 어려운 상태다.

디파이는 탈중앙과 자동화라는 장점을 지니지만, 동시에 책임과 검증의 공백을 유발할 수 있다. 스마트 계약이 '무오류'라 해도, 그것을 설계하고 배포하는 주체는 인간이며, 제도적 장치가 없다면 악용은 언제든 가능하다. 이 사건은 "분산의 자유는 동시에 분산된 책임을 의미할 수 있다"는 사실을 상기시킨다.

ⓒ 리워드 파밍(Reward Farming): 복합 전략을 통한 자동화 수익

스테이킹과 유동성 마이닝을 결합하거나, 다양한 플랫폼의 전략을 자동화하여 수익을 극대화하는 방식이다. 사용자는 자산을 예치하기만 하면, 스마트 계약이 가장 수익성 높은 경로로 자산을 운용해 준다.

- Aave: 예치만으로 이자와 거버넌스 토큰(AAVE)을 받고, 대출까지 가능하다. 탈중앙화된 금융 생태계 참여
- Compound: 자산을 맡기거나 빌릴 때 모두 보상 토큰(COMP)을 지급해, 양방향 보상을 제공
- Yearn Finance: 자산을 '금고(Vault)'에 예치하면 자동 전략으로 가장 높은 수익률을 추구한다.

이는 마치 유능한 매니저에게 자산을 맡긴 듯한 경험이지만, 모든 과정은 자동화된 스마트 계약으로 탈중앙적으로 실행된다. 사용자는 어떤 행동을 하기보다, 어디에 자산을 '존재하게 하느냐'에 따라 수익이 결정되는 구조 속에 들어선다.

✅ NFT 기반 창작자 보상: '존재의 수익' 모델

디지털 창작물은 NFT로 발행되어 소유권과 거래 기록이 블록체인에 기록된다. 창작자는 초기 판매뿐 아니라, 재판매 시에도 자동으로 로열티를 받을 수 있는 구조 속에서 지속적인 수익을 얻게 된다. 이는 장자의 '쓸모없음의 쓸모'처럼, 단지 존재하는 것—창작 그 자체—가 시간이 지나도 가치를 낳는 철학적 수익 모델로 해석된다.

스테이킹, 유동성 마이닝, 리워드 파밍, NFT 보상 시스템 등은 모두 사용자가 적극적으로 매매하지 않아도 자산이 시스템 안에서 순환하고 수익을 만들어 내는 구조다. 이는 장자가 말한 '무위이화(無爲而化)', 즉 인위적 개입 없이 자연스럽게 흐름에 편승함으로써 변화와 보상을 경험하는 원리와 닮아 있다.

현대의 디파이는 단순한 기술이 아니라, 무위의 철학을 실현한 자동화 수익 시스템이며, 사용자는 점점 '무엇을 하느냐'보다 '어디에 있느냐'에 따라 경제적 의미를 경험하게 된다.

블록체인에서 자동화된 돈의 흐름을 읽는 법
(온체인을 통한 수익 확인 방법)

블록체인의 장점 중 하나는 모든 거래 기록이 '온체인(On-chain)'에 저장된다는 점이다. 즉, 누구나 블록체인 탐색기(Block Explorer)를 통해 자신의 수익 내역을 투명하게 확인할 수 있다. 다음은 대표적인 온체인 수익 확인 절차이다.

디파이 및 블록체인 기반의 다양한 수익 활동을 하다 보면, 자신의 자산이 실제로 어떻게 움직였는지, 어떤 보상이 들어왔는지 궁금해지기 마련이다. 이럴 때는 '온체인'에서 자신의 수익 기록을 직접 확인할 수 있는 방법이 존재한다. 이를 통해 사용자는 중앙화된 중개자 없이도 자신의 모든 거래 내역과 보상 흐름을 투명하게 확인할 수 있다.

이 과정을 이해하기 위해선 먼저 자신의 지갑 주소를 알고 있어야 한다. 대부분의 사용자는 메타마스크(MetaMask), 트러스트월렛(Trust Wallet), 코인베이스 월렛 등 모바일이나 브라우저 기반 지갑을 사용하게 되며, 이들 지갑 앱에는 고유의 공개 지갑 주소가 부여된다. 이 주소는 보통 '0x'로 시작되는 영문·숫자 조합이며, 온체인상에서 나만의 ID와 같은 역할을 한다. 지갑 앱을 열고, 자신의 주소(예: 0x12ab...34cd 형태)를 복사해 두자.

다음으로, 이 주소가 어떤 활동을 했는지를 확인하려면 해당 블록체인의 탐색기(Block Explorer)에 접속해야 한다. 블록체인 탐색기는 누구든지 자유롭게 접속해 특정 주소, 트랜잭션, 블록 번호 등을 검색할 수 있는 사이트다. 대표적인 탐색기는 다음과 같다:

- Ethereum: https://etherscan.io
- Binance Smart Chain: https://bscscan.com
- Polygon: https://polygonscan.com

접속 후에는 검색창에 아까 복사한 지갑 주소를 붙여넣고 검색한다. 그러면 해당 주소와 연결된 모든 거래 내역이 시간순으로 리스트업 되어 나타난다. 예치, 출금, 보상 수령, NFT 수신, 스왑 거래 등 모든 이력이 투명하게 기록되어 있으며, 각각의 거래를 클릭하면 더 상세한 정보—수수료, 시간, 참여한 스마트 계약 등—까지 확인할 수 있다.

탐색기의 주요 기능 중 하나는 상단 혹은 중간에 위치한 'Token' 관련 탭이다.

여기서 사용자는 자신의 활동을 카테고리별로 구체적으로 나누어 확인할 수 있다.

- ERC-20 토큰 탭: 스테이블코인, 디파이 토큰 등 일반적인 토큰 전송 내역
- ERC-721 / ERC-1155 탭: NFT 수령 및 거래 내역
- Internal Txns (내부 트랜잭션): 스테이킹 보상이나 자동 계약에 의해 발생한 이체 내역 등, 일반 트랜잭션에 노출되지 않는 정산 활동
- Analytics(통계): 지갑의 자산 이동 흐름이나 거래량 추이 등을 시각적으로 볼 수 있음

이러한 탐색기 정보는 중앙기관의 개입 없이도, 사용자가 스스로 자신의 디지털 자산 활동을 추적하고 검증할 수 있게 해 준다. 다시 말해, 수익이 들어왔는지 여부를 누군가에게 묻지 않고도 객관적이고 변조 불가능한 데이터를 직접 확인할 수 있는 것이다.

이는 디지털 시대의 자산 주권과 연결된다. 누구의 기록도 감춰지지 않고, 누구도 나의 지갑을 대신 설명하지 않으며, 자신의 거래를 스스로 읽고 해석하는 주체적 능력이 요구되는 것이다.

장자의 말처럼, 참된 안목은 '귀로 듣는 것이 아니라 마음으로 본다' 고 했다. 온체인 데이터는 귀에 들리지 않는, 그저 무심히 흐르는 숫자일 수 있다. 그러나 그것을 제대로 읽어낼 수 있는 사람만이 디지털 시대의 실질적 자산 감각을 갖춘 자라 할 수 있다.

블록체인 탐색기라는 창을 통해, 우리는 단순한 거래 기록을 넘어서 디지털 존재로서의 삶과 활동을 투명하게 마주할 수 있는 도구를 갖게 된 셈이다.

그것이 바로 Web 3.0 시대의 보이지 않는 나를 마주하는 방식이며, 기술 속의 철학이기도 하다.

실제 사례: A 사용자가 PancakeSwap에서 CAKE-BNB 풀에 유동성을 제공한 후 BSCScan에 자신의 지갑 주소를 입력하면, LP 토큰 수령 내역과 이후 유동성 마이닝 보상으로 지급된 CAKE 토큰 수량까지 모두 확인할 수 있다. 또한 추천(레퍼럴)으로 받은 수익이 BNB 형태로 들어왔다면, 'Internal Txns' 항목에서 입금 내역과 시점까지 검증할 수 있다.

이처럼 온체인 데이터는 디지털 자산 수익의 '투명한 영수증' 역할을 하며, 블록체인 기술의 신뢰성과 무위적 수익 구조를 뒷받침하는 핵심 요소라 할 수 있다.

이러한 모든 자동화 수익 시스템은 블록체인의 구조 덕분에 가능하다. 블록체인은 중앙 서버나 관리자 없이 네트워크 참여자들이 '분산 원장' 형태로 데이터를 공유하고 저장하는 시스템이다. 블록체인의 핵심은 스마트 계약(Smart Contract)과 탈중앙화된 검증 시스템이다.

- 스마트 계약: 특정 조건이 충족되면 자동으로 실행되는 코드. 예를 들어 유동성 풀에 자산을 넣으면, 거래 수수료가 설정 비율로 배분되어 자동 지급됨.
- 컨센서스 알고리즘: 거래가 네트워크 전체의 합의를 거쳐 기록됨. PoS(지분증명), PoW(작업증명), DPoS(위임지분증명) 등 다양한 방식이 있음.
- 디지털 지갑과 온체인 기록: 개인 지갑 주소는 거래 내역, 자산 보유, 참여 이력 등 모든 것을 기록하며, 이 정보는 블록체인 상에 '영구히' 저장됨.

이 구조는 인간이 별도로 '작동'하지 않아도, 설정된 코드와 조건에 따라 자동으로 수익이 생성되도록 한다. 인간의 행위가 아닌 존재와 기여 자체가 중심이 되는 이 기술적 설계는 장자의 철학과도 깊은 공명을 이룬다.

✅ 레퍼럴 수익 구조: 무형 자산 유통의 전환

디지털 자산의 유통 구조는 물질 기반의 유통 방식과 본질적으로 다르다. 과거 오프라인 시대에는 상품이 공장에서 도매상으로, 도매상에서 소매상으로, 다시 소비자에게 전달되는 단계마다 이윤이 붙고, 그 유통 구조를 통해 많은 이익이 발생했다. 그러나 디지털 자산은 물리적 이동이 없고 무형이며, 블록체인 상에서 기록과 소유가 증명되기 때문에 도매나 소매의 개념이 거의 존재하지 않는다. 이 대신 등장한 것이 '레퍼럴(Referral) 수익 구조'다.

레퍼럴이란 특정 서비스나 플랫폼을 다른 사람에게 소개하고 가입이나 거래를 유도한 경우, 그에 대한 일정 비율의 수수료 또는 보상을 추천자에게 지급하는 구조다. 예를 들어 세계 최대 거래소인 바이낸스(Binance)는 추천 링크를 통해 가입한 사용자가 거래할 경우, 추천인에게 일정 비율(보통 20~40%)의 거래 수수료를 되돌려주는 구조를 갖고 있다.

이 방식은 실제 유튜버, 인플루언서, 블로거들 사이에서 '디지털 입소문 유통'의 방식으로 확산되었고, 개인이 디지털 마케팅 주체가 되어 수익을 얻는 모델로 발전했다. 예를 들어, 암호화폐 지갑을 소개하는 유튜버가 자신의 링크를 통해 수천 명의 가입자를 유도하면, 해당 지갑이나 플랫폼에서 발생하는 거래 수수료의 일정 비율이 지속적으로 추천인에게 돌아가는 구조다.

레퍼럴 수익은 '정보 공유' 자체가 경제적 가치를 갖는 구조이며, 이는 과거 물리적 상품의 유통 과정에서만 가능했던 유통 수익이 이제는 디지털 정보 공유 행위 자체로 전환된 사례라 할 수 있다. 블록체인은 이러한 추천 기록을 온체인상에서 투명하게 남기기 때문에, 중복 추천이나 사기 추천을 방지하면서 공정한 분배를 가능하게 만든다.

이처럼 추천, 공유, 소개와 같은 인간의 '존재 기반의 관계 활동' 자체가 새로운 수익 창출의 구조로 자리 잡고 있으며, 실질적으로 높은 수익을 올리는 사례도 많다. 예를 들어, 바이낸스에서 일부 유튜버들은 자신이 만든 추천 링크로 수천 명을 유치해 월 수천 달러(약 100만 원~수천만 원대)의 수익을 올리고 있다. 특히 가입자의 거래량이 많을수록 추천인은 수익을 더 크게 가져가며, 이는 일종의 '디지털 유통 수익' 구조로 이해될 수 있다.

또 다른 사례로는 탈중앙화 지갑인 TokenPocket이나 NFT 플랫폼 OpenSea에서 사용되는 레퍼럴 코드 시스템이 있다. 사용자는 자신의 추천 링크를 통해 친구가 지갑을 설치하거나 NFT를 거래하면 일정 비율의 수익을 얻게 되며, 거래 건당 수익은 적지만 누적되면 상당한 수익이 된다. 실제로 2023년 기준 한 NFT 인플루언서는 자신의 팔로워를 통해 수천 건의 NFT 거래를 유도해 수천만 원 상당의 ETH를 보상으로 받은 사례도 있다.

참고로 바이낸스의 창립자 창펑 자오(CZ)는 2018년 당시 한 유저가 레퍼럴을 통해 하루에 150비트코인(BTC), 당시 시세로 150억 원 이상의 수익을 올렸다는 사실을 직접 언급한 바 있다. 이는 단순한 소개 활동이 디지털 시대에는 엄청난 수익을 창출할 수 있는 구조로 발전했음을 보여 주는 상징적인 사례다.

이는 장자가 말했던 '무위의 실천'과도 맞닿아 있다. 억지로 팔지 않아도, 단지 소개하고 연결함으로써 가치가 흐르고 수익이 따라오는 생태계가 만들어지고 있는 것이다.

⊘ 탈중앙 콘텐츠 발행 수익 구조: 창작의 권리 회복

기존의 콘텐츠 산업은 중앙화된 플랫폼(예: 유튜브, 네이버, 출판사 등)을 중심으로 운영되며, 창작자는 수익의 상당 부분을 중개자에게 넘겨야 했다. 그러나 블록체인 기반의 탈중앙 콘텐츠 플랫폼에서는 창작자가 직접 콘텐츠를 등록하고, 이에 대한 소유권을 NFT나 디지털 토큰으로 발행해 관리할 수 있다. 대표적인 구조는 다음과 같다:

① 창작자는 자신의 글, 이미지, 음악, 영상을 NFT 또는 IPFS 기반 콘텐츠로 발행한다.
② 소비자는 해당 콘텐츠를 구매하거나 구독할 수 있으며, 이 거래는 스마트 계약에 따라 자동으로 정산된다.
③ 창작자는 초판 수익뿐 아니라, 2차·3차 재판매나 구독에서 자동으로 로열티를 받을 수 있다.

〈예시 플랫폼〉
- Mirror.xyz: Web 3.0 기반 글쓰기 플랫폼으로, 작가가 블로그를 발행하고 그 글을 NFT로 판매하거나 토큰화할 수 있다.
- Audius: 탈중앙 음악 플랫폼. 아티스트는 음원을 직접 업로드하고 스트리밍 수익을 토큰으로 받을 수 있다.
- Zora, Foundation: 디지털 아트와 미디어 콘텐츠를 NFT 형태로 직접 발행 및 거래 가능.

이러한 구조는 콘텐츠의 진정한 소유권과 수익 분배권을 창작자에게 되돌려주는 것이다. 더 나아가 콘텐츠가 커뮤니티 기반으로 퍼지고 소유자 간 거래가 반복되면, 창작자는 '존재하는 것만으로도' 계속해서 수익을 창출할 수 있다. 이는 장자가 말한 '쓸모없음의 쓸모', 즉 무위 속에서도 스스로 흘러가는 구조를 잘 보여 준다.

이러한 자동화 수익 모델의 핵심은 '하지 않아도 되는 구조', 즉 무위자연(無爲自然)의 현실적 구현이다. 장자는 인간이 억지로 무언가를 하며 스스로를 소모하는 삶을 경계했다. 오늘날 우리는 블록체인이라는 기술을 통해, 억지로 무언가를 하지 않고도 존재 그 자체로 가치를 인정받는 시스템 속에 살고 있다. 스테이킹으로 머물고, 유동성을 제공하며, NFT로 창작을 남기고, 자동화된 계약 시스템을 통해 수익을 얻는 이 모든 구조는 결국 '일하지 않음' 속에서도 의미 있게 존재하는 삶의 가능성을 보여 준다.

다음 시대의 일은 더 이상 노동의 양이나 속도가 아닌, '존재의 위치와 연결'에 따라 결정될 것이다. 블록체인의 구조는 인간이 다시 '존재' 그 자체로 중심이 되는 패러다임 전환의 초입에 서 있음을 알려 준다. 이러한 수익 모델들은 아직까지 우리에게는 전문가의 영역 같아 보인다.

과거에 어느 시점에는 운전도 전문 영역이었고 워드도 타자라는 자격증을 따야 하는 기능이었다. 하지만 갑자기 닥쳐온 이런 변화는 우리를 당황하게 만든다. DEX도 스마트 월렛도 생소하다. 아니, 탈중앙 자체가 오히려 황당하다. 콜센터도 없다. 물어볼 곳조차 없다.

하지만 알아야 한다. 지금이 기회라는 걸. 더욱이 외면하거나 뒤쳐져서는 안 된다. 이 책의 내용으로 모든 걸 알 수 없지만, 큰 변화는 감지할 수 있다. 이를 토대로 각자가 자신의 범위에 맞게 학습을 해야 한다. 새로운 시대에서는 공부하는 사람을 이길 수는 없다. 학습과 숙달, 그리고 내면화를 통해서 Web 3.0 시대를 잘 맞이해야 한다.

11장
수익의 전환
– 근로소득에서 미래 가치 소득으로

'근로'는 오랫동안 성실함과 생산성의 상징이었다. 시간을 들여 일하고, 결과를 만들어 내고, 거기에 비례하는 보상을 받는 구조. 노동은 삶의 기반이었고, 소득은 그 노동의 대가였다. 수익은 시간과 에너지, 생산성과 직결된 개념이었다.

하지만 지금, 그 구조가 서서히 무너지고 있다.

디지털 기술의 발달, 자동화, AI, 블록체인 기반 시스템이 일상 속 깊숙이 침투하면서, '근로'라는 단어는 점차 현실에서 멀어지고 있다. 단순히 '일한다'는 행위 자체가 더 이상 소득의 중심이 아니다. 인간은 이제 노동하는 존재라기보다, 연결되고 존재하는 존재로 재정의되고 있다. 수익은 더 이상 근로의 보상만으로 설명되지 않는다.

우리는 지금 소득의 패러다임이 바뀌는 시기에 있다.

전통적 수익 모델은 시간과 노동, 물리적 생산을 바탕으로 한 '근로소득'이었다. 하지만 이제는 '노동'이 아니라, 참여, 기여, 보유, 그리고 미래에 대한 신뢰와 가치가 새로운 수익의 기준이 되고 있다. 이 변화는 단지 경제 구조의 조정이 아니라, 인간이 가치를 창출하는 방식 자체를 근본부터 뒤흔들고 있다.

미래 가치 소득의 개념

'미래 가치 소득'이란 현재의 활동이 당장은 수익을 내지 않더라도, 시간이 지나면서 그 기여가 가치를 증명하고, 이후 보상으로 실현되는 구조를 말한다.

대표적인 사례가 토큰 이코노미다. 블록체인 기반 생태계에서 초기 유저들이 콘텐츠를 올리고, 커뮤니티에 참여하고, 거버넌스 투표에 응하고, 프로젝트를 주변에 알리는 모든 행위가 '기여'로 간주된다. 이들은 그 생태계가 성장함에 따라 발행된 토큰을 통해 보상을 받는다. 그 보상은 단순히 '노동'의 대가가 아니다. '존재했다', '기여했다', '함께 성장했다'는 그 자체가 수익의 근거가 된다.

이런 구조에서 소득은 더 이상 고용 계약의 결과가 아니다. 생태계와 함께 시간을 보냈고, 신뢰를 보였고, 변화를 견뎠다는 것이 곧 자산이 된다.

스테이킹과 리워드 시스템의 변화

이런 미래 가치 소득의 대표적인 구조가 스테이킹이다.

스테이킹은 자산을 단순히 지갑에 보관하는 것이 아니라, 특정 네트워크에 일정 기간 예치하는 방식이다. 사용자는 토큰을 예치하고, 그 대가로 리워드(보상)를 받는다. 이는 마치 은행 예금의 이자처럼 보일 수 있지만, 본질은 완전히 다르다.

스테이킹은 단순한 보유가 아니다.

그 자산이 특정 프로젝트에 대한 신뢰의 표시가 되고, 네트워크의 운영에 기여하며, 생태계의 안전성과 성장 가능성을 지탱하는 역할을 한다.

그리고 보상은 이 신뢰와 참여의 증거로 주어진다.

토큰의 가격이 상승하면, 단순히 예치해 둔 자산도 함께 가치가 올라간다. 이것은 현재 시점의 수익이 아니라, 미래에 실현될 가능성에 투자한 대가다.

이 시스템은 스마트 계약을 통해 완전히 자동화되어 있으며, 단지 예치만이 아니라 DAO 거버넌스 참여, 유동성 공급, 콘텐츠 기여 같은 다양한 참여 행위와 연동되어 더욱 정교해진다.

이제 수익은 더 이상 '일한 만큼'의 구조가 아니다. 그 자리에 '얼마나 신뢰했는가', '얼마나 함께했는가', '무엇을 남겼는가'가 기준이 되고 있다.

새로운 수익 모델이 던지는 질문

이 흐름은 근로의 해체이자, 인간 존재의 재구성이다.

사람은 점점 더 플랫폼의 일꾼이 아니라, 생태계의 동반자로 자리 잡고 있다. '근로'라는 단어는 생산 중심 산업사회의 산물이었고, 이제 그것은 서서히 퇴장하고 있다. 그 자리를 '참여', '연결', '기여', '시간의 축적' 같은 말들이 대신하고 있다.

우리는 이제 묻지 않을 수 없다.

"일하지 않고도 소득이 생긴다면, 인간은 무엇을 할 것인가?"

"기여의 기준이 보이지 않는다면, 누구에게 어떤 보상을 주어야 하는가?"

"존재만으로도 가치를 지닌다는 것은, 어떤 세상을 의미하는가?"

이 질문들이야말로, 미래 소득 모델이 던지는 철학적 질문이다.

크리에이터 이코노미와 팬 기반 가치

유튜브, 트위치, 인스타그램 등의 플랫폼에서 활동하던 창작자들은 기존에도 광고 수익이나 팬 후원으로 수익을 얻었지만, 이마저도 중앙화된 플랫폼의 정책에 의존해야 했다. 반면 Web 3.0 환경에서는 팬들이 직접 토큰을 발행하거나 크리에이터가 NFT로 콘텐츠를 소유화하면서 미래 수익을 창출한다. 이들은 단순한 생산자가 아니라, 생태계의 공동 창출자로서 존재 자체가 자산이 되는 구조다. 팬 기반 경제는 '지금의 나'보다 '앞으로의 나'를 응원하고 지지하는 구조이기도 하다.

무위(無爲)의 수익 모델: 존재 그 자체의 보상

과거의 수익 구조는 중앙화된 기업이나 집단에 집중되어 있었다. 개인은 거대한 조직의 일원으로서 자신이 창출한 가치의 일부만을 배분받고, 나머지는 중앙화된 구조가 가져가는 시스템이었다. 이 구조에서는 인간이 기계처럼 작동하고, 시스템의 톱니바퀴로써 기능해야만 수익이 발생했다.

그러나 블록체인 기반의 시스템은 이러한 수익의 흐름을 완전히 재편한다. 모든 수익의 모델들이 하나하나 블록체인상에 쪼개지고, 분산되고, 토큰화되어 '수익의 바다' 위를 떠다니고 있다고 봐도 무방하다. 이제 우리는 이 바다에서 특정 역할을 하지 않더라도, 존재 자체로 그 수익 구조에 참여할 수 있게 되었다.

즉, 예전에는 소수의 기업이 독점하던 수익이 이제는 누구나 접근 가능하고, 투명하고, 자동화된 계약에 의해 보상받을 수 있는 환경으로 바뀐 것이다. 이는 어찌 보면 고대의 물물교환 시대로 되돌아간 것처럼 보이기도 한다. 노동과 자산, 서비스와 콘텐츠가 보다 직접적이고 투명하게 교환되는 구조 속에서, '조금의 기여'가 '예상보다 큰 수익'으로 돌아오는 시스템이 만들어지고 있는 것이다.

장자는 억지로 무언가를 하지 않는 삶, 자연스럽게 흐르는 삶을 이상으로 삼았다.

또한 수익의 크기는 이제 절대적인 기준이 아닐 수도 있다. 이미 수익 활동 자체가 삶이며 생활이다. 게임을 하며, 걸으며, 접속하고, 즐기고, 생각한 것을 콘텐츠로 만들면 그 인터넷 발자취가 곧 수익과 연결된다. 가치관 자체가 물질 중심의 소유욕에서 벗어나 물질은 공유하고 경험은 나누며, 삶의 부담은 줄어든다. 이러한 변화 속에서 수익은 단지 생계를 위한 수단이 아니라 자신의 정체성을 표현하고 자아를 실현하는 도구로 확장된다. 결국 수익의 전환은 단순한 수익 모델의 변화가 아니라 삶의 목적 자체를 바꾸는 큰 전환의 물결인 것이다. 이제 우리는 기술을 통해 그 철학을 실현하고 있다. 굳이 노동하지 않아도, 단지 참여하고, 보유하고, 연결되고, 존재함으로써 보상을 받는 구조는 블록체인 생태계에서 점점 일반화되고 있다. 이는 '무위의 철학'이 경제 모델로 실현되고 있다는 것을 보여 준다. 앞으로의 수익은 '얼마나 열심히 일했는가'보다 '얼마나 일찍 기여했는가', '어디에 존재했는가'가 중요해질 것이다.

수익의 철학은 이제 시간과 노동에서 존재와 관계, 신뢰와 기여로 옮겨가고 있다. 그리고 이 새로운 전환의 중심에는 블록체인이라는 기술적 기반과 장자의 철학이 나란히 자리하고 있다.

무위의 신뢰, 블록체인과 Web 3.0 환경에서의 개인 신용 개념 변화

블록체인과 Web 3.0 시대의 도래는 '개인 신용'이라는 개념을 근본적으로 재정의하고 있다. 이 변화는 단지 기술의 진보에 그치지 않고, 인간 사회에서 신뢰를 어떻게 정의하고 구성하는지에 대한 철학적 질문으로 이어진다.

현대 금융 시스템에서 개인이 금융 서비스를 이용하기 위해서는 반드시 '신용'이라는 요소가 따라붙는다. 그런데 이 신용은 오랫동안 매우 중앙화된 방식으로 판단되고 관리되어 왔다. 전통적인 개인 신용 체계에서는 개인의 금융 거래 능력이나 신뢰도를 평가하기 위해 중앙 집중형 신용평가 기관이 존재해 왔다. 예를 들어 한국에서는 '나이스(NICE)', '코리아크레딧뷰로(KCB)'와 같은 기관들이 대표적이다.

이러한 기관들은 각 개인의 금융 기관 거래 이력, 대출 내역, 연체 여부, 카드 사용 정보, 심지어는 직장이나 소득 수준까지를 종합적으로 분석하여 신용점수(Credit Score)라는 하나의 숫자를 만들어 낸다. 이 점수는 숫자 하나로 표현되지만, 사실상 그것은 당신이 금융사회에서 얼마나 신뢰받을 수 있는 사람인가를 제삼자가 판단하여 부여한 결과다.

여기서 중요한 것은 개인의 금융 접근성이 오롯이 외부 기관의 기준과 알고리즘, 데이터 접근 권한에 따라 결정된다는 점이다. 다시 말해, 당신이 대출을 받을 수 있는지, 어느 수준의 금리로 자금을 융통할 수 있는지는 당신의 실제 상황이나 설명이 아닌, 시스템 외부에서 평가된 데이터의 해석에 의해 좌우된다.

이처럼 전통적 신용 평가 구조는 '신뢰란 스스로 증명하는 것이 아니라,

누군가에 의해 평가받는 것'이라는 전제를 깔고 있다. 당신이 신뢰받는 사람인가 아닌가는 당신이 판단할 수 있는 문제가 아니며, 신용정보기관이 부여한 점수로만 결정된다. 이것이 바로 중앙화된 금융 시스템 속 '신용'의 구조이며, 이러한 방식은 개인의 실제 역량이나 맥락을 충분히 반영하지 못하는 경우도 많았다.

예를 들어 소득은 꾸준히 증가하고 있음에도 과거 단기 연체 이력이 있다는 이유만으로 점수가 낮게 유지된다거나, 전통적인 금융 기관과의 거래 이력이 적은 청년, 프리랜서, 자영업자는 실제로는 재정적으로 안정적임에도 '신용이 낮은 사람'으로 분류되기 쉽다. 결국 전통적인 신용 체계는 데이터를 통제하는 중앙기관이 존재하며, 개인은 그 체계에 의해 일방적으로 평가받는 수동적 존재로 머물 수밖에 없었다.

Web 3.0 시대 신용의 개념은 전통적 방식과는 전혀 다른 궤도로 이동하고 있다. 기존 금융 시스템에서 신용이란, 특정 기관이 외부의 기준과 알고리즘을 통해 부여하는 '점수'였다면, 이제는 신용이 '점수'가 아니라 '흔적'이 되고 있다. 즉, 신용이란 더 이상 '누가 나를 어떻게 평가하는가'에 의존하지 않고, '내가 무엇을 해 왔는가'에 따라 자연스럽게 형성되는 존재의 지표로 바뀌고 있다. 평가의 주체가 외부에서 내부로, 기관에서 개인으로 이동한 것이다.

Web 3.0의 철학은 본질적으로 탈중앙화다. 따라서 신용 또한 중앙 기관 없이 구축되어야 하며, 그 근거는 행위 기반 평판 시스템이다. 개인의 블록체인 활동은 모두 온체인에 기록되며, 이 기록은 위변조가 불가능한 디지털 족적이 된다. 탈중앙화 대출 플랫폼에서 꾸준히 대출을 받고 성실히 상환한 기록은 자동적으로 그 개인의 '신용'으로 작용한다. DAO에 참여하여 제안서를 쓰고, 투표에 참여하며, 커뮤니티에 활발히 기여한 이력도 또 다른 형태의 신뢰 자산이 된다. 이는 단순히 '기록'이 아니라, 스스로의 행위로 증명한 정체성과 평판이다.

이러한 신뢰 구조를 더욱 체계화한 개념이 바로 온체인 평판 시스템이다. 이 시스템은 블록체인에 남겨진 사용자의 다양한 참여 활동을 기반으로 그 사람의 신뢰도를 판단하고, 이를 바탕으로 향후 더 나은 금융 접근이나 기회의 문을 연다. 이 모든 것이 제삼자의 개입 없이, 기술에 의해 자동적으로 검증되고 운영된다는 것이 핵심이다.

이와 함께 등장한 중요한 도구가 바로 소울바운드 토큰(SBT)이다. SBT는 NFT처럼 블록체인 상에 기록되지만, 양도나 판매가 불가능한 토큰이다. 이것은 자산이 아니라 정체성의 증명이다. 예를 들어, 온라인 교육 과정을 수료한 기록, DAO에서의 커뮤니티 기여, 기술 인증, 공헌 배지 등이 SBT 형태로 기록될 수 있다. 이러한 토큰은 외부의 인증이 아닌, 스스로의 흔적과 이력으로 증명된 자기 평판의 디지털화이며, 그것은 더 이상 소유물로 거래되지 않고 그 사람의 일부로 붙어 있는 사회적 자산이 된다.

여기에 더해, 최근에는 다양한 탈중앙 신용 프로토콜도 빠르게 발전하고 있다. 예를 들어 Spectral, Cred Protocol과 같은 프로젝트들은 사용자의 온체인 데이터를 수집·분석하여 블록체인 기반 신용 점수를 산출한다. 이 점수는 DeFi 대출은 물론, 투자, 협업, 커뮤니티 참여 등 다양한 영역에서 신뢰 기반의 접근 자격으로 작동한다. 즉, 단순히 과거 이력만으로가 아니라, 현재의 활동성, 지속성, 일관성 등 실시간 데이터가 신용을 구성하는 시대가 된 것이다.

이러한 변화의 핵심은 바로 '신뢰의 민주화'다. 신용은 더 이상 특정 기관의 승인을 통해 획득하는 것이 아니라 누구나 스스로의 활동과 참여로 축적할 수 있는 자기 증명의 결과로 주어진다. 출신, 국적, 나이, 직장 같은 전통적인 스펙은 더 이상 중요하지 않다. 중요한 것은 지금 이 순간, 내가 어떤 가치를 창출하고 있는가이며, 그 기록이 네트워크 속에 투명하고 정직하게 남아 있다는 사실이다.

이러한 구조는 장자의 철학과도 닮았다. 장자는 무위자연을 통해, 외부의 기준에 맞춰 존재를 꾸며내지 말고, 스스로 그러한 흐름 속에서 자연스럽게 살아가라고 했다. Web 3.0에서의 신용 또한 그러하다. 신용이란 '받는 것'이 아니라, '자연스럽게 생기는 것'이며, 타인의 기준을 통과하기 위한 꾸밈이 아니라 자신의 진정한 행위가 누적되어 만들어진 자연 발생적인 신뢰이다. 이 신뢰는 명함처럼 바꿀 수 없고, 인증서처럼 조작할 수도 없으며, 가장 투명하면서도 가장 인간적인 디지털 존재의 방식이다.

이 개념은 실제로 여러 사용자 시나리오를 통해 구현되고 있다. 한 사용자는 은행 계좌가 없고 기존 신용 점수도 낮지만, DeFi 플랫폼에서 반복적으로 소액 대출을 받고 모두 성실히 상환해 왔다. 이 기록은 블록체인에 영구히 저장되며, 시간이 지날수록 이 사용자의 온체인 평판은 높아진다. 결국 그는 더 큰 대출을 받을 수 있는 권한을 얻게 되고, 플랫폼 역시 그를 신뢰할 수 있는 참여자로 간주한다.

또 다른 사람은 DAO에 꾸준히 참여하여 커뮤니티 토론에 기여하고 여러 제안서에 공동 참여했으며, 주요 투표에 빠짐없이 응답했다. DAO는 이를 인정하여 소울바운드 토큰 형태의 '기여 배지'를 발행한다. 이 배지는 다른 DAO나 협업 프로젝트에서도 신뢰의 지표로 활용되며, 새로운 기회의 문을 연다.

또 한 사람은 전통적인 졸업장은 없지만, 블록체인 기반 온라인 교육 플랫폼에서 다양한 기술 과정을 수료했고, 이를 SBT 형태로 블록체인에 기록해 두었다. 그는 이 정보를 기반으로 탈중앙 채용 플랫폼에서 학력 대신 실력을 증명할 수 있는 데이터로 활용하여 실제 일자리를 얻는 데 성공했다.

결국 Web 3.0에서의 신용은 누구나 스스로 쌓아 가는 것이다. 그것은 더 이상 경제력의 지표가 아니며, 어디서 태어났는지, 무엇을 소유했는지가 아닌, 어떤 방식으로 살아왔는지를 보여 주는 존재의 지도이다.

12장 존재의 의미
– 나로 존재하는 것의 가치

디지털 기술은 '존재'의 의미를 새롭게 정의하고 있다. 과거에는 '내가 누구인가'를 정의하는 데 있어 사회적 지위, 직업, 역할이 중요한 기준이었지만, Web 3.0 시대에 들어서는 나의 디지털 흔적, 참여 기록, 연결망, 심지어 보유 자산이 곧 나 자신을 설명하는 지표가 되어 간다.

특히 블록체인 기반의 디지털 신원(DID: Decentralized ID) 시스템은 중앙기관의 인증 없이도 나의 정체성과 권리를 증명할 수 있게 한다. DID는 기존의 KYC(Know Your Customer)처럼 이름, 주민번호, 주소 등을 모두 제출하여 본인을 확인하는 방식이 아니라 필요한 정보만 선택적으로 인증하는 '영지식증명(Zero-Knowledge Proof)' 방식으로 작동한다.

예를 들어 특정 커뮤니티 입장 조건이 '대학 졸업 여부'라면, 졸업장 전체를 공개하는 것이 아니라 '졸업했다는 사실'만을 증명할 수 있다. 마찬가지로 특정 자산을 거래할 때는 '그 자산의 소유자임을 증명하는 서명'만으로 거래가 가능해지며, 사용자의 민감한 정보는 온전히 보호된다.

이와 같은 DID 구조는 과거 중앙화된 인증 시스템의 취약점을 보완한다. 기존에는 개인정보가 유출되거나 신원정보가 복제·도용되는 사건이 빈번했으며, 한 번 유출된 정보는 평생 위험에 노출되었다. 반면 DID는 사용자가 자신의 정보를 직접 소유하고 필요에 따라 선택적으로 공개할 수 있기 때문에, '나를 내가 증명하고 관리하는' 구조로 진화하고 있다. 이 DID는 온체인에 기록된 나의 활동 이력, DAO 참여 기록, 보유 NFT, 스테이킹 내역 등과 연결되며, 나의 존재 가치를 증명하는 하나의 데이터 정체성으로 기능한다.

이는 장자가 말한 '스스로 그러함(自然)'과 일맥상통한다. 누구에게 증명받지 않아도, 나 스스로 존재의 당위를 지니는 것. 그 자체로 의미 있는 삶. 블록체인 기술은 이제 이러한 존재를 온전히 기록하고, 보상하고, 연결할 수 있는 기반이 되었다.

현재 DID는 다양한 블록체인 플랫폼에서 실질적으로 구현되고 있다. 대표적으로 Ethereum, Polygon, Solana 같은 퍼블릭 블록체인과 연결된 DID 솔루션들이 있으며, Microsoft의 ION, IBM의 Hyperledger Indy, 그리고 국내에서는 라온시큐어와 같은 기업들이 DID 기반의 인증 서비스를 개발하고 있다. 이들은 대부분 W3C(웹 표준 기구)에서 제시한 DID 표준을 따르며, 사용자의 개인정보를 분산 저장하거나 사용자의 디지털 서명을 통해 진위 여부를 검증하는 구조로 되어 있다.

DID 시스템은 기본적으로 세 가지 구성 요소로 작동한다.

① 사용자를 식별하는 고유한 DID 식별자
② 해당 DID에 연결된 공개 키 기반의 검증 정보(디지털 서명)
③ 선택적으로 공개 또는 공유되는 증명 가능한 자격 정보(verifiable credential)

이러한 구조는 사용자가 신원을 직접 소유하고 관리할 수 있도록 하며, 중앙 서버가 해킹되어도 개인정보가 유출되지 않도록 분산 저장을 기반으로 한다.

이와 함께 활용되는 영지식증명(Zero-Knowledge Proof, ZKP)은 '내가 어떤 조건을 충족한다'는 사실을 증명하되, 그 조건의 전체 내용을 공개하지 않아도 되는 기술이다. 예컨대, 당신이 성인이며 서울대학교 졸업자임을 증명할 필요가 있을 때, 이름이나 생년월일, 졸업 연도 등은 노출하지 않고도 해당 조건을 충족한다는 것만 증명할 수 있다. 더 극단적으로 말하면, '서울대학교를 졸업했다'는 사실조차도 필요하지 않다. 그저 '해당 커뮤니티나 기능에 참여할 자격이 있는가?'만을 증명하면 된다. 이는 대학 졸업장이라는 상징적 이력이 아닌, 필요한 자격을 필요한 순간에만 증명하는 방식이다. 이러한 구조는 사용자의 프라이버시를 철저히 보호하면서도 신뢰를 형성할 수 있는 혁신적인 방법이다.

이러한 방식은 단지 기술적인 접근을 넘어, 인간 정체성에 대한 관점 자체를 전환시킨다. 우리는 태어나서 수많은 포장과 수식어를 달고 살아간다. 학력, 직업, 가족관계, 사회적 지위 등은 모두 사회가 요구한 인증의 껍질이다. DID와 ZKP는 그 껍질을 걷어내고, 진정 필요한 순간에 필요한 '기능으로서의 나'만을 드러내는 새로운 삶의 방식을 제시한다. 이는 장자의 철학, 즉 스스로 그러한 존재로 살아가는 방식과도 깊이 맞닿아 있다. 이 기술은 프라이버시를 보장하면서도 필요한 신뢰를 형성할 수 있게 해 준다.

실제 사례로는 Polygon 기반의 'Polygon ID', zkSync의 'DID 프로젝트', 프랑스 정부의 '디지털 ID 프로젝트(Agora)' 등이 있다. 이들은 주로 지갑 주소와 연결된 참여 내역, 자격 증명, 소유 자산 등의 정보를 기반으로 신원 인증을 구현하며, 금융, 교육, 의료, 커뮤니티 등 다양한 분야에서 DID가 활용될 수 있도록 확장되고 있다.

ZKP, 영지식증명(Zero-Knowledge Proof)

영지식증명은 어떤 사실을 알고 있다는 것을 증명하면서도, 그 사실 자체는 절대로 공개하지 않는 방식이다. 보여 주지 않으면서 믿게 만드는 기술이다. 상대방은 그 내용이 맞다는 것을 확인할 수 있지만, 그 안에 무엇이 있는지는 끝내 알 수 없다. 마치 벽 너머의 사물은 보지 못하더라도, 그 그림자를 통해 실제 존재를 유추할 수 있는 것처럼. 이 방식은 정보 자체는 비공개로 남겨 두고, '그 정보가 맞다'는 구조만을 증명한다. 정보는 닫혀 있지만, 검증은 열린다. 이것이 영지식증명의 핵심 메커니즘이다.

이 구조는 일종의 '동굴의 메커니즘'으로 설명할 수 있다. 플라톤의 동굴에 갇힌 사람들은 바깥세상을 직접 보지 못한다. 다만 벽에 비친 그림자만을 통해 실재를 유추한다. 영지식증명도 마찬가지다. 상대는 실제 정보를 보지 못한다. 하지만 정보의 '그림자', 즉 수학적 증명 과정을 통해 그것이 진짜임을 받아들인다. 실체는 벽 너머에 있지만, 그것이 존재한다는 사실은 증명된다. 이 그림자 메커니즘은 정보의 프라이버시를 지키면서도 신뢰를 보장하는 구조를 만든다.

이 기술은 블록체인에서 특히 강력하게 작동한다. 예를 들어, 내 지갑에 얼마가 있는지 공개하지 않고도 내가 송금할 충분한 금액을 가지고 있다는 사실은 증명할 수 있다. 투표에서도 누가 누구에게 투표했는지를 밝히지 않고도, 투표 결과의 정당성은 보장할 수 있다. 나는 성인이라는 걸 입증하면서도, 나의 생년월일이나 신분증 번호는 끝내 노출하지 않는다. 이는 감춤과 증명의 공존이며, 은폐 속 신뢰의 구축이다.

영지식증명은 정보 공개를 요구하는 기존의 검증 방식과는 완전히 다르다. 과거의 방식이 정보를 드러냄으로써 신뢰를 얻었다면, 이제는 감춤을 통해 신뢰를 만든다. 신뢰는 더 이상 '열린 정보'에서 오는 것이 아니라, '폐쇄된 구조 안의 수

> 학적 정합성'에서 발생한다. 진실은 노출되지 않고도 드러날 수 있다는 역설. ZKP는 바로 그 메커니즘 위에 서 있다.
>
> 정보를 드러내지 않으면서도 진실을 증명할 수 있다면, 우리는 굳이 모든 것을 까발릴 필요가 없다. 존재는 그 자체로 드러나지 않아도 증명될 수 있고, 인간의 신뢰는 모든 정보를 나열할 때가 아니라, 필요한 것만을 정확히 확인할 수 있을 때 비로소 가능해진다.
>
> 영지식증명은 기술이 만들어 낸 수학적 메커니즘이자, 정보 시대의 '검증된 침묵'이다. 진실은 여전히 그 자리에 있지만, 이제는 반드시 모습을 드러낼 필요가 없다. 그것이 바로 디지털 동굴 속에서 작동하는 새로운 신뢰의 방식이다.

그리고 무엇보다 DID는 나를 온전히 나로 증명하는 수단이다. 마치 태어날 때의 순수한 나를 증명하는 것과 같다. 삶을 살아가며 덧붙여진 포장, 수식어, 사회적 역할이 제거된 상태에서, 특정한 상황에서 필요한 정보만을 선택적으로 보여 주는 방식은 진정한 자아의 복원을 의미한다. 나이, 성별, 직업, 거주지와 같은 조건들은 중요하지 않다. 중요한 것은 '그 순간, 그 공간에서 내가 필요한 존재인가'를 증명하는 것이다.

장자가 제물론의 「오상아」에서 "나는 나를 잊었다"라고 한 말은, 사회적으로 부여된 역할과 껍데기를 벗고 진정한 자아를 찾으라는 철학적 선언이다. 누구의 자식, 누구의 엄마, 어느 회사의 과장, 어느 대학 출신이라는 포장이 걷혔을 때, 비로소 진짜 '나'를 마주하게 된다.

블록체인과 DID는 바로 그 '순수한 나', 포장되지 않은 정체성을 디지털 공간에서 실현할 수 있도록 한다. 이제는 평생을 살면서도 온전한 나로 존재할 수 있고, 그 흔적은 블록체인에 남는다. 이 시스템은 장자의 철학을 기술적으로 구현하는 하나의 거대한 실험장이자, 실현의 장이다. 누구에게 증명받지 않아도 나 스스로 존재의 당위를 지니는 것. 그 자체로 의미 있는 삶. 나를 포장하는 데 대한 애씀, 객관적인 관점에서의 나 자신을 드러내기 위한 불필요한 삶의 낭비가 필요 없게 만드는 기술. 이것으로 인해 이제 개인은 오롯이 자기 내면의 충실함에 집중할 수 있게 된다. 그것을 가능케 하는 Web 3.0 시대는 진정한 자아실현의 토대를 마련하는 시대인 것이다. 블록체인 기술은 이제 이러한 존재를 온전히 기록하고, 보상하고, 연결할 수 있는 기반이 되었다.

예를 들어, NFT 기반의 프로필(PFP)은 단순한 아바타가 아니라 나의 정체성, 취향, 신념을 담은 상징으로 기능한다. 여기서 PFP란 'Profile Picture'의 약자로, 원래는 SNS나 온라인 커뮤니티에서 사용자의 프로필 이미지, 즉 아바타를 뜻하는 용어였다. 그러나 이 개념이 블록체인과 NFT 기술과 결합되면서 PFP는 단순한 이미지 이상의 의미를 지니게 되었다.

블록체인 PFP는 NFT(Non-Fungible Token) 형태로 발행된 프로필 이미지를 말하며, 이는 흔히 '디지털 아바타'로 사용되는 동시에, 사용자의 정체성, 소속감, 희소성, 자산 가치를 모두 포괄하는 상징으로 기능한다.

대표적인 예로는 크립토펑크(CryptoPunks), BAYC(Bored Ape Yacht Club), Azuki, CloneX, Doodles 등이 있다. 이들 프로젝트는 단순히 수천 개의 그림을 만들어 판매하는 것이 아니라, 각각 고유한 속성과 희소성을 가진 NFT로 구성되어 있다. 예를 들어, 모자, 배경 색, 표정, 액세서리 등이 조합된 방식에 따라 각 PFP는 유일무이한 하나의 존재가 되며, 그것이 곧 소유자의 디지털 정체성의 일부가 된다.

블록체인 PFP의 핵심은 이 이미지가 단지 '보이는 것'이 아니라 소유 가능한 자산이며, 연결 가능한 커뮤니티의 입장권이라는 점에 있다. 예를 들어, BAYC NFT를 보유한 사람은 BAYC 커뮤니티의 일원이 되어 특정 이벤트, 파티, 혜택 등에 참여할 수 있다. 일부 프로젝트는 PFP 보유자에게 지속적인 보상, 드롭(drop), 의사결정 투표권 등을 제공하기도 한다.

Yuga Labs의 BAYC(Bored Ape Yacht Club) - 지루한 원숭이들

BAYC, 즉 Bored Ape Yacht Club은 2021년 4월 Yuga Labs라는 스타트업이 시작한 NFT 프로젝트였다. 이 프로젝트는 이더리움 블록체인을 기반으로 하였고, 총 10,000개의 고유한 디지털 원숭이 캐릭터로 구성되어 있었다. 각 원숭이는 배경, 표정, 액세서리, 의상 등 다양한 속성이 조합되어 서로 다른 외형을 가졌으며, 단순한 이미지 이상으로 '요트 클럽'이라는 커뮤니티 개념과 연결되었다. BAYC는 NFT 소유자에게 단순히 이미지 보유 이상의 권리를 부여하였다. 이들은 클럽 멤버로 간주되었고, 온라인 커뮤니티 활동, 실물 이벤트 참여, 독점 콘텐츠 접근, 추가 NFT 배포 등 다양한 혜택을 누릴 수 있었다. 이 구조는 NFT를 '디지털 멤버십 카드'처럼 활용하게 만들었고, 커뮤니티 기반 프로젝트로서 BAYC의 정체성을 강화시켰다.

또한 BAYC는 NFT 이미지에 대한 상업적 권리를 소유자에게 넘겨주는 방식으로 주목을 받았다. 소유자는 자신의 원숭이를 활용하여 브랜드를 만들거나, 상품에 활용하거나, 콘텐츠화할 수 있었다. 이러한 구조는 기존의 중앙 집중형 콘텐츠 지배 구조와 달리, 창작자 또는 소유자가 직접 IP를 활용할 수 있는 길을 열어 주었다.

프로젝트는 곧 파생 시리즈로 확장되었다. Mutant Ape Yacht Club(MAYC),

Bored Ape Kennel Club(BAKC) 등이 등장하였고, 각 시리즈는 BAYC 세계관과 경제적 생태계를 더욱 확장시키는 역할을 하였다. 이후 Yuga Labs는 Otherside 라는 메타버스 플랫폼을 공개하면서 BAYC 캐릭터들이 가상세계 내에서 실시간으로 존재할 수 있는 기반을 마련하려 하였다.

BAYC는 대중문화와 결합하면서 폭발적인 인기를 끌었다. 저스틴 비버, 스눕독, 패리스 힐튼 등 여러 셀럽들이 BAYC를 구매하고 이를 자신의 SNS 프로필로 설정하면서 일반 대중의 관심을 집중시켰고, 이는 자연스럽게 BAYC의 시장 가치 상승으로 이어졌다. 일부 NFT는 수억 원에 거래되었고, BAYC는 대표적인 블루칩 NFT로 자리 잡았다.

하지만 이러한 급격한 인기는 비판도 불러왔다. 투기적 수요로 인해 NFT 가격이 급등하였고, 이에 따른 거품 논란이 제기되었다. BAYC를 모방한 프로젝트나 피싱 사이트로 인해 피해를 본 사례도 속출하였다. 블록체인 기술 자체가 아직 초기 단계에 있었기에 BAYC가 장기적으로 지속 가능할지는 의문으로 남았다. 결국 BAYC는 단순한 NFT 컬렉션이 아니라, 커뮤니티, 브랜드, 콘텐츠 플랫폼으로 진화해 나간 대표 사례로 평가되었다. 디지털 자산이 단순한 소유를 넘어서 사회적 상징과 상업적 도구가 될 수 있다는 가능성을 보여 준 프로젝트였다. BAYC는 Web 3.0 시대의 소유권, 창작권, 그리고 커뮤니티 기반 경제의 실험장이 되었다.

이처럼 PFP는 단순한 '얼굴 이미지'에서 벗어나, Web 3.0 시대의 정체성과 소유, 커뮤니티, 경제가 만나는 지점이 되었다. 아바타를 소유하는 것은 곧 자기표현(self-expression)이자, 디지털 세계에서의 정체성 구축(identity building)이며, 동시에 블록체인 위에서 검증 가능한 소유권을 뜻한다.

이는 장자의 철학과도 닮아 있다. 장자는 사람마다 다른 모습으로 존재하지만, 그 형상에 얽매이지 않고 '도(道)'에 따라 유유히 존재할 것을 말한다. Web 3.0 시대의 PFP 역시 각기 다른 모습이지만 모두가 '네트워크 안의 고유한 존재'로 인정받는다. 형상은 다르되, 가치의 본질은 흐름 속에서 자유롭게 움직인다. 디지털 아바타는 현실보다 더 진정한 나를 표현하는 수단이 될 수도 있으며, 그 안에서 사람들은 '소유자'이자 '참여자'로 존재하게 된다.

결국, 블록체인 PFP는 이미지의 개념을 넘어선다. 그것은 디지털 자아이며, 블록체인 위에 새겨진 정체성이고, Web 3.0 커뮤니티 안에서 신뢰와 연결의 상징이다.

이제 우리는 프로필 사진 하나로 '누구인지', '어디에 속해 있는지', '무엇을 소유하고 있는지'를 모두 나타내는 시대에 살고 있다.

특정 DAO에 참여한 이력은 나의 철학적 선택이자 신뢰의 이력으로 작용하며, 미래에는 이 평판이 신용보다 더 큰 영향력을 갖게 될 것이다.

우리는 더 이상 평균적인 사람이 되기 위해 애쓰지 않는다. 오히려 고유한 존재, 다름 그 자체가 가치가 되는 사회로 가고 있다. 이는 장자의 사상이 말하는 "각자의 고유한 존재가 어우러지는 세상이 아름답다"는 통찰과 연결된다.

존재의 경제학은 이제 시작이다. 당신이 걸은 거리, 당신이 생성한 데이터, 당신이 가진 사유와 연결이 자산이 되는 시대. 중요한 것은 얼마나 열심히 살아왔는가가 아니라, 얼마나 '당신답게' 살아왔는가이다.

존재의 의미는 이제 더 이상 추상적인 철학이 아니다. 그것은 블록체인 위에서 가시화되고, 기록되며, 연결되고 있다. 그리고 이 연결은 장자의 철학이 말하던 자유롭고 무위한 존재 상태로 우리를 이끌고 있다.

13장   업(業)의 철학
– 사라지는 경계, 새로운 연결

과거에 '업(業)'이라는 개념은 곧 생계 수단이자, 신분과 사회적 계층을 결정짓는 중요한 틀이었다. 사람은 농부, 상인, 선비, 군인, 기술자 등의 정체성을 부여받았고, 그것이 곧 삶의 방향과 인간관계, 경제활동의 기반이 되었다. 이처럼 직업과 신분은 일종의 고정된 경계였고, 대부분은 부모로부터 이어받거나 사회에 의해 부여되는 경우가 많았다.

유럽 사회, 특히 근대 이전의 서양에서는 개인을 지칭하는 이름 속에 그 사람의 직업이나 사회적 역할이 그대로 투영되어 있었다. '스미스(Smith)'는 대장장이, '베이커(Baker)'는 빵을 굽는 사람, '쿠퍼(Cooper)'는 통을 만드는 사람, '테일러(Tailor)'는 재단사를 뜻했다. 이러한 이름은 단순한 호칭이 아니라, 그 가족의 생업과 정체성이 대대로 이어졌음을 상징하는 기호였다. 그 누구도 '스미스 가문'이라 불리며 목수 일을 하거나, '베이커 집안'이라 하면서 대장장이가 되는 것을 쉽게 상상하지 않았다. 이름은 그 사람의 삶을 규정하고, 사회적 역할을 지시하며, 개인의 선택 이전에 태어나는 순간부터 정체성을 설정하는 장치가 되어 버렸다.

이러한 문화는 전통의 계승이라는 면에서 긍정적인 의미도 있다. 대대로 대장장이였던 집안은 철을 다루는 기술과 정신을 이어받고, 빵을 굽는 집안은 고유한 레시피와 손맛을 유지하는 장인정신을 전수한다. 이름이 곧 직업이고, 삶의 내용이기도 하던 시대에는 그런 전통이 곧 삶의 질서이자 안전망이었다.

하지만 그 전통이 정체성을 '선택'이 아닌 '고정'으로 만들어 버릴 때, 우리는 한 인간이 가진 다양성과 가능성, 자유로운 존재의 방식을 제한하게 된다. 태어나자마자 '빵 굽는 집안의 아이'라는 이유로 다른 삶을 상상조차 하지 못하거나, '대장장이의 피를 이었다'는 기대 속에서 철을 다루지 않으면 집안의 불효가 되는 사회. 그러한 문화는 전통은 보존하겠지만, 동시에 개인의 내면을 고정된 형식에 가두는 구조를 갖는다.

장자는 바로 이 '고정된 정체성'에 대해 경계했다. 그는 『제물론』에서 세상의 이름과 구분, 역할은 모두 인위적인 것이며 참된 존재란 형식 없이 자유롭게 흘러가는 존재라고 말한다. 장자는 "내가 장자인지, 나비인지 알 수 없다."라고 말하며, 정체성조차도 한순간의 인식에 불과하고, 존재는 유동하고 변할 수 있는 것임을 강조한다.

장자의 시대적 정신은 오늘날 우리가 직면하고 있는 '정체성의 경직성'에 대한 철학적 대안이 된다. 이름, 직업, 성별, 국적, 출신 배경, 이른바 '사회적 레이블'이 되어 버린 요소들에서 자유스럽지 못한 개인들이 많은 오늘, 장자의 사유는 나를 규정짓는 모든 이름으로부터 한 걸음 물러나, 본연의 나로 존재하는 길을 생각하게 만든다.

즉, 유럽의 이름이 삶의 내용을 규정하고 사회적 역할을 고정시켰다면, 장자는 그 규정에서 벗어나려 했다. 이름은 이름일 뿐 그것이 나를 말하지 않으며, 가업은 역사일 수는 있지만 나의 필연은 아니다. 장자의 철학이란, 전통은 존중하되 그 전통이 개인의 자유로운 형성이 되는 순간을 기다릴 줄

아는 관점이다.

　오늘날 Web 3.0 시대, 그리고 탈중앙적 사회로의 흐름 속에서, 우리는 다시금 태어날 때부터 주어진 것에 묶일 것인가, 아니면 그 모든 틀을 넘어 자신을 구성해 갈 수 있는 존재로 살아갈 것인가를 묻고 있다. 장자는 말했다. "큰 자유는 작은 이름을 넘어선다." 그 자유는 전통과 이름을 버리는 것이 아니라, 그것과 거리두기를 통해 진정한 자아를 형성할 수 있는 틈을 만드는 일이다.

　하지만 디지털 기술의 발달과 블록체인 기반의 탈중앙화 생태계가 도래하면서, '업'의 개념은 더 이상 고정되지 않고, 유동적이며, 연결 중심으로 변화하고 있다. 이제 사람들은 하나의 직업이나 조직에 속하지 않고, 다양한 커뮤니티에 기여하고, 동시에 여러 DAO에 참여하며, 때로는 콘텐츠를 만들고, 디지털 자산을 발행하거나 스테이킹에 참여하면서 자신의 역할과 정체성을 구성해 간다.

　이러한 변화는 업의 경계 해체를 의미한다. 과거처럼 기업이나 조직에 소속되어 아침저녁으로 출퇴근하며 근무하는 모습은 이제 점점 사라지고 있다. 이는 단순한 변화가 아니라, '업(業)'이라는 개념 자체의 상실로 이어지는 전환이다. 중심 사회에서 중심을 이루던 것이 바로 이 '업'이었고, 그 '업'이 중앙의 구조 속에서 분배되고 통제되었다면, 이제는 이 '업'이라는 것을 포함하던 중앙의 구조 자체가 해체되고 있다. 블록체인 기반의 생태계에서는 '업'이 탈중앙화된 형태로 분산되어, 각기 다른 디지털 공간 속에서 필요할 때 필요한 사람에게 자동으로 할당된다.

　사람들은 더 이상 하나의 직장에서 평생을 보내는 방식 대신 DAO, NFT

프로젝트, 탈중앙화 플랫폼 등 다양한 생태계에 기여하면서 다중 정체성을 가지고 살아간다. 업은 중앙에 속한 것이 아니라 네트워크 전체에 흩어져 있으며, 이는 곧 삶의 방식이 변화하고 있다는 증거다. 직장과 가정, 일과 여가, 소속과 자율의 구분이 점점 모호해지고 있다. 고용도, 계약도, 근무 시간도 없는 새로운 생태계에서 '업'이란 내가 어디에 연결되고, 어떤 가치를 창출하며, 누구와 함께 성장하느냐에 따라 정의된다. 이처럼 변화하는 노동의 본질은, 장자가 말한 무위자연(無爲自然)의 철학과 상통한다.

장자는 세상의 규범과 기준에서 벗어나, 각자의 본성대로 살아가는 것을 이상으로 삼았다. 특히 『장자』의 「소요유」 편에서 그는 말한다.

"큰 지혜는 어리석은 듯하고, 큰 용도는 쓸모없어 보인다."

이는 기존의 사회적 기준에서는 평가되지 않던 존재나 활동이 더 큰 가치와 쓰임으로 되돌아온다는 뜻이다.

블록체인 기반의 경제 구조는 이런 철학을 기술적으로 구현하고 있다. 기존의 노동이 평가 기준에 따라 숫자로 환산되던 시대를 지나, 이제는 '존재 기반의 참여'가 수익과 연결된다. 특정 DAO에 커뮤니티 의견을 남기거나, NFT를 기획하거나, 디지털 토큰 생태계에 아이디어를 제공하는 것 자체가 '업'이 되고, 토큰이나 NFT로 보상받는다.

이러한 변화 속에서, 업(業)은 더 이상 생계를 위한 단순한 도구가 아니다. 과거에는 '업'이 곧 생계를 유지하기 위한 수단이자, 사회적 존재로서 인정받는 방법이었다. 즉, '무엇을 하느냐'는 것이 곧 '누구인가'와 직결되었다. 업은 곧 돈이었고, 돈은 곧 존재의 증명이었다. 그러나 이제는 그 연관이 점차 해체되고 있다.

업은 사라지고 흩어졌다. 더 이상 중앙 조직이나 기업에 종속되어야만 수익을 얻는 시대가 아니다. 업은 블록체인 생태계 위에서 탈중앙화되어 여러 조각으로 나뉜 채 디지털 공간에 떠다니고 있으며, 그 조각들은 필요에 따라 개개인에게 자율적으로 연결된다. 이제는 한 사람의 존재가 다양한 형태로 참여하고, 연결되고, 기여함으로써 수익과 관계를 맺는다.

이러한 구조 속에서 '업'과 함께 변화하는 것이 바로 '돈'의 의미다. 과거의 수익 구조는 근로소득이 대부분이었고, 사회적 약자일수록 노동 기반의 활동을 통해 돈을 벌었으며, 그 돈은 곧 소비의 형태로 소진되었다. 반면, 투자 수익이나 금융소득을 올리는 사람들은 직접 근로하지 않아도 자산을 기반으로 수익을 창출해 왔다. 이는 빈익빈 부익부의 불균형을 만들었다. 하지만 이제는 누구나 블록체인 위에서 다양한 수익 구조에 접근할 수 있게 되었고, 근로소득 외의 가치 기반 수익을 갖게 되었다.

돈은 단지 물질을 소비하는 수단이 아니라 나의 가치를 증폭하고 연결하고 증명하는 디지털 자산으로 변화하고 있다. 참여, 기여, 보유, 연결, 기록, 이 모든 것들이 자산화되는 구조 속에서, '돈'의 흐름은 내가 '어떤 존재인가'를 설명하는 또 하나의 언어가 된다. 돈은 소유자에게 물질적 형태로 고정되어 물리적으로 사용되는 차원이 아니다. 시스템 속에서 내 삶의 역할과 기여, 참여의 흐름을 따라 나의 의식 밖에서 자연스럽게 들어오고 또 흘러 나가는 하나의 흔적이자 에너지다. 그것은 존재를 표현하는 방식이자, 자아의 확장이고, 연결된 세계 속에서의 또 다른 하나의 정체성이다. 업의 철학은 이제 '무엇을 하는가'보다 '어떻게 존재하며 연결되는가'에 대한 질문으로 진화하고 있다. 그리고 이 변화의 물결은 장자의 철학이 디지털 기술과 만날 때, 그 깊이를 더하고 있다.

14장 기술은 도구, 철학은 방향이다

인류는 오랜 시간 동안 기술을 개발하고 발전시키며 생존과 삶의 편의를 추구해 왔다. 불을 피우는 기술에서부터 농경, 산업, 정보통신, 그리고 오늘날의 인공지능과 블록체인에 이르기까지 기술은 끊임없이 발전해 왔다. 그러나 철학적 질문은 늘 남는다.

"기술은 누구를 위한 것인가?" 그리고 "기술은 어디로 가는가?"

기술은 수단이다. 도구일 뿐이다. 그것이 방향이 되어선 안 된다. 방향은 언제나 인간의 철학과 가치관이 정해야 할 몫이다. 블록체인과 AI, 메타버스, 자동화 시스템 등은 모두 삶의 효율성과 생산성을 높이기 위한 도구이지만, 철학 없이 오용되면 오히려 인간의 자유를 침해하거나 인간성 자체를 소외시키는 결과를 낳을 수 있다.

실제로 우리는 기술 중심 사회에서 인간이 점점 더 주변화되는 사례들을 목격하고 있다. 감시 기술은 프라이버시를 위협하고, 알고리즘은 인간의 선택을 제한하며, 자동화는 최소한의 노동 기회를 축소시킨다. 기술이 인간을 위한 것이 아니라 인간이 기술에 종속되는 아이러니한 구조가 만들어지고 있는 것이다.

이런 흐름 속에서 철학은 방향을 제시한다. 특히 장자의 철학은 기술 시대에도 여전히 유효하다. 장자가 말한 '무위자연(無爲自然)'은 기술을 거부하라는 의미가 아니다. 오히려 억지로 하지 않고, 자연스럽게 흐르도록 두는 것. 즉, 기술이 인간을 억압하지 않고 인간의 자유로운 삶과 조화를 이루는 방식으로 존재해야 함을 말한다.

블록체인 기술은 그런 점에서 하나의 철학적 가능성을 품고 있다. 탈중앙화라는 개념은 바로 권력의 집중을 거부하고, 자율성과 투명성을 통해 더 나은 방향을 추구하는 시도다. AI가 인간의 보조자로서 기능하고, 메타버스가 현실의 또 다른 공간으로써 인간의 감성과 창의성을 확장시킨다면, 그것은 장자가 말한 '기술이 도를 따르는 상태'에 가까울 수 있다.

기술은 결국 삶의 도구다. 그것이 목적이 되는 순간, 우리는 삶의 본질로부터 멀어진다. 하지만 역설적이게도, 기술이 인간의 손을 점점 덜 타게 될수록 우리는 '덜 개입하는 삶'을 곧잘 '자연스러운 삶'이라 착각한다. 그렇다면 인간이 자의식의 개입 없이 스스로 무위의 상태에 머문다면, 그 자체로 우리는 도를 따르고 있다고 말할 수 있을까? 무위는 결코 목표가 아니다. 그것은 어떤 상태에 이르기 위한 수단이 아니라, 의도하지 않았을 때 비로소 드러나는 존재의 태도이며, '도'는 그 안에서 자연스레 흐를 뿐이다.

그러나 우리는 자아실현이라는 이름 아래 무위조차 하나의 이상 상태로 설정하고, 그에 이르기 위한 계획과 제도, 시스템, 심지어 철학적 구조물까지 끊임없이 덧붙인다. 장자는 그런 인위적인 덧댐을 걷어내는 삶을 '자연'이라 불렀다. 비워내는 것이 중요한 것이 아니라 비우려는 의도마저 벗어나는 것—그때 비로소 도는 삶 안에서 스스로 드러난다.

오늘날의 자아실현은 때로 가장 정교한 인위다. 더 나은 나를 만들겠다는 목표 아래, 우리는 다시 수많은 방법과 절차, 성취 시스템을 동원한다. 도를 따른다는 말조차, 때로는 도를 벗어나는 행위일 수 있다.

어떤 변화는 조용히, 그러나 근본부터 흔드는 방식으로 시작된다. 블록체인의 등장은 바로 그런 일이었다. 그것은 국가도, 거대 자본도 아닌, 이름조차 불확실한 한 존재로부터 출발했다. 시스템의 외곽에 머물던 이들이 거대한 금융 권력에 맞서는 방식으로 선택한 것은 시위도, 선동도 아닌 하나의 코드였다. 그 코드는 분노 대신 설계를, 저항 대신 기술을 택했고, 그렇게 한 줄 한 줄 적힌 코드가 결국 하나의 철학이 되었다.

그 철학은 곧 새로운 확장을 불러왔다. 초창기 블록체인이 단순히 '가치를 주고받는 기술'이었다면, 이후 등장한 이더리움은 그 위에 '규칙'과 '관계'를 올릴 수 있는 프로토콜로 진화했다. 이제 블록체인은 더 이상 금융만을 위한 구조가 아니다. 계약, 조직, 신원, 창작물, 커뮤니티까지, 다양한 인간의 활동이 그 위에서 재정의되고 있다.

무엇보다 중요한 점은 이 거대한 전환이 국가나 기업이 아닌, 주변부에 머물던 개인들의 질문으로부터 시작되었다는 사실이다. 한 번도 중심에 서 본 적 없는 이들이 만든 코드가, 지금은 전 세계의 시스템을 다시 짜는 설계도가 되었다. 기술은 언제나 도구였지만, 이 도구는 철학이었다. 그리고 그 철학은 권력이 아닌 무명의 존재들로부터 시작되었다는 점에서 더욱 특별하다.

이런 혁신적인 생각은 기득권을 가진 자, 권력의 맛을 본 자는 결코 생각하지 못했을 가능성이 높다. 19살 세상에 물들지 않은 순수한 청년이었기에 가능했을 것이다. 초월적이면서도 순수한, 그야말로 무위자연에 가까운 기술적 진보가 블록체인 생태계에서 현실로 나타난 것이다. 초기에는 이를 부정하고 경계하던 국가, 금융권, 기업들조차 이제는 이 흐름을 거스를 수 없음을 인정하고, 점차 수용하고 동참하는 단계로 나아가고 있다. 흥미로운 점은, 그 이후 등장한 수많은 블록체인 기술과 프로젝트들 역시 대부분 거대 기업이나 제도권이 아닌 개인 혹은 소규모 개발자 집단에 의해 만들어졌다는 것이다.

장자가 말한 "기술이 도를 따르는 상태"는, 어쩌면 바로 이런 순간들일 것이다. 억지로 계획하거나 통제하지 않고, 누구의 허락도 필요 없이, 가장 자유롭고 투명한 방식으로 스스로의 생태계를 만들어 나가는 것. 그 흐름 속에서 기술은 도구로 남고, 철학은 삶의 방향을 지시하는 나침반이 된다. 철학은 그 도구를 어디에, 어떻게 사용할 것인가를 알려 주는 나침반이다. 아무리 빠른 속도를 자랑하는 자동차라도 방향을 잃으면 의미가 없다. 장자의 철학은 우리에게 묻는다. "그 기술, 누구를 위해 존재하는가?" 그리고 그 질문은 오늘날 우리 모두가 답해야 할 질문이기도 하다.

이 시점에서 우리는 다시 반문하게 된다. 과연 블록체인은 단지 기술일까? 아니다. 그것은 오히려 철학에 가깝다. 기술은 수단이고 철학은 방향을 제시한다고들 말하지만, 블록체인은 어쩌면 기술을 빙자한 하나의 철학적 이정표일지도 모른다. 그것은 단지 정보를 저장하거나 금융 거래를 처리하는 프로토콜이 아니라, 인간의 존재와 연결, 자유와 주권에 대한 깊은 사유를 담고 있다.

이쯤에서 문득 떠오르는 장면이 있다. 2007년, 스티브 잡스가 아이폰을 세상에 처음 선보였던 프레젠테이션의 마지막 장면이다. 그는 말한다.

"이것은 단지 기술이 아니라, 인문학과 기술의 만남입니다."

그 한마디는 지금까지도 많은 이들에게 회자된다.

그렇다. 블록체인은 어쩌면 그 이후 아이폰이 걷기 시작한 인문학의 오솔길을 이어받은 또 하나의 여정이다. 그리고 우리는 지금, 블록체인이라는 거대한 철학의 숲 앞에 서 있는 것이다. 이 숲은 코드를 통해 쓰였고, 분산을 통해 조직되었으며, 인간을 다시 중심에 세우기 위한 또 하나의 '자연'이다. 기술은 마침내 철학이 되었고, 철학은 기술을 품었다. 그것이 바로 지금 우리가 마주하고 있는, Web 3.0 시대의 본질이다.

15장 디지털 소요유의 실현

　장자가 꿈꾸었던 소요유(逍遙遊)의 삶은 자유롭고, 얽매이지 않으며, 자연의 흐름을 따르는 존재의 상태였다. 그는 인간이 스스로 만든 도리와 기준, 제도와 질서로 인해 본래의 자유로움에서 멀어진다고 보았다. 따라서 참된 삶은 그 모든 구속을 벗어나, 마치 하늘을 나는 붕새처럼 거침없이 떠도는 데 있다고 말한다. 이 사유는 오늘날 우리가 마주한 디지털 전환의 한복판에서 다시금 재해석되고 있다.

　디지털 기술, 특히 블록체인은 과거에는 상상할 수 없던 방식으로 인간의 자유를 확장시키고 있다. 더 이상 고정된 조직, 권위, 신분 속에 얽매이지 않고, 나의 의지와 참여로 다양한 생태계와 연결될 수 있는 시대. 과거에는 불가능했던 방식으로 우리는 '연결된 자유'를 누릴 수 있게 되었다.

　바로 여기에서 장자의 소요유 사상이 디지털 현실에서 구현되기 시작한다. 더 이상 출퇴근과 상사의 명령, 고정된 직무에 얽매이지 않고 내가 잘할 수 있는 일, 하고 싶은 일, 의미를 느끼는 영역에 기여하고, 보상받을 수 있는 구조. DAO(탈중앙화 자율조직)에서는 누구나 기여할 수 있고, 기여도에 따라 투표권이나 수익이 분배된다. 이 구조는 억지로 하지 않아도 되는 일, 스스로 의미를 부여하는 활동이 하나의 '업(業)'이 될 수 있다는 것을 보여 준다.

　예를 들어, 나의 취향에 맞는 DAO에 들어가 디자인을 제안하거나 커뮤니티 운영에 참여하는 일, 또는 특정 프로젝트의 콘텐츠 제작에 힘을 보태는 일 등이 그것이다. 이는 장자가 말한 "자기 안에 있는 자연스러움을 따르는 삶"과도 연결된다. 얽매이지 않고, 강요되지 않으며, 각자의 고유한 흐름을 존중하는 사회. 이것이 디지털 소요유가 가능한 세계다. 언제든지 떠날 수 있고 언제든지 참여할 수 있다. 속해 있어도 언제든지 참여할 수 있고 언제든지 침묵할 수 있다.

또한 P2E(Play to Earn) 게임, NFT 창작자 수익 분배, 콘텐츠 크리에이터 DAO 등은 기존의 직업 개념을 확장시킨다. 내가 좋아하는 활동, 즐기는 게임, 스스로 만든 콘텐츠가 경제적 가치로 전환되고, 그 가치가 블록체인 위에서 공정하게 분배될 수 있다는 것은 이제 '일하지 않아도 존재하는 것만으로 보상받는 삶'의 실현에 다가서고 있음을 보여 준다.

소요유는 결국 존재 그 자체의 가치에 대한 철학이다. 장자는 '하지 않아도 되는 삶', '억지로 하지 않는 삶'을 통해 진정한 자유를 얻을 수 있다고 했다. 그리고 오늘날 블록체인을 중심으로 한 디지털 생태계는 인간을 억지로 일하게 만들지 않으면서도, 스스로의 존재 가치와 연결된 방식으로 보상하는 구조를 만들어 내고 있다.

이제 기술은 단순히 노동을 대신하는 자동화의 수단만이 아니다. 그것은 인간이 자신의 고유한 리듬과 기질, 호기심과 감성을 따라 살아갈 수 있도록 돕는 배경이 된다. 장자가 말한 유유자적(悠悠自適)한 삶은 바로 이러한 구조 속에서 구현될 수 있다.

디지털 소요유의 핵심은 강요나 통제 없이도 연결되고 기여하고 보상받는 삶이다. 얽매이지 않으면서도 관계 속에서 살아가는 방식. 바로 이것이 블록체인 기반의 Web 3.0 시대가 인간에게 제시하는 새로운 자유의 형식이며, 철학적 혁신이다.

『장자』의 「소요유」 편은 한 편의 시처럼 시작된다.

어느 날, 참새 한 마리가 매미 옆에 앉아 햇볕을 쬐고 있었다.
참새는 하늘을 올려다보며 말했다.
"나는 아침이면 집을 나서고, 나뭇가지에서 가지로 날며 벌레를 쪼아 먹는다. 한 나무에서 다음 나무까지 훌쩍 날아다니는 이 자유야말로 최고의 삶이지. 그런데 말이야, 얼마 전 들은 이야긴 정말 황당하더군."
매미가 고개를 끄덕이며 물었다.
"무슨 이야기인가?"
참새는 눈을 부릅뜨며 말했다.
"붕이라는 새가 있는데, 북해라는 아주 먼 바다에서 살며, 가을이 되면 남쪽의 바다로 향한단다. 그 붕은 날개를 펴면 하늘을 가릴 정도로 크고, 날아오르면 구만리 높이까지 솟구쳐 하늘을 난다지. 여섯 달 동안이나 쉬지 않고 난다고 해. 그런 게 있을 수나 있을까?"
매미는 웃으며 말했다.
"그런 존재는 너무 멀고, 너무 커서 우리에겐 실감도 나지 않는군. 나는 나무에서 나무로 날아다니며 살고, 봄부터 가을까지의 계절 안에서 생을 산다네. 그 정도면 충분하지 않나?"
참새와 매미는 그렇게 붕새의 이야기를 한낱 과장된 전설로 여겼다. 하늘 끝까지 날아오르는 새라니, 그저 터무니없는 상상에 불과하다고 여긴 것이다. 하지만 그 시각, 아주 먼 북쪽의 바다에서, 붕이라는 거대한 새는 조용히 날개를 펼치고 있었다.

붕은 바람이 불기를 기다렸다. 북해에서 남해까지의 긴 여정을 떠날 채비를 마치고, 천천히 날개를 펴 하늘로 솟구치기 시작했다.

붕이 솟구치자, 수천 리 하늘이 그 날갯짓에 흔들렸다.

붕은 높은 구름 위로 올라가, 바다를 내려다보았다.

작은 파도들이 뭉게뭉게 피어오르고, 낮은 바람들이 하늘을 부유하는 듯하였다.

붕은 생각했다.

'작은 존재는 작은 공간에서 살아가며, 큰 존재의 꿈을 이해하지 못한다. 그것은 잘못이 아니다. 단지 그들이 바라볼 수 있는 시야가 다를 뿐이다.'

장자는 북쪽 바다, 북명(北冥)에 사는 거대한 물고기 '곤(鯤)'의 이야기를 들려준다. 곤은 눈에 보이지 않을 정도로 깊은 심해에 사는 존재였다. 그런데 이 곤이 어느 날 거대한 새 '붕(鵬)'으로 변한다. 그 등은 몇천 리에 달하고, 날개를 펼치면 마치 하늘을 가득 덮을 정도였다.

붕은 북쪽 바다에서 남쪽 바다로 날아가려 한다. 하늘을 날기 위해 6개월간 바람을 모아야 했고, 한번 날갯짓을 하면 구만리를 솟구쳐 오르며 구름 위를 유영하듯 날았다. 작은 새가 이를 보고 비웃으며 말한다.

"내가 나무 사이를 펄럭이며 날 수 있는 게 진정한 비행이지, 저렇게 헛되이 구만리를 날 필요가 있을까?"

하지만 장자는 말한다. "참새의 작은 지혜로는 큰 지혜를 헤아릴 수 없고, 매미의 짧은 삶으로는 긴 삶을 이해할 수 없다."

붕새는 단지 하늘을 나는 새가 아니다. 세상의 규범과 기준을 벗어난 존재이며, 억지나 필요에 따라 움직이는 것이 아니라 자연의 이치에 따라 거침

없이 떠나는 존재의 상징이다.

오늘날 디지털 세계 속에서, 우리는 '곤'이라는 물고기가 '붕'이라는 새가 되는 것을 본다. 자신의 존재를 억지로 변형하지 않아도 되는 시대. 누구나 중앙화, 권력화된 기관의 허락 없이도 창작하고, 연결되고, 기여하고, 보상받을 수 있다. 장자가 말했던 소요유의 삶—즉, 자기 내면의 리듬에 따라 자유롭게 떠도는 삶이 블록체인 생태계 안에서 실현되고 있는 것이다.

디지털 생태계 속 붕새들은 거창하지 않아도 좋다. 작아도, 느려도, 그저 나다운 방식으로 날아오를 수 있다. 그것이 장자가 말한 진정한 자유이며, 우리가 도달하고자 하는 '디지털 소요유'의 본질이다.

장자의 이야기에서 등장하는 '곤'은 단지 심해 속에 머물던 거대한 물고기였다. 그러나 그것은 단지 물리적 존재가 아니라, 억압된 자아들의 꿈이자 감춰진 가능성의 상징이다. 오랫동안 기득권의 질서 아래 눌려 있던 개인들의 내면, 깊고도 넓지만 움직이지 못했던 존재들. 그런데 어느 날, 그 곤이 하늘을 나는 붕새로 변한다. 이것은 하나의 전환이다. 기존의 권위와 중심화된 구조로부터 벗어나, 드디어 날개를 펼치고 솟구치는 변화. 그 붕새의 날갯짓은 블록체인이 등장하던 순간과 닮아 있다. 블록체인은 억눌렸던 자아들이 자신의 주권을 회복하고 비로소 소요유의 하늘로 비상하는 새로운 탈중앙적 상상력의 장이다.

이 붕새를 비웃는 작은 새들은 오늘날 블록체인을 조롱하거나 인정하지 않으려 했던 기득의 권력들이다. 하지만 그 조롱은 붕의 비행을 막지 못했다. 블록체인 붕새는 결국 이더리움이라는 날개를 달고 구만리, Web 3.0이라는 새로운 세계를 향해 날아오른다. 그것은 단순한 기술의 확장이 아닌, 인간 이기의 끝자락에서 만나는 철학의 승화이며, 존재의 의미를 다시 묻는 위대한 여정이다.

　이 거대한 붕새의 비상은 단지 한 마리의 날갯짓이 아니라, 인간 삶의 패러다임이 전환되는 역사적인 장면이다. 기술이 철학이 되고, 철학이 다시 기술을 품는 순간, 우리는 그곳에서 진정한 디지털 소요유를 만난다.

　작아도, 느려도, 그저 나다운 방식으로 날아오를 수 있다. 그것이 장자가 말한 진정한 자유이며, 우리가 도달하고자 하는 '디지털 소요유'의 본질이다. 얽매이지 않으면서도 관계 속에서 살아가는 방식. 바로 이것이 블록체인 기반 Web 3.0 시대가 인간에게 제시하는 새로운 자유의 형식이며, 철학적 혁신이다.

4부

소요유, 철학이 구현된 도시
무위의 철학이 도시로 구현되는 공간의 상상

• • • •

철학은 되돌아왔고, 기술은 그 철학을 기다리고 있었다.

우리는 철학을 삶에 구현하고, 수익과 일, 존재의 구조를 새롭게 정의하며 여기까지 왔다. 그러나 이제 그 철학은 구현의 차원을 넘어 '장소'를 요구한다. 기술과 철학이 만난 세계는 추상 속에 머물 수 없다. 그것은 도시가 되어야 하고, 생태계가 되어야 하며, 살아 있는 삶의 공간이 되어야 한다.

4부는 상상과 실현의 경계에서 출발한다.

우리는 질문한다. Web 3.0이라는 철학적 기술 체계는 어떤 도시를 만들 수 있는가? 그 도시는 무엇을 중심에 두고, 어떻게 운영되며, 사람들은 어떤 방식으로 존재하고 연결될 수 있는가?

16장은 Web 3.0을 구성하는 핵심 기술들을 정리한다. 스마트 계약, DID, DAO, 프로토콜 기반 생태계… 하지만 그 요약의 목적은 단순한 기술 개론이 아니다. 이 기술들이 실제로 억지로 하지 않음, 무위의 철학, 장자의 삶을 구현할 수 있는 구조라는 것을 보여 준다. 기술은 이미 준비되었다. 문제는 그것이 구현될 '공간'이다.

그래서 17장에서는 가상의 도시를 그려 본다. '소요유 City', 장자의 철학과 블록체인의 기술이 만나는 최초의 도시.

이 도시는 중앙 정부 없이 운영되며, 자율적 공동체들이 DAO로 결속하고, 정체성은 DID로 스스로 증명되며, 보상과 기여는 스마트 계약과 NFT로 설계된다. 이곳은 '억지로 일하지 않아도 되는 세계', 존재 그 자체가 생태계에 기여하는 도시다. 이는 단지 도시의 형태가 아니라 존재의 방식 그 자체가 도시를 구성하는 원리다.

그리고 18장에서는 이 소요유 시티 안에서 어떤 경제가 돌아가는지를 보여 준다.

수익은 플랫폼이 아니라 기여에서 나오고, 신뢰는 중개인이 아니라 코드로 유지된다. 이곳에서 돈은 명령의 수단이 아니라 기억과 인정의 방식이 된다. 사라지는 직업 대신, 떠오르는 연결과 의미 중심의 업(業). 이곳의 경제는 중심 없는 네트워크 안에서 자생하는 무위의 자본 구조다.

4부는 선언이 아니라 청사진이다. 철학이 기술 위에 세워지고, 기술이 도시를 구현하고, 도시는 다시 사람의 삶을 구성한다.

소요유 City는 단지 가상의 세계가 아니다. 그것은 디지털 문명이 구현할 수 있는 하나의 철학적 가능성이다.

그리고 우리는 지금, 그 가능성을 마주하고 있다.

이것은 실현 가능한 상상이며, 시작을 요구하는 비전이다.

16장 Web 3.0 시대의 핵심 기술과 미래의 변화(무위의 세상)

Web 3.0 시대는 단순한 기술의 진보가 아니라 철학적 전환의 시기이다. 이 시대를 이끄는 핵심 기술들은 각종 블록체인 기반으로 스마트 콘트랙트된 기술들이 상호 유기적으로 연결되며, 새로운 질서와 생태계를 만들어 낸다. 그리고 그 질서는 억지와 강제가 아닌 자연스러운 흐름, 장자가 말한 무위(無爲)의 철학을 실현하고 있다.

자율주행 전기차(개념의 전환) – 거피취차(去彼取此)

자율주행 전기차의 도입은 단순한 이동 수단의 진화가 아니라 도시 문명 전체의 구조 전환이다. 이는 기술의 문제를 넘어서 문화적, 철학적 패러다임의 이동이다. 전통적인 내연기관 차량과 자가운전 중심의 교통 시스템은 점차 퇴장하고, 친환경 에너지 기반의 자율주행 시스템이 그 자리를 대체하게 된다. 이는 장자가 말한 '거피취차(去彼取此)'—저것을 버리고 이것을 택한다—의 사유와 맞아 들어간다.

과거의 자동차는 소유와 지위를 상징했지만, 미래의 차량은 흐름과 최적화, 연결을 구현하는 매개체로 변화한다.

정확한 수치는 아직 유동적이지만, 다양한 시뮬레이션 연구에서는 자율주행 전기차 기반의 공유 모빌리티 체제가 도입될 경우 도심 내 차량 수가 최소 50% 이상 감소할 수 있다고 예측한다. 이는 단순히 차량 대수가 줄어드는 것이 아니라, 도로의 혼잡, 신호 체계, 정체의 패턴이 완전히 재설계된다는 것을 의미한다. 자율주행 시스템은 고속주행보다는 저속이지만 정체 없는 흐름을 구현하며, 차량 간 간격, 속도, 경로 선택이 모두 실시간 AI 관제에 따라 조정되므로 신호등 없이도 자연스럽게 순환되며 빠른 도시 흐름이 가능해진다.

또한 자율주행차는 과속, 신호 위반, 음주운전, 졸음운전과 같은 인간 오류 기반의 사고 원인을 원천적으로 제거한다. 센서 기반 인식 시스템, LIDAR(광학 레이더), 카메라와 GPS 통합 내비게이션, 고정밀 HD 지도와 V2X(vehicle to everything) 통신 기술이 결합되어 주변 차량, 보행자, 교차로, 날씨 정보까지 실시간으로 해석하며, 사고의 발생 가능성을 획기적으로 낮추는 구조를 갖추게 된다.

이러한 변화는 단지 기술 효율의 문제가 아니라 도시 공간의 본질을 바꾸는 계기가 된다. 차량 수의 감소는 기존의 주차장, 대기 차선, 도로 폭, 신호체계, 경계석 등을 재설계하며 전기 자율주행 차량 기반 교통 인프라를 구축한다. 충전소, 간이 정비소, 공유 차량 탑승 지점 등 서브 인프라가 들어서고, 남는 공간은 공공녹지, 보행 공간, 커뮤니티 시설 등으로 재편된다.

디자인 측면에서도 차량은 더 이상 '나를 표현하는 상징'이 아니라, 필요할 때 호출하여 목적에 따라 탑승하는 도구로 기능하게 된다. 그 결과, 차량 외형은 불필요한 장식이나 과시적 디자인이 사라지고, 단순하고 효율적인 구조로 진화된다. '속도'가 아닌 '연결'이 중심이 되는 도시, '소유'가 아닌 '순환'이 중심이 되는 생태계로 이동하는 것이다.

이는 탈물질화(dematerialization)의 시작이기도 하며, 소비의 방식이 '보여주기'에서 '최적화된 흐름'으로 이동하는 문화적 변화이다.

기술적으로도 차량은 더 이상 '기계'가 아니다. 전기 자율차는 '움직이는 컴퓨터'에 가깝다. 모든 제어는 소프트웨어적으로 이루어지며, 기능은 OTA(Over The Air) 방식으로 업데이트되고, 고장 진단과 조치 또한 실시간으로 이뤄진다. 차량은 '기계 부품의 집합체'에서 벗어나, 센서와 알고리즘, 데이터 분석으로 작동하는 디지털 유기체가 된다.

이는 장자가 말한 "이것이 저것 되고, 저것이 이것 된다."라는 형상과 본질의 유동성을 현대 기술이 구현해 내는 한 예이기도 하다.

또, 이와 같은 시스템 전환은 노동 구조에도 근본적 변화를 야기한다.

차량 수의 감소와 자율 운영 기술의 발전은 기존의 운전 인력, 정비 인력, 교통 관리 인력의 감소를 불러온다. 하지만 동시에 새로운 형태의 노동—예컨대, 알고리즘 설계, 데이터 학습, 모빌리티 UX 디자인, 스마트 인프라 통합—이 요구되며, 더 많은 사람이 반복적 노동이 아닌 창의적 설계와 자아실현의 영역으로 이동하게 된다.

이는 단순한 직업 재편이 아니라 인간이 시간을 사용하는 방식 자체의 철학적 변화를 뜻한다. 삶은 생존에서 해방되어 '존재의 확장'으로 진화하며, 도시는 효율을 넘어 조화로운 흐름의 공간으로 진화한다.

장자가 말한 '무위자연(無爲自然)'—억지로 다스리지 않고 흐르게 두는 통제—은 자율주행 시스템이라는 기술과 관제 시스템이 스스로 조율하며 인간을 자유롭게 하는 구조 안에서, 현대 기술 속에서 오히려 실현되고 있는 것이다.

자율주행 자동차는 이제 단순한 기술 혁신의 대상이 아니라, 도시 문명과 인간의 이동 구조를 근본적으로 바꾸는 전환점이 되고 있다. 특히 일론 머스크가 주도하는 테슬라의 기술 생태계는 이 흐름을 하나의 거대한 통합 네트워크로 확장하고 있다. 그 중심에는 테슬라의 자율주행 소프트웨어인 FSD(Full Self-Driving)와 지구 저궤도 위성망 스타링크(Starlink)가 있다. 이 둘이 결합함으로써 자동차는 더 이상 독립적인 운송 수단이 아닌, 전 지구적 통신망 속에 실시간으로 연결된 유기적 노드로 진화하게 된다.

테슬라는 이미 카메라 기반 비지도 학습 모델을 통해, 인간의 운전 습관과 도로 인식 패턴을 스스로 학습하고 재현하는 수준의 자율주행 기술을 확보하고 있다. 여기에 스타링크가 제공하는 위성 통신 기술은 기존 셀룰러망의 한계를 넘어서, 오지나 도심 밀집 지역에서도 실시간 통신을 가능하게 만든다. 결과적으로 각 자율차는 자신의 주행 상황을 실시간으로 전 세계에 전송하고, 동시에 전체 네트워크의 데이터를 참조하며 운행할 수 있게 된다.

이로써 우리는 '자율차'라는 개별 기계를 넘어, 지구 전체가 하나의 거대한 이동 생태계로 작동하는 시나리오를 그려볼 수 있게 된다. 차량은 도로를 달리는 하나의 노드가 되고, 위성은 그들을 조율하는 두뇌이며, 각종 인프라와 관제 센터는 실시간 피드백을 제공하는 신경계 역할을 수행한다. 모든 이동은 실시간으로 동기화되며, 교통사고나 정체는 AI의 예측과 제어에 의해 사전 차단된다. 이는 장자가 말한 "저것이 이것 되고, 이것이 저것 된다"는, 사물의 경계가 사라지는 유동성의 철학과도 겹쳐진다.

더 나아가 자율주행 차량은 단지 이동하는 수단이 아니라, '움직이는 컴퓨터'이며, '이동형 학습 센서'로서 기능한다. 테슬라 차량들은 주행 중 도로 상황, 보행자 행동, 날씨 조건, 교통 흐름 등을 실시간으로 학습하고 서버에 전송한다. 이는 중앙에서 데이터를 학습하는 기존 인공지능 구조를 넘어, 모든 차량이 학습과 진화를 분산하여 수행하는 새로운 인공지능 생태계, 곧 '자율 분산형 AI 학습망'의 구현이라 할 수 있다.

이러한 기술 통합은 물류, 배달, 택시, 통근, 관광, 에너지 분배 등 거의 모든 도시 기능에 영향을 미친다. 도로 설계는 달라지고, 주차장은 사라지며, 신호체계는 소프트웨어화되고, 사람들은 더 이상 차량을 소유하지 않는다. 모든 이동은 플랫폼 기반 호출로 이뤄지며, 차량은 목적지에 다다르면 다음 사용자를 위해 다시 출발한다. 이는 곧 자동차를 사물로서 '소유'하는 것이 아니라, 흐름의 일부로서 '공유'하는 개념 전환을 의미한다. 물론 이러한 모든 시스템은 블록체인의 초연결 기반에서 이루어진다.

결과적으로, 차량의 정체성은 완전히 바뀐다. 한때는 부와 계급의 상징이었던 자동차는 이제 효율성과 연결성, 실용성과 생태적 흐름을 담아내는 매개체가 된다. 기술은 인간의 이기심을 기반으로 하지 않고 전체 흐름을 위해 작동하며, 우리는 그 기술 속에서 오히려 장자가 말한 '무위자연'—억지 없이 자연스럽게 흐르는 삶의 방식—을 실현하게 되는 것이다. 이 거대한 전환의 한복판에서 우리는 묻는다. 우리는 여전히 나만의 차량을 소유하고 싶은가, 아니면 거대한 유기적 이동망의 일부가 되어 자유롭게 흐르길 원하는가?

Web 3.0 시대의 탈물질을 선도하는 메타버스(Metaverse)

　메타버스는 단순한 기술 트렌드가 아니라 우리의 삶과 정체성, 활동이 디지털 공간에서 구현되는 새로운 존재 방식이다. VR은 게임, 훈련, 의료, 산업 체험 등 몰입형 시뮬레이션에 특화되어 있으며, AR은 실시간 현실 정보를 보완·중첩함으로써 일상의 구조 자체를 디지털로 대체하는 기술로 확장된다. 교통 체계인 신호등, 차선, 도로 표지판, 교통 안내 시스템은 물리적 구조로 존재하지 않게 되고, 대신 AR 기반 디바이스나 차량의 HUD를 통해 시야 속에 디지털 정보가 투사된다. 차선 변경이나 경로 안내는 AR 그래픽으로 실시간 유도되며, 보행자 또한 정보가 겹쳐진 가상의 레이어를 통해 이동하게 된다. 도시의 물질적 신호체계는 점차 사라지고, 그 자리에 데이터 기반의 디지털 인프라가 실재 위를 덮어 가게 되는 것이다.

　이러한 기술적 진보는 단순한 도구의 발전을 넘어, 도시와 존재의 구조 자체를 바꾼다. 교통, 산업, 교육, 상업, 공공 서비스 등 모든 영역은 물리와 가상이 혼합된 공간에서 작동하며, 현실은 점차 보완되거나 재해석된 실재로서의 위상을 갖는다. 이는 곧 존재의 탈물질화로 이어지고, 물리적 실체가 아닌 흐름과 경험이 존재의 본질로 자리 잡는 시대를 예고한다.

　장자가 말한 "모든 것은 흐름 속에 있다"는 통찰은 기술로 연결된 이 세계에서도 유효하다. 실재와 비실재, 물질과 정보의 경계가 흐려지는 이 세계에서 인간은 더 이상 고정된 틀에 자신을 가두지 않고, 스스로 의미를 구성하고 삶의 방향을 창조하는 주체로 거듭난다.

　기술적으로는 이 변화를 가능케 하는 인프라가 이미 갖춰지고 있다. AR 기반의 도시 서비스는 초저지연 5G/6G 통신, 엣지 클라우드 연산, 공간 맵

핑 기술(SLAM) 등을 통해 사용자의 위치와 시선을 인식하고, 이에 맞는 정보를 실시간 투사한다. VR은 언리얼 엔진이나 유니티 기반의 시뮬레이션 기술로 고정밀 가상공간을 생성하며, XR은 AR과 VR의 경계를 통합함으로써 가상과 현실이 완전히 혼합된 세계를 구성한다. 이러한 시스템은 일상적인 정보의 전달을 넘어, 도시 전체를 증강하고 재구성하는 플랫폼이 된다.

여기에 블록체인 기술은 정체성과 기록, 소유의 개념을 기술적으로 뒷받침한다. 디지털 아바타는 단순한 그림이 아닌, DAO 참여 이력, 교육 수료, 콘텐츠 기여, 사회적 평판 등을 담아내는 정체성의 확장체로 기능하고, 이러한 활동은 NFT, SBT, 탈중앙화 신원 인증(DID) 형태로 기록된다. 이로 인해 개인은 하나의 중앙 서버가 아닌, 자신만의 분산된 데이터 위에 정체성을 구축하고, 플랫폼을 넘나들며 동일한 신뢰를 유지할 수 있게 된다. 존재는 이제 로그인이나 명함이 아니라, 네트워크 위에 새겨진 흔적들로 증명된다.

결국 메타버스는 단순한 가상공간이 아니라, 도시를 디지털화하고 인간의 존재 방식을 재구성하며, 철학과 기술이 결합된 문명의 새로운 무대가 된다. 정체성은 고정된 프로필이 아닌 흐르는 기록이 되고, 활동은 물리적 위치가 아닌 데이터 간의 상호작용으로 재정의된다. 인간은 더 이상 '보기 위한 존재'가 아니라, '존재를 구성하는 존재'로 바뀌며, 보여 주기 위한 소비 대신 연결과 흐름 속에서 자유를 실현하게 된다. 장자가 말한 무위자연, 억지 없는 삶의 흐름은 아이러니하게도 기술에 의해 다시 가능해진다. 인간은 이제 현실에 얽매이지 않으면서도 그 현실을 확장할 수 있는 기술을 손에 쥐게 되었으며, 그 안에서 스스로의 존재를 더 깊이 경험하게 될 것이다. 학교 교육이나 모임도 가상공간에서 아바타로 이루어질 것이다. 이러한 현상은 이동 물류의 감소로 탈물질과 친환경을 더욱 가속화할 것이다.

블록체인과 AI 지식을 대체한다 – 앎을 버리고 나를 좇는다

AI는 방대한 양의 데이터를 스스로 수집하고 학습하며, 그로부터 패턴을 인식하고 상황을 예측하고 적절한 판단을 도출하는 자율적 사고 시스템으로 진화하고 있다. 이러한 진보는 인간의 반복적이고 기계적인 업무를 점차 대체하게 만들고 있으며, 그 결과 인간은 더 이상 일상적인 판단과 계산에 몰입하지 않아도 되는 환경 속에서, 보다 창의적이고 고유한 문제 해결과 감성적 사고에 집중할 수 있는 기회를 회복하고 있다. AI는 자율주행 차량의 두뇌가 되어 고속도로 주행, 교차로 인식, 충돌 회피 등을 실시간으로 수행하고, 개인화된 콘텐츠 추천 알고리즘은 수십억 건의 사용자 행동 데이터를 분석해 맞춤형 서비스를 자동 제공한다. 스마트팜에서는 환경 센서와 연결된 AI가 날씨 예측, 토양 상태 분석, 병해충 감지까지 수행하며, 농작물 생산의 전 과정을 자동으로 최적화한다.

이러한 AI 시스템은 단순히 독립적으로 작동하지 않고 다른 첨단 기술들과 유기적으로 연결되며 그 능력을 더욱 확장한다. 특히 블록체인 기술과의 결합은 신뢰성과 투명성을 강화하는 핵심 역할을 수행한다. 예를 들어, AI가 수집하고 분석한 데이터는 블록체인에 기록됨으로써 위·변조가 불가능한 영구적 정보로 저장되고, 제삼자의 개입 없이도 신뢰 가능한 판단의 기반이 된다. 의료 AI의 진단 이력, 스마트팜의 수확 정보, 자동화된 물류 경로와 에너지 사용 데이터 모두가 블록체인 기반으로 관리됨에 따라, 투명성과 추적 가능성이 확보되고 자동화된 업무 시스템이 보다 안정적으로 운영된다.

블록체인은 AI의 작동 기록을 검증하고, 분산된 노드 간 데이터 공유를 보장하며, AI가 실행하는 결정 과정에 대한 신뢰 가능한 감사 체계를 마련해 준다. 또한, AI 기반 시스템에서 발생하는 계약·결제·소유권 이전과 같은 복잡한 절차들은 스마트 계약(Smart Contract)과 결합되어 자동으로 실행된다. 자율차가 통행료를 정산하거나, AI가 작성한 디지털 콘텐츠의 소유권을 등록하고 유통하며, 분산형 조직(DAO)에서 AI가 제안한 의사결정이 블록체인 투표로 반영되는 등의 구조가 그것이다. 즉, AI는 데이터 기반 판단을 수행하고, 블록체인은 그 판단을 안전하게 검증하고 실행하는 기술적 파트너로 기능한다.

이러한 기술의 융합은 단순한 자동화를 넘어, 인간 존재의 구조를 재정의하는 방향으로 확장된다. 장자가 말한 "앎을 버리고 나를 좇는다"는 말처럼, 우리는 지식의 축적을 넘어 존재의 본성을 돌아보는 전환점에 와 있다. 판단은 기계가 수행하고, 계산은 알고리즘이 담당하며, 인간은 더 이상 모든 것을 알고, 통제하고, 예측하려 애쓰지 않아도 되는 시대가 열린다. 오히려 우리는 몰라도 되는 자유 속에서 스스로에게 집중할 수 있는 여백을 얻게 된다. 기술은 인간을 통제하는 것이 아니라, 인간이 다시 '나'로 살아갈 수 있게 만드는 역설적 기반이 된다.

결국, AI와 블록체인은 함께 작동하면서 인간 중심의 기술 문명을 만들어 간다. AI가 만들어낸 흐름과 블록체인이 만들어 낸 신뢰, 그 조합 속에서 인간은 억지 없이 자신의 고유성을 표현하며 살아갈 수 있는 새로운 문명으로 진입하게 된다. 장자의 철학에서 말한 무위(無爲)의 상태, 억지로 하지 않고 스스로 그러한 삶의 형태는 이제 기술을 통해 실현 가능한 미래가 되고 있다.

블록체인 연결망 위성 인터넷 시스템
(Low Earth Orbit Satellite Internet) - 지구촌 정보의 공유

저궤도 위성 인터넷 시스템(Low Earth Orbit Satellite Internet)은 지구 전역에 균등한 초고속 연결성을 제공함으로써 물리적 경계와 정보 격차를 해체하는 기술적 혁신이다. 기존의 유선 중심 통신망은 대도시와 선진국에 집중되어 있었고, 그 이외 지역은 연결의 한계와 속도, 비용의 장벽에 부딪혔다. 그러나 수천 기의 소형 위성을 저궤도에 분산 배치함으로써 위성은 지구 전체를 커버하는 통신망으로 확장되며, 이제 오지와 해양, 사막, 산악 지대에 이르기까지 동일한 인터넷 품질을 제공할 수 있게 되었다. 이 기술은 단순히 통신 인프라의 보완을 넘어서, 정보 접근권과 디지털 권력 구조 자체를 재편하는 기반이 된다. 더 이상 '접속할 수 없는 지역'이라는 구분은 존재하지 않으며, 누구나 실시간으로 세계의 지식, 데이터, 시스템과 연결될 수 있게 된다.

이러한 연결은 정보의 통제권을 소수의 플랫폼이나 정부로부터 분산시키고, 정보 주체를 다시 개인으로 되돌리는 흐름을 형성한다. 누구나 네트워크에 접근하고, 데이터를 수집하고, 발신자가 될 수 있는 조건이 마련됨으로써, 참여와 발언, 창작과 기여의 기회가 본질적으로 평등해진다. 이는 Web 3.0의 철학, 즉 개인의 주권을 디지털 공간에서 복원하는 탈중앙화 구조와 정확히 일치한다. 인터넷은 더 이상 소비만을 위한 플랫폼이 아니라 자신만의 콘텐츠, 네트워크, 경제활동을 주도적으로 설계하고 참여하는 공간으로 진화한다. 개인은 이제 중심에서 소외되지 않으며, 블록체인 기반의 참여 이력, 분산형 자산, 커뮤니티 기여 기록 등을 통해 자신의 디지털 정체성을 구

성하고 유지한다.

저궤도 위성망은 이러한 Web 3.0 기반의 생태계가 물리적 공간에 상관없이 작동할 수 있도록 돕는다. DAO에 참여하는 사람, NFT 아트를 제작하는 창작자, 스마트팜을 원격제어하는 농부, 메타버스 내에서 교육을 제공하는 강사. 이들은 더 이상 지역에 구애받지 않으며 동일한 정보 환경 속에서 동등하게 활동할 수 있다. 즉, 공간의 해방은 곧 참여의 해방이며 이는 기술을 통한 존재 방식의 해방으로 이어진다.

장자가 꿈꾸던 구속 없는 삶, 외부의 제약 없이 스스로 그러한 존재로 살아가는 방식은 이 같은 디지털 연결 구조 속에서 구현 가능해진다. 특정한 장소에 속박되지 않고, 특정한 제도에 종속되지 않으며, 누구도 소외되지 않는 정보의 흐름 속에서, 인간은 억지 없이 자유롭게 관계 맺고 의미를 만들어 가는 존재로 살아갈 수 있다. 연결은 단지 네트워크의 문제를 넘어 권력의 문제를 해소하고, 정체성의 재구성을 가능하게 하며, 생존이 아닌 자아의 실현을 위한 조건으로 작용한다. 저궤도 위성망은 이제 인간이 디지털 공간에서 유영(逍遙)할 수 있도록 돕는 기술적 토대이자, 철학적 구현물이 된다.

스마트팜(Smart Farm) - 무위자연의 실현

AI와 센서, 자동화 기술은 이제 농업의 고유한 풍경을 근본적으로 재편하고 있다. 드론은 상공에서 농작물의 병해충과 생육 상태를 진단하고 지상에서는 로봇이 수확 작업을 대신 수행한다. 온도, 습도, 토양 상태, 일조량과 같은 환경 변수들은 실시간 센서를 통해 분석되며, 그 데이터는 인공지능이 자동으로 해석해 최적의 영양 공급과 물 관리, 조명 주기를 조절한다. 인간은 이제 땀과 감각만으로 작물을 기르지 않고, 지능적이고 예측 가능한 흐름 속에서 자연과 함께 호흡하는 농업으로 나아가고 있다.

이러한 기술 기반의 농업은 자원의 효율적 사용을 극대화하며, 물 낭비, 과다한 비료 사용, 토양 오염을 줄이는 방식으로 자연과의 공존을 가능하게 한다. 그 결과 농업은 더 이상 전통적인 농지에서만 수행되지 않으며, 도시 한가운데, 건물의 지하, 유휴 공간에서도 생태계처럼 자라난다. 차량 수가 감소함에 따라 발생한 지하 주차장과 비어 있는 도시 인프라는 스마트팜(Smart Farm)이라는 새로운 생태적 공간으로 전환된다. 특히 외부 기후의 영향을 덜 받는 지하는 자동화된 농작물 재배에 매우 적합하며, 지속적이고 안정적인 생산 시스템을 가능케 한다.

스마트팜은 단순한 자동화 재배 시스템이 아니라, 디지털 도시 안에 내재된 생태적 순환 구조로 자리매김한다. 도심 속에서 생산된 채소와 과일은 로컬 배송 네트워크를 통해 짧은 시간 안에 소비자에게 전달되며, 중간 유통과 냉장 보관의 비용과 에너지를 절감한다. 이는 도시 내 식량 자급률을 높이고, 탄소 배출을 줄이며, 위기에 강한 분산형 식량 시스템을 형성하는 기반이 된다. 그리하여 농업은 더 이상 변두리의 산업이 아니라, 도시의 핵심 기능 중 하나로 통합된다.

이러한 디지털 농업 생태계는 블록체인 기술과 결합함으로써 투명성과 신뢰성까지 확보한다. 작물의 생산 정보, 재배 이력, 온실 조건, 공급 경로는 블록체인에 기록되어 위·변조 없이 소비자에게 제공되며, 스마트 계약을 통해 자동 결제, 재고 조정, 공급 일정 조율까지 이루어진다. 도심 내 여러 스마트팜이 DAO 형태로 자율 운영되거나, 토큰 기반 보상 시스템을 갖춘 분산형 농업 네트워크로 발전할 수도 있다. 이는 Web 3.0 시대에 농업이 단순한 생계 기반 산업이 아닌, 참여 기반 생태 플랫폼으로 확장되는 사례다.

스마트팜의 본질은 인간이 자연을 지배하거나 복종하는 방식에서 벗어나 기술을 통해 자연과 조화롭게 공존하고 흐름에 맞춰 살아가는 무위(無爲)의 농업 방식을 구현한다는 데 있다. 장자가 말한 무위자연, 즉 억지로 하지 않으면서도 스스로 그러하게 되는 삶의 태도는 기술이 개입한 오늘의 농업 속에서 새로운 형태로 실현되고 있다. 농업은 더 이상 육체적 고통과 생존의 도구가 아니라, 기술과 생태, 인간성과 흐름이 결합된 디지털 유기체로서의 문명으로 전환되고 있는 것이다.

시대를 선도하는 모든 기술의 기반 블록체인(Blockchain)

블록체인은 모든 기술의 기반이자 가장 철학적인 시스템이다. 데이터는 중앙에 집중되지 않고 분산되어 저장되며 누구도 단독으로 조작할 수 없다. 신뢰는 코드로 구현되고 계약은 조건 충족 시 자동 실행된다. 이는 장자가 말한, "강제가 없는 자연스러운 질서"와 유사하다.

플랫폼이 독점하던 정보와 수익은 분산되고, 사용자는 자신이 만든 가치의 주인이 된다. 디지털 신원(DID), 스마트 계약, NFT, DAO 등은 그 구조적 실현이다. 블록체인은 억지로 지배하지 않으며, 스스로 그러한 흐름 속에서 사회를 조직한다.

장자는 말한다.

"진정한 질서는 강제가 아닌 자연스러운 흐름에서 나온다."

블록체인은 그 말처럼, 인간의 개입 없이도 스스로 작동하는 구조를 기술로 구현한다. 이것이야말로 무위의 실현이며, Web 3.0의 철학적 정점이다.

이 모든 기술은 각각 독립되어 보이지만, 사실은 서로 영향을 주고받으며 유기적으로 흐른다. 마치 방사형 노드처럼, 각각의 기술은 중심이 없지만 모두 연결되고, 서로를 보완하며 확장된다. 연결은 하나의 길만을 강요하지 않는다. 길이 아닌 것도 길이 되고, 통하지 않는 것도 통하는 세계. 이것이 무위의 질서이고, Web 3.0 시대가 지향하는 세상이다.

기술은 단지 도구가 아니라 철학의 구현이 된다. 장자가 꿈꾸었던 자연의 이치, 억지 없는 삶, 각자의 흐름 속에서 존재하는 방식이 이제 기술을 통해 다시 태어나고 있다. 결국 물질에서 정신으로 인류의 자아실현의 욕구를 추구하는 시대가 된 것이다. 자아실현이란 물질적인 욕구를 벗어나지 않고는 이룰 수 없다. 역사학자들은 전쟁의 본질을 '다툼'에서 찾고, 그 다툼의 근원에는 식량과 영토, 즉 물질의 소유와 확보가 있었다고 주장한다. 중세의 봉건제 사회에서는 경작지를 둘러싼 갈등이 일어났고, 근대 제국주의는 자원을 차지하기 위해 전 세계로 확장되었다. 현대에도 석유, 희귀 금속, 식량 생산지 등을 둘러싼 국제 분쟁은 여전히 현재진행형이다. 이처럼 대부분의 갈등은 물질적 자원의 분배와 지배를 둘러싼 문제에서 비롯되었으며, 인간의 역사는 곧 소유를 중심으로 한 생존 투쟁의 역사였다 해도 과언이 아니다.

그러나 지금, 기술은 그 '소유'의 개념 자체를 근본적으로 흔들고 있다.

AI는 인간이 일일이 정보를 축적하지 않아도 스스로 데이터를 분석하고 학습하며, 클라우드는 실체를 가지지 않은 디지털 공간 안에서 누구나 접근 가능한 지식 환경을 제공한다. 블록체인은 중앙 서버나 소유자를 두지 않은 채, 모든 기록을 분산된 네트워크에 투명하게 저장함으로써 신뢰를 재구성하고, 디지털 자산은 실물 없이도 가치가 생성되고 유통된다. VR과 메타버스는 공간을 점유하는 것이 아니라 접속하고 경험하는 방식으로 바꾸며, 존재와 활동이 점차 물질적 기반이 아닌 흐름과 상호작용을 통해 구성된다. 이러한 기술들은 공통적으로 '탈(脫)'을 지향한다. 탈물질, 탈소유, 탈공간, 탈중앙. 그 모든 '탈'은 결국 물질적 조건으로부터의 해방이며, 인간 존재가 본질적으로 추구해 온 정신적 자유를 위한 조건으로 작용한다.

기술이 만들어 가는 이 탈물질의 문명은, 오래전부터 사유되어 온 철학적 이상과 만난다. 장자는 '소요유(逍遙遊)'라는 개념을 통해 구속되지 않은 자유로운 존재 상태를 이야기했고, '무위자연(無爲自然)'을 통해 인위 없이 스스로 그러한 삶의 방식을 강조했다. 그동안 우리는 이를 고전 속의 철학 개념으로만 접해 왔지만, 지금의 기술은 이를 현실 속 구조로 옮기고 있다. 더 이상 소유하지 않아도 되는 사회, 중심에 속하지 않아도 관계 맺을 수 있는 사회. 경계 없이 가치가 흘러 다니는 세계는 점차 실현 가능성으로 다가오고 있으며, 소요유와 무위는 이제 철학이 아닌 삶의 방식으로 녹아들고 있다.

기술은 인간을 고립시키거나 기계화하지 않는다. 오히려 반복과 강제에서 벗어난 인간은 더 본질적인 사유와 표현, 창의와 관계 속으로 이동할 수 있다. 우리는 소유가 아닌 경험을 통해 존재를 확인하고, 경쟁이 아닌 흐름을 통해 삶의 의미를 재구성하게 된다. 억지로 채우지 않아도 되는 삶, 정의되기보다 흐르기 원하는 존재, 무언가 되려 하기보다 스스로 그러한 상태—이러한 삶이 기술이라는 수단을 통해 구현되는 시대에 접어든 것이다.

소요유는 이제 사색의 개념이 아니라 생활의 구조가 되고, 무위는 말의 장식이 아니라 일상의 태도로 실현된다. 더 이상 이상이 아니라 기술로 다가오는 현실이며, 그 안에서 인간은 다시 자연과 연결되고, 타인과 조화되며, 스스로와 화해하게 된다. 우리는 지금, 그 조용한 전환의 시대를 살아가고 있다.

17장   소요유 City(Web 3.0 도시)
- 무위의 기술적 실현

                                                                                        • • •

    Web 3.0 시대에 접어든 오늘날, 블록체인은 더 이상 단일한 기능에 국한되지 않는다. 비트코인은 신뢰 가능한 가치 저장 수단으로, 이더리움은 스마트 계약 실행의 핵심 플랫폼으로, 리플은 초고속 거래를 위한 금융 인프라로, 폴리곤과 같은 레이어2는 확장성과 수수료 문제를 보완하는 구조로 진화하고 있다. 이 모든 블록체인이 각기 다른 역할과 특성을 지닌 채 존재하되, 상호 연결되는 순간, 그들은 단일 시스템보다 더 유기적이고 조화로운 하나의 디지털 생태계를 형성하게 된다. 현실과 가상의 경계가 사라지고, 정보·자산·정체성이 체계적으로 흐르는 이 생태계는 억지로 작동되지 않는다. 오히려 기술은 자연스럽게 스스로를 조율하며, 인간의 개입 없이도 유지되는 '무위(無爲)'의 질서를 구현한다.

    디지털 도시 '소요유 시티(Soyoyu City)'는 이러한 블록체인 초연결 생태계가 구체적으로 구현된 가상의 공간이다. 이 도시에 접속한 시민 A는 온체인 기반 소울바운드 토큰(SBT)으로 정체성을 증명하고, 이더리움 DID 시스템을 통해 인증 절차 없이 모든 시스템에 접근한다. 마켓에서는 폴리곤 기반의 NFT 플랫폼을 자유롭게 이용하며 자신의 창작물을 판매하거나 교환하고, 결제는 USDC 또는 RLUSD 스테이블코인으로 진행되며, 그 트랜잭션은 솔라나 네트워크에서 실시간으로 처리된다. 어느 하나도 중앙화된 기관이나 허가를 거치지 않는다.

그의 커뮤니티 참여는 탈중앙화 자율조직인 DAO를 중심으로 이루어진다. 투표와 제안, 평판과 기여 내역은 별도의 검증 절차 없이 자동으로 아발란체 기반 블록체인에 기록되고, 이 기록은 다른 DAO에서도 공통의 신뢰 지표로 활용된다. 시민 A는 어떤 증명을 하지 않아도, 어떤 권력을 갖지 않아도, 자연스럽게 사회의 흐름에 기여하고, 그 기여가 그대로 시스템을 통해 환원된다. 이는 억지로 하지 않아도 조화롭게 이뤄지는 디지털 무위의 상태이다.

도시 내 이동은 전기 자율주행 차량으로 이루어지며, 이 차량들은 블록체인 기반의 교통 DAO에 의해 운영된다. 각 차량은 IoT 센서를 통해 도로, 날씨, 신호, 보행자 정보 등을 실시간으로 수집하고, 5G 통신망과 연결된 엣지 컴퓨팅 노드를 통해 초저지연 제어를 수행한다.

운행 중 생성되는 방대한 데이터는 빅데이터 분석 시스템으로 집계되고, 차량의 이용 요금, 위치 정보, 정비 이력 등은 스마트 계약에 따라 자동으로 정산된다. 차량 시스템과 인프라는 고성능 반도체 칩셋 위에서 작동하며, 이는 AI 연산과 암호화 처리의 기반이 된다.

탄소 배출량과 에너지 소비량은 체인링크(Chainlink)와 같은 오라클을 통해 블록체인에 실시간으로 기록되며, 이 정보는 기후 DAO와 연동되어 도시의 정책과 인센티브 시스템에 즉각 반영된다.

모든 데이터 흐름은 투명하고 검증 가능하며, 시민 누구나 참여 가능한 탈중앙 거버넌스 구조로 확장된다.

한편, 시민 A의 교육 이력, 기술 습득, 공공 기여는 NFT 형태로 온체인에 기록되며, 이는 디지털 캠퍼스, 고용 플랫폼, DAO 프로젝트 등과 직접 연결된다. 그는 더 이상 이력서를 제출하거나 자신을 증명할 필요가 없다.

자신이 걸어온 흔적이 곧 정체성이 되고 자격이 되는 시대, 장자가 말한 '자연스러운 존재의 흐름'이 기술을 통해 구현되는 미래다.

이 도시는 법도 없고, 강제도 없으며, 통제하는 중심도 존재하지 않는다. 시스템은 스스로 유지되며 각 요소는 자신이 존재해야 할 위치에서 자연스럽게 작동한다. 신뢰는 강제가 아닌 흐름이고, 기여는 경쟁이 아닌 연결이며, 참여는 소속이 아닌 자율이다. 장자가 말한 무위는 더 이상 추상적 철학이 아니라 기술 속에서 실현 가능한 질서가 되었으며, 기술은 인간에게 억지 없는 존재, 자유로운 관계, 흐르는 삶을 허용하는 토대를 마련한다.

18장 소요유 시티(Web 3.0 시티)에서 일어나는 블록체인의 경제

게임과 NFT 중심의 콘텐츠 생태계 이더리움

이더리움은 스마트 계약 기반 콘텐츠 생태계의 중심축으로, NFT와 게임 산업에서 특히 활발히 활용되고 있다. 이러한 구조는 단지 게임을 위한 기술이 아니라 경제와 신뢰, 소유와 창작의 구조 자체를 바꾸는 새로운 디지털 환경을 구현한다.

2021년 NFT 게임 붐의 중심에 섰던 Axie Infinity가 있다. 베트남 기반의 Sky Mavis사가 개발한 이더리움 기반 게임 Axie Infinity는 'Axie'라는 디지털 생물체를 NFT로 소유하고, 그것을 조합하거나 전투에 사용하여 수익을 창출하는 구조로 설계되었다. 사용자는 Axie를 세 마리 구매해야 게임을 시작할 수 있었고, 이 NFT는 이더리움 네트워크 기반의 소유권과 메타데이터를 담고 있었다. 게임 내 보상은 SLP(Smooth Love Potion)라는 토큰으로 지급되며, 이는 탈중앙 거래소(DEX)에서 실시간으로 거래 가능한 실질 자산이었다.

이 모델은 전통적인 게임 구조와 전혀 다른 사용자 경험을 만들어 냈다. 플레이어는 단지 소비자가 아니라 '참여자이자 투자자'가 되었으며, 일상적인 플레이 활동이 블록체인상에서 기록되고, 자산화되며, 시장에서 유통되었다. Axie의 가장 큰 특징은 플레이어가 생산한 자산이 DAO를 통해 자율적으로 운영된다는 점이었다. 사용자들은 투표권을 가진 거버넌스 토큰(AXS)을 통해 게임 운영 방향에 직접 참여했고, NFT 시장, 토큰 경제, 게임 밸런스 조정 등에 의견을 개진했다.

이 생태계는 하나의 게임이 아니라 하나의 경제 플랫폼이었다. Axie Infinity는 이후 혼잡한 이더리움 메인넷을 회피하기 위해 자체 사이드체인인 Ronin 네트워크를 구축했다. 이는 이더리움과 호환되면서도 수수료가 낮고 빠른 속도를 제공하는 L2형 구조로, NFT 게임 생태계의 확장성을 확보하는 데 기여했다. 이 사례는 블록체인이 게임을 어떻게 '경제화'하고, '분산화'하며, '초연결 플랫폼'으로 확장하는가를 가장 선명하게 보여 주는 모델이라 할 수 있다.

또 다른 사례로는 최근 주목받는 Otherside 프로젝트가 있다. 이는 유명 NFT 프로젝트인 BAYC(Bored Ape Yacht Club)를 중심으로 확장된 메타버스 게임으로, Ape, Mutant, Kodas 등의 NFT 소유자들이 디지털 세계에서 땅을 구매하고, 아이템을 제작하며, DAO 기반으로 커뮤니티를 구성하는 구조를 취한다. 이더리움 네트워크를 기반으로 작동하며, 자체 토큰인 $APE를 통해 생태계 내 활동이 토큰화되고, NFT 자산이 현실적 수익으로 연결된다.

Otherside는 메타버스와 블록체인 게임, NFT 경제가 통합된 형태로, 초연결 디지털 정체성과 자산 운용의 현실화된 예시이다.

이와 같은 사례들은 단순히 이더리움이 게임 기능에 적합하다는 차원을 넘어서, 블록체인이 새로운 생태계 구성 원리로 작용하고 있음을 보여 준다. NFT는 더 이상 이미지 파일이 아니라 네트워크 내 정체성과 자산을 연결하는 매개이며, 게임은 플랫폼이 아니라 자율 분산형 경제 실험의 장으로 확장되고 있다. 사용자는 단순한 플레이어를 넘어 거버넌스의 주체, 경제의 기여자, 정체성의 설계자로 참여하게 된다.

블록체인의 초연결은 이 모든 개별 게임, NFT, 토큰, 사용자의 정체성을 하나의 유기적 구조 안에 통합시킨다. 게임 내 아이템은 다른 메타버스에서도 사용 가능하고, 정체성은 여러 dApp을 넘나들며 유지된다. 이는 더 이상 플랫폼의 테두리에 국한되지 않는 경제활동이며, 기술적 신뢰를 바탕으로 이뤄지는 '네트워크 기반 문명'의 일면이다.

Otherside 프로젝트

Otherside 프로젝트는 이더리움 기반 대표 NFT 프로젝트인 BAYC(Bored Ape Yacht Club)의 세계관을 확장한, Yuga Labs의 대규모 메타버스 실험이다. 이 프로젝트는 단순한 가상 부동산 플랫폼이나 NFT 전시장이 아니라, 게임성, 경제활동, 커뮤니티 거버넌스, 디지털 소유권이 실시간으로 맞물리는 탈중앙화 생태계 전체를 설계하려는 시도다.

Otherside의 중심은 'Otherdeed for Otherside'라는 이름의 NFT 기반 디지털 토지다. 이 토지는 단순히 소유의 증거를 넘어서, 그 안에서 자원을 채굴하거나 경제 시스템을 설계하고, 캐릭터를 탐험에 보내거나 새로운 공간을 구축할 수 있는 기반이 된다. 토지에는 고유한 속성과 자원이 매핑되어 있으며, 일부 토지에는 'Koda'라는 미지의 생명체가 함께 부여된다. 이들은 메타버스 내부에서 생태계 운영, 탐험, 게임 내 전투 등의 핵심 요소로 작동한다.

사용자는 자신의 BAYC, MAYC, Meebits와 같은 아바타 NFT를 Otherside 세계로 불러와 실제 캐릭터처럼 활동시킬 수 있으며, 거대한 맵 위에서 토지 기반

탐험과 채굴, 협력 플레이, 퀘스트 수행 등 다양한 게임적 경험을 수행하게 된다. 이는 단순한 메타버스 체험이 아니라, 사용자가 자신이 속한 생태계의 일부로서 실질적 역할을 수행하고, 거기서 발생하는 보상 구조에 직접 참여하는 시스템이다.

기술적으로 Otherside는 Improbable이 개발한 고성능 메타버스 엔진인 M^2(M-Squared)를 활용해, 수천 명의 유저가 동시에 하나의 공간에서 상호작용할 수 있는 고밀도 실시간 구조를 지원한다. 이를 통해 전통적인 MMORPG 형식을 확장하면서도, 탈중앙화 자산 구조를 전제로 한 Web 3.0 메타버스의 작동 방식을 실험한다.

이 생태계는 네 가지 층위로 구성된다. 첫째는 소유다. 유저는 토지와 캐릭터를 NFT로 보유하며, 이는 단순 접근권이 아닌 게임 내 자산 운영의 실질적 권한을 가진다. 둘째는 참여다. 채굴, 탐험, 커뮤니티 의사결정, 세계관 스토리 구축 등 다양한 방식으로 사용자는 생태계의 작동에 관여한다. 셋째는 경제다. 자원 거래, 아이템 제작, 토지 협업 구조가 실시간 경제로 작동하며, 이는 향후 DAO 구조로 넘어가게 된다. 넷째는 문화다. Otherside의 세계관은 일방적 서사가 아니라 유저가 함께 창작하는 다중 서사이며, 이를 통해 새로운 IP와 문화 콘텐츠가 파생된다.

결국 Otherside는 Web 3.0이 꿈꾸는 핵심 구조, 즉 '소유와 존재가 분리되지 않고, 참여와 수익이 연결된 디지털 공동체'를 하나의 공간 속에서 구현하려는 시도다. 이 프로젝트는 '플랫폼을 사용하는 사용자'가 아니라, '세계의 공동 설계자이자 동시적 참여자'로 작동하는 존재 방식을 실험한다. Otherside는 단순히 NFT 시장의 확장이 아니라, '디지털 존재가 살아가는 구조' 자체가 어떻게 바뀔 수 있는지를 보여 주는 프로토타입이다.

WEB 3.0 기반 소요유 시티의 자산 체계 RWA

RWA(Real World Asset), 즉 실물 자산의 디지털화는 전통 자산이 블록체인 상에서 자유롭게 유통되고, 투자·보유·수익 분배의 전 과정을 자동화할 수 있도록 하는 가장 급진적이면서도 현실적인 블록체인 응용 모델 중 하나다.

기존의 부동산, 미술품, 금, 채권, 탄소배출권 등은 높은 진입 장벽, 복잡한 소유 구조, 그리고 제도적 비효율성으로 인해 일반 개인의 투자가 어려웠으나, 블록체인을 통해 이 자산들이 디지털 토큰화되면서 접근성과 유동성이 획기적으로 개선되고 있다.

대표적으로 아발란체(Avalanche) 블록체인 메인넷 네트워크는 RWA(Real World Asset) 생태계를 구현하는 데 특화된 블록체인 인프라 중 하나로 꼽힌다. 아발란체는 기존 퍼블릭 블록체인들이 직면한 확장성과 수수료 문제를 해결하기 위해 다중 체인 아키텍처를 채택하고 있다.

C-Chain(스마트 계약 체인), X-Chain(자산 교환 체인), P-Chain(플랫폼 체인)으로 구성된 구조를 통해 각 기능을 분리하고 병렬화하여, 초당 4,500건 이상의 트랜잭션을 처리할 수 있는 고성능을 구현한다. 이는 비트코인이나 이더리움 같은 기존 네트워크보다 월등히 빠른 속도이며, 평균 수수료 또한 현저히 낮아 대규모 디지털 자산 거래에 적합하다.

아발란체의 가장 혁신적인 특징은 '서브넷(Subnet)'이라는 확장 메커니즘이다. 이는 특정 프로젝트, 기업, 기관이 자신만의 맞춤형 블록체인을 아발란체 메인 프레임 위에 구축할 수 있게 하는 독립적인 네트워크 단위다. 각 서브넷은 독자적인 합의 알고리즘, 토큰 정책, 트랜잭션 처리 규칙 등을 자유롭게 설정할 수 있으며, 프라이빗 또는 퍼블릭 여부도 선택 가능하다. 이를 통해 아발란체는 다양한 규제 환경과 요구 조건을 가진 실물 자산 발행자들이 기술적 장벽 없이 참여할 수 있는 유연한 생태계를 제공한다. 예를 들어, 부동산 회사는 자사의 서브넷을 통해 규제 준수 조건에 맞는 자산 토큰화 환경을 구성할 수 있고, 그 결과물은 아발란체 메인넷과 상호 운용되며 전체 네트워크 내에서 유통된다.

이처럼 아발란체는 속도, 수수료, 유연성, 확장성이라는 네 가지 핵심 요소를 기반으로 실물 기반의 자산을 디지털화하고 자동화하는 데 최적화된 구조를 제공하고 있다. 특히 규제를 민감하게 반영해야 하는 부동산, 증권, 대체 자산 분야에서는 이러한 구조적 장점이 두드러지며, 글로벌 RWA 프로젝트들이 아발란체를 주목하는 이유가 되고 있다.

또한 아발란체는 고속 트랜잭션 처리 능력(4,500 TPS 이상)과 낮은 수수료 구조, 그리고 서브넷(subnet)이라는 유연한 확장성 메커니즘을 통해 금융 기관과 부동산 관련 기업들이 쉽게 참여할 수 있는 토큰화 플랫폼을 제공한다.

예를 들어, 한 오피스 빌딩이 1만 개의 디지털 토큰으로 분할되어 아발란체 기반의 RWA 시스템에서 발행되면, 이 자산은 더 이상 특정 법인이나 기관이 단독 소유하는 것이 아니라 블록체인을 통해 다수의 분산된 투자자들이 공동 소유하는 구조로 바뀐다.

투자자는 RWA 마켓플레이스에 연결된 웹 지갑을 통해 해당 부동산 토큰을 구매할 수 있으며, 이때 필요한 자금은 주로 스테이블코인(USDC, RLUSD 등)으로 충당된다. 스마트 계약(Smart Contract)은 이 거래를 자동으로 중개하며, 토큰 구매와 동시에 소유권의 일부가 암호화되어 지갑에 귀속된다. 이러한 소유는 단지 명의상의 권리가 아니라, 수익 분배의 권한을 포함한다. 예컨대 이 부동산이 상업용 임대 수익을 발생시킨다면 수익은 토큰 보유자의 지분에 따라 자동 분배되며, 분배 주기와 방식은 스마트 계약에 명시된 조건대로 투명하게 이행된다.

이 시스템의 장점은 명확하다.

첫째, 투자자는 세계 어디서든 클릭 몇 번만으로 고가의 실물 자산에 소액 투자할 수 있으며, 자산을 매입하거나 매도할 때 등기소, 공증, 법률 사무소를 거칠 필요가 없다.

둘째, 중개 수수료와 행정 비용이 최소화되며, 셋째, 모든 트랜잭션은 블록체인상에 영구 기록되어 조작과 위조의 가능성이 없다. 이러한 투명성과 자동성은 신뢰를 코드화한 것이며, 그 결과 자산 거래에서 가장 복잡했던 '신뢰 문제'를 프로토콜 수준에서 해결하게 된다.

서브넷(Subnet)을 활용하면 특정 기관이나 프로젝트가 자신만의 블록체인 환경을 구축할 수 있도록 지원하는 기능으로, 개별 금융기관은 자신에게 최적화된 합의 메커니즘, 자산 표기 방식, 규제 조건을 적용한 별도의 네트워크를 구성할 수 있다.

즉, 아발란체는 단일 체인이 아니라 금융기관이 손쉽게 디지털화할 수 있는 '블록체인 운영체제'처럼 작동하는 셈이다.

이러한 구조는 장기적으로 기존의 부동산 펀드, 리츠(REITs), 대출 플랫폼을 대체하거나, 혹은 그 위에 탈중앙 금융(DeFi) 기반의 새로운 실물 자산 투자 생태계를 형성할 가능성을 내포한다.

사용자는 RWA 토큰을 담보로 DeFi에서 대출을 받거나, 스테이킹하여 추가 수익을 올릴 수도 있다. 이처럼 하나의 부동산 조각 투자 행위는 고정된 자산 매입에 그치지 않고, 온체인 금융 생태계 전체와 연결되는 복합적 경제활동으로 확장된다.

RWA는 실물 자산에 블록체인의 탈중앙성과 자동성을 접목함으로써, 전통 금융의 중심이었던 물리적 자산을 Web 3.0 네트워크 내에서 유동화·분산화·재구성하는 구조를 실현한다. 궁극적으로, 이는 부동산이라는 '고정된 물질'이 더 이상 일부 소수만의 전유물이 아닌, 디지털 참여를 통해 누구나 공유 가능한 분산된 가상 자산으로 전환되는 과정을 의미하며, 이는 기술이 실질적으로 탈물질화와 무위의 흐름을 현실 속에서 구현하는 또 하나의 방식이다.

WEB 3. 0기반 소요유 시티의 금융 리플과 스텔라루벤

리플(Ripple)은 블록체인 기술이 본격적으로 주목받기 이전인 2000년대 초반부터 국제 금융 송금 문제를 해결하기 위한 목적으로 출발하였다. 초창기에는 RipplePay라는 이름의 지역 통화 시스템이었으나, 이후 2012년 크리스 라슨과 제드 맥케일럽에 의해 재정립되면서, 글로벌 금융기관 간의 실시간 결제망 구축을 목표로 한 Ripple Labs가 탄생했다. 리플의 핵심은 단순한 암호화폐 발행이 아니라, 기존의 국제 송금 시스템이 갖고 있는 느린 속도, 높은 수수료, 낮은 투명성을 근본적으로 해결하고자 하는 데 있다. 이를 위해 리플은 초기부터 탈중앙화보다 실용성과 정합성을 중시하는 접근을 택했으며, 허가형 블록체인과 유사한 형태로 독자적인 네트워크인

RippleNet을 구축하였다.

RippleNet은 RippleLedger라는 분산원장 기반 위에 구축된 고속 송금 시스템으로, 초당 수천 건의 거래를 거의 실시간으로 처리할 수 있다. 전통적인 스와이프 국제 송금은 4~5일이 걸리고, 중개 은행을 여러 단계 거쳐야 하며, 환율과 수수료가 불명확한 경우가 많다. 반면 리플은 1초 이내에 송금이 완료되며, 송금자가 자국 통화로 보낸 자금이 수신자에게는 해당 국가 통화로 자동 환전되어 전달된다. 이러한 구조는 XRP라는 디지털 자산을 중간 통화로 사용하는 온디맨드 유동성(On-Demand Liquidity, ODL) 시스템을 기반으로 한다. A 국에서 보낸 자금은 일시적으로 XRP로 전환된 후 다시 B 국의 통화로 바뀌어 도달함으로써, 실시간 환전과 송금이 동시에 이뤄진다.

최근 리플은 더욱 진화한 형태의 디지털 금융 플랫폼으로 발전하고 있다. 2023년에는 스위스의 디지털 자산 수탁 기술 기업 Metaco를 인수하여, 기관 고객을 위한 디지털 자산 보관과 관리 서비스를 제공할 수 있는 커스터디 인프라를 확보하였다. 또한 XRP Ledger의 기술 확장을 통해 스마트 계약 기능을 일부 구현하고 있으며, 자체 토큰 발행 기능까지 지원함으로써 RWA, NFT, CBDC 등 다양한 자산을 네트워크 위에 온체인화할 수 있게 되었다. 이는 리플이 단순한 송금 수단을 넘어, 디지털 자산의 이동, 정산, 보관, 발행을 포괄하는 복합 금융 플랫폼으로 자리 잡고 있음을 의미한다.

특히 리플은 국제 금융 메시지 표준인 ISO 20022를 준수하는 블록체인 네트워크 중 하나로, 대부분의 중앙은행과 금융기관이 이 표준으로 전환하는 추세 속에서 전통 금융 시스템과의 정합성까지 확보하고 있다. 이러한 구조는 리플이 중앙은행 디지털 화폐(CBDC) 발행 인프라로서 검토되고 있는 중요한 배경이며, RippleNet은 향후 글로벌 금융 백본 인프라로 기능할 수 있는 잠재력을 보여 준다. 무엇보다도 RippleNet은 XRP에만 국한되지 않는다. 모든 형태의 디지털 자산—실물 기반 RWA, 스테이블코인, NFT, 토큰화된 채권 등—을 송수신할 수 있는 구조를 갖추고 있으며, 이는 리플이 단일 암호화폐가 아니라 범용 가치 전송 네트워크로 진화하고 있음을 보여 준다.

이러한 진화 속에서 리플은 타 블록체인 네트워크들과의 호환성도 점차 확장하고 있다. 특히 이더리움과의 브릿지 구축, 스마트 계약 호환성 확보를 통해 XRP Ledger 위에서도 다양한 DeFi 생태계가 형성될 수 있는 기반을 마련하고 있다. 현재는 리플의 네트워크를 활용한 토큰화 프로젝트들이 Arbitrum, Avalanche, Ethereum 등 다양한 블록체인과 연동되어 실시간 결제 및 가치 이전이 가능하며, 이로써 XRP는 단일 자산이 아닌 '중개 통화' 역할을 넘어 Web 3.0의 네트워크 인터페이스로 기능하고 있다.

한편, 리플에서 기술 개발을 주도했던 공동 창립자 제드 맥케일럽은 2014년, 리플의 구조적 중앙화에 대한 우려를 바탕으로 회사를 떠나, 새로운 프로젝트인 스텔라(Stellar)를 출범시켰다. 스텔라는 리플과 기술적 기반을 공유하지만, 철학과 방향성 면에서 매우 다른 길을 걷는다. 스텔라는 금융 포용(Financial Inclusion)이라는 사회적 가치를 중심에 두고, 누구나 접근 가능한 개방형 금융 네트워크를 구축하고자 했다. 자체 네이티브 토큰인 XLM(루멘)을 기반으로, 스텔라는 탈중앙적이면서도 초경량, 고속의 합의 알고리즘인 연합 비잔틴 합의(FBA)를 도입하였다.

비잔틴 합의: 신뢰할 수 없는 노드들 사이의 신뢰 형성

비잔틴 합의(Byzantine Fault Tolerance, BFT)는 분산 네트워크 환경에서 일부 노드(참여자)가 악의적이거나 오작동을 하더라도, 전체 시스템이 정상적으로 작동하며 일관된 결정을 내릴 수 있도록 보장하는 합의 메커니즘을 말한다. 이 개념은 원래 1982년 컴퓨터 과학자 레슬리 램포트(Lamport) 등이 소개한 비잔틴 장군 문제(Byzantine Generals Problem)에서 유래하는데, 이 고전적 문제는 다음과 같은 시나리오에서 출발한다.

여러 장군이 서로 떨어진 위치에서 적을 포위하고 있으며, 모두가 동시에 공격하거나 동시에 후퇴해야만 성공할 수 있다. 하지만 장군들 사이의 통신은 완벽하지 않고, 어떤 장군은 배신자일 수도 있다. 이 상황에서 전체가 어떻게 일관된 결정을 내릴 수 있는가?

이것이 바로 '비잔틴 문제'이다. 이 문제는 블록체인 네트워크와 매우 유사하다. 분산된 노드들은 누구를 믿어야 할지 모르는 상황에서 전체 합의를 이뤄야 하며, 일부 노드가 정보를 조작하거나 잘못된 메시지를 보내더라도, 시스템 전체는 공통된 진실(합의된 블록)을 유지해야 한다.

블록체인에서의 비잔틴 합의 알고리즘은 이 문제를 해결하기 위해 존재한다. 대표적인 비잔틴 합의 알고리즘으로는 다음과 같은 것들이 있다.

- PBFT(Practical Byzantine Fault Tolerance): 허가형 블록체인에서 주로 사용되며, 전체 노드 수의 3분의 1 이하가 악의적일 경우에도 합의 가능. 고속이지만 참여자 수가 많을 경우 확장성 제한이 있다. 하이퍼레저 패브릭, 일

부 중앙은행 디지털 화폐(CBDC) 프로젝트에 사용된다.
- Tendermint BFT: Cosmos Hub 등에서 사용되는 합의 알고리즘. 빠른 결제 최종성과 낮은 지연 시간을 제공하며, BFT 기반으로 안전성과 성능을 조화시켰다.

- HotStuff: 페이스북의 디엠(Diem, 구 리브라) 프로젝트에서 채택된 합의 프로토콜로, PBFT를 개선하여 메시지 복잡도와 네트워크 병목을 줄였다. 일부 현대 합의 알고리즘의 기초가 된다.

- Federated BFT(연합 비잔틴 합의): 스텔라(Stellar)와 리플(Ripple)에서 사용하는 방식으로, 네트워크 내 신뢰 가능한 서브 그룹을 중심으로 합의를 이끈다. 특정 노드 간의 신뢰 관계에 기반해 전체 네트워크의 빠른 합의를 가능하게 한다.

이러한 비잔틴 합의는 Web 3.0 시대의 신뢰 없는 환경에서 신뢰를 기술적으로 구현하는 핵심 구조로 기능한다. 참여자 간에 신뢰가 전제되지 않아도, 알고리즘과 수학적 구조를 통해 '결과만은 모두가 동의할 수 있는 방식으로' 도출된다.

이는 스마트 계약, DAO, 탈중앙 금융(DeFi), DID, RWA 등 모든 탈중앙 응용 기술의 기반이 되는 필수적 메커니즘이다.

결론적으로, 비잔틴 합의는 단순한 프로토콜이 아니라, '신뢰할 수 없는 존재들 사이에서 신뢰를 만든다'는 분산 네트워크의 철학을 가장 압축적으로 구현한 기술 사상이라 할 수 있다.

스텔라는 특히 개발도상국의 금융 소외 계층, NGO 기부 흐름, 개인 간 마이크로 송금 등에서 강점을 발휘하며, IBM, UN 산하 기구, 국제 구호 단체들과 다양한 협업을 통해 블록체인의 공공적 기능을 현실화하고 있다. 최근에는 미국의 스테이블코인인 USDC와의 통합을 통해 실물 화폐 기반 송금 시스템과의 연결성을 높였고, RWA·CBDC·스마트 계약 플랫폼으로도 영역을 확장하고 있다. 이와 함께 스텔라도 자체 토큰 발행, 자산 유동화, DAO 거버넌스 환경을 제공하며 소규모 DeFi 활동과 탈중앙 금융 인프라의 기반으로 자리매김하고 있다.

Web 3.0이라는 거대한 전환 지형 안에서, 리플과 스텔라는 각각 다른 위치에 서 있다. 리플은 규제 준수와 제도권 금융 연결성, 확장성과 실용성을 바탕으로 금융 백엔드 인프라를 제공하는 역할을 하고 있으며, 스텔라는 탈중앙화, 공공성, 접근성에 중점을 두며 포용적 디지털 자산 네트워크로 기능하고 있다. 둘 다 스마트 계약 생태계와는 다소 다른 시작점에서 출발했지만 점차 DeFi 및 멀티체인 환경과 연동되는 구조로 발전하고 있으며, 각각의 체계가 전체 블록체인 네트워크 상에서 실용적 기능과 사회적 기여를 동시에 확장해 가고 있다.

WEB 3.0 기반 소요유 시티의 신용과 신뢰
- DID와 스마트 계약

Web 3.0 시대는 신뢰를 증명하기 위해 누군가의 서명을 기다리지 않는다. 중앙이 사라지고, 위임도 해체된다. 필요한 것은 이름이 아니라, 조건을 만족하는 어떤 존재라는 사실 그 자체다. 신뢰는 기관에서 나오지 않고, 연결과 참여, 기술과 코드 위에서 생성된다.

이 새로운 신뢰 구조의 중심에 있는 것이 DID(탈중앙 신원증명)이다. DID는 더 이상 중앙 인증 기관에 의존하지 않는다. 사용자는 자신의 신원을 블록체인에 안전하게 기록하고, 언제 무엇을 어떤 방식으로 공개할지를 스스로 결정할 수 있다. 정보는 통제되지 않고, 주어지지 않는다. 존재는 주체가 되며, 자격은 그 존재의 일부가 된다.

예를 들어, 특정 자산에 투자할 자격을 갖춘 사용자는 별도의 증명서나 서류 없이 '나는 투자 조건을 만족한다'는 사실만을 보여 줄 수 있다. 이름도, 소득도, 국적도 공개되지 않는다. 대신 최소한의 암호학적 증명만으로 필요한 문턱을 넘는다. 신뢰는 서류가 아니라 수학 위에서 작동한다. 그 자체가 이미 Web 3.0의 윤리다.

이 구조를 실현하는 것이 스마트 계약이다. 조건과 결과는 코드에 미리 새겨지고, 인간의 개입 없이 자동으로 실행된다. 어떤 제삼자의 승인이 없어도, 조건이 충족되면 계약은 발동된다. 계약은 투명하게 열려 있으나, 누구의 것도 아니다. 거래는 일어난다. 그러나 그 누구도 그 거래를 소유하거나 통제하지 않는다.

DID는 더 이상 인증의 도구가 아니다. 그것은 개인의 지속된 정체성이며, 네트워크 안에서 자율적 존재로 살아가는 구조다. 하나의 DID는 여러 플랫폼을 넘나들며 동일한 인물로 기능하고, 그 안에서 이루어진 활동들은 온체인 평판으로 축적된다. 이 평판은 다시 다른 서비스에서 신뢰의 기반이 되고, 사람들은 더 이상 누군가에게 '나를 인증해 달라'고 요청하지 않는다. 존재와 행위 그 자체가 신뢰가 된다.

탈중앙화 대출 플랫폼에서는 신용등급을 조회하지 않는다. 사용자의 과거 상환 기록, DAO 참여 이력, 커뮤니티 기여도, 평판 점수 등이 자동으로 연결되고, 대출 가능성과 조건이 산출된다. 이력은 조작되지 않고, 신뢰는 개인의 축적된 행위에서 도출된다. 중심은 사라졌지만, 정체성은 더욱 견고해진다. 네트워크 위에서 형성된 '나'는 이제 증명 없이도 스스로를 드러낸다.

철학적으로도 이 구조는 장자가 말한 무위의 신뢰, 즉 애써 설명하지 않아도 조화를 이루는 구조에 가깝다. 억지로 증명하지 않아도, 존재는 자연스럽게 드러나고 받아들여진다. 강요되지 않은 신뢰, 계산되지 않은 계약, 소유되지 않는 질서. 이것이 바로 Web 3.0 기반의 소요유 시티가 구현하는 신뢰의 형태다.

DID는 이제 신뢰를 위임하지 않고, 스스로 증명하는 세계로 향하는 길목에 서 있다. 그곳에서 신뢰는 더 이상 말로 요청되지 않는다. 존재와 연결, 그리고 흔적이 곧 증거다.

대표적인 기술의 전체 연결 - Web 3.0 지도 시나리오

Web 3.0 생태계는 단일 기술이 아니라 여러 분산형 기술들이 순환적·연계적으로 작동하는 시스템이다. 이는 하나의 사용자가 경험하는 디지털 여정 속에서 자연스럽게 구현된다.

아래는 실제 가능한 Web 3.0 기반 사용자 흐름 시뮬레이션이다.

1. 사용자는 DID 기반 지갑으로 디지털 신원 인증을 수행한다. 중앙 기관의 ID/

PW 없이도, 블록체인 DID 지갑 하나로 자신의 존재를 증명하고, 다양한 서비스에 참여한다. 예컨대 SBT(소울바운드 토큰)으로 학위, 자격, 평판 등이 기록되어 있다.

2. 탈중앙 게임에 접속하여 NFT 아이템을 획득한다. 이 게임은 이더리움 또는 폴리곤 기반으로 작동하며, 아이템은 고유한 메타 데이터를 지닌 NFT로 발행된다. 이 NFT는 플레이 실적과 행위 데이터를 바탕으로 보상으로 주어진다.

3. NFT를 탈중앙 마켓(OpenSea 등)에서 판매하여 수익을 얻는다. 스마트 계약을 통해 자동 거래가 성사되고, 이익은 USDC 등 스테이블코인으로 지급된다. 거래 내역은 온체인에 기록되어, 개인의 온체인 평판 데이터로 축적된다.

4. 수익으로 RWA(실물 자산) 기반 부동산 토큰에 투자한다. 아발란체 서브넷 또는 폴리곤 RWA 플랫폼에서, 실물 오피스 건물을 디지털 토큰으로 분할 매입한다. 사용자는 토큰 보유자 자격으로 배당 수익을 자동 수령한다.

5. 해당 토큰의 결제는 리플넷(RippleNet)을 통해 실시간 정산된다. 수익금은 자국 통화로 환전되어 리플넷으로 전송되고, 수신자는 해당 국가 통화로 1초 내에 자금을 수령한다. XRP 또는 중개 스테이블코인이 ODL(On-Demand Liquidity) 기반으로 사용된다.

6. 스마트 계약을 통해 자동으로 소유권이 이전된다. 계약은 조건 충족 시 자동 실행되어, 부동산 토큰의 소유권은 구매자 DID 지갑에 귀속된다. 이 과정은 공증, 중개인, 등기소 없이 블록체인상에서 완결된다.

이 간단한 시나리오 안에 작동하는 기술 요소들을 정리하면 다음과 같다:

– DID(Decentralized Identity): 탈중앙 신원증명 시스템

– NFT(Non-Fungible Token): 고유 디지털 자산 소유 구조

- DAO/Game/Metaverse: 탈중앙형 커뮤니티/콘텐츠 환경

- DeFi/스테이블코인: 탈중앙 금융과 유동성의 연결

- RWA (Real World Asset): 실물 기반 자산의 블록체인 유통

- RippleNet/XRP: 초고속 국제 결제 인프라

- Smart Contract: 자동 실행되는 디지털 계약

이처럼 Web 3.0은 기술들의 단순한 나열이 아닌 네트워크 기반 문명 시스템이다. 사용자 개인이 신원에서 자산, 계약, 소비, 소유까지 모두 스스로 결정하고 연결하는 구조이며, 중앙 통제 없이도 신뢰·권한·보상이 가능하게 되는, 진정한 '사용자 주권 생태계'를 구현한다.

기술은 보이지 않지만, 삶의 방식과 구조는 분명히 바뀌고 있다. 이 모든 연결은 중앙 통제 없이 '스스로 그러함(自然而然)'의 철학처럼 흘러간다. 각자의 기술이 억지로 하나로 묶이지 않으면서도 조화롭게 작동하며, 새로운 질서를 만들어 낸다. 이것이야말로 장자가 말한 무위의 세계가 기술로 구현되는 순간이다.

19장 WEB 3.0 디지털 르네상스 선언

우리는 지금, 새로운 시대의 문턱 앞에 서 있다. 이는 단지 기술의 진보나 시스템의 개선이 아닌, 인간 존재 그 자체에 대한 전면적인 재해석과 회복의 시대다. 코로나19 팬데믹은 전 지구적 단절을 야기했고, 인간은 물리적 세계에서 한 발 물러나 디지털 세계로 급격히 이동하게 되었다. 이러한 대전환은 고립과 불안을 가져오기도 했지만, 동시에 인간의 삶에 대한 본질적인 질문을 다시 던지게 했다.

과거 중세, 흑사병 이후 찾아온 르네상스가 신 중심의 세계관에서 인간 중심의 세계관으로 전환된 사건이었다면, 지금 우리가 마주한 변화는 물질 중심의 세계관에서 존재 중심의 세계관으로의 대전환이다. 이는 바로 '디지털 르네상스'의 서막이다.

디지털 르네상스는 인간의 외면이 아닌 내면에 집중한다. 블록체인, 메타버스, 인공지능, 사물인터넷(IoT), 증강현실(AR), 가상현실(VR) 등 다양한 기술들은 더 이상 단순한 '도구'가 아니다. 이들은 인간을 억압하거나 강제하지 않으면서도, 존재 그 자체의 가치를 존중하는 기술들이다. 이 기술들은 서로 얽히고 연결되며, 새로운 차원의 질서와 생태계를 구성한다.

이 질서의 핵심에는 '존재'가 있다. 과거 중앙 집중화된 시스템에서는 개인이라는 존재가 거대한 구조 속의 톱니바퀴에 불과했지만, Web 3.0의 시대는 개인이 곧 중심이다. 나의 신원, 나의 지갑, 나의 참여, 나의 존재 그 자체가 가치를 갖는다. 이와 같은 변화는 단지 시스템의 분산화가 아니라, 철학적 전환이기도 하다. 더 이상 외부의 기준에 나를 맞추지 않고, 나를 기준으로 세계를 재구성하는 시대다.

이제 우리는 새로운 문명의 기로에 서 있다. 정보는 더 이상 권력자의 전유물이 아니며, 진리는 권위에 의해 주어지지 않는다. Web 3.0은 기술이 아니라 새로운 존재 방식이며, 장자의 사유처럼 중심 없는 흐름과 자율적 조화를 추구한다. 디지털 공간은 단순한 도구를 넘어 인간의 의미와 가능성을 재정의하는 장(場)으로 진화하고 있다.

아래의 '디지털 르네상스 선언'은 이러한 시대정신의 천명이다.

Web 3.0 시대 디지털 르네상스 선언문

① 외부의 권위에서 인간 스스로의 주체로
절대적 외부 권위가 아닌, 스스로 의미를 찾고 결정하는 존재로서의 인간을 천명한다

② 집단에서 개인으로
동질성과 집단 정체성 중심의 사회를 넘어, 각자의 고유성과 자율성을 존중하는 시대로

③ 인간의 고정된 본질에서 존재의 다양성으로
하나의 본질에 인간을 가두지 않고, 존재의 무한한 가능성과 다양성을 인정한다

④ 권력의 집중에서 권력의 분산으로

소수의 권력이 아닌, 참여와 신뢰를 통해 모두가 결정권을 갖는 분산적 사회를 지향

⑤ 소유의 집중에서 공유와 연결로

독점적 소유에서 벗어나, 연결과 협력을 통해 가치를 나누는 열린 생태계를 구축한다

⑥ 근로의 수단에서 존재의 의미로

노동은 생존의 수단을 넘어, 자아실현과 공동체 기여의 방식으로 자리 잡는다

⑦ 성과 중심에서 기여 중심으로

눈에 보이는 결과보다, 지속 가능한 성장과 관계 중심의 기여가 중요한 기준이 된다

⑧ 경쟁에서 공존으로

이기적 경쟁보다 서로의 존재를 인정하고 조화롭게 함께 살아가는 방식으로 전환한다

⑨ 중앙 통제에서 자율 조정으로

중앙 권위의 지시보다, 개인과 공동체의 신뢰 기반 자율성과 자기 조정이 중심이 된다

⑩ 표준화된 정체성에서 유동적 자아로

고정된 역할이나 신분이 아닌, 맥락과 흐름 속에서 변화하는 자아를 인정한다

⑪ 서열의 질서에서 평면적 연결로

위계적 구조를 해체하고, 수평적인 관계망 속에서 서로를 연결하는 삶을 실현한다

⑫ 물질의 추구에서 경험의 추구로
'무엇을 가지는가'보다 '어떻게 존재하고 경험하는가'에 가치를 둔다

⑬ 고착에서 경계의 유연함으로
국가·성별·직업·세대의 경계를 넘나들며 자유롭게 이동하는 유연한 존재 방식을 추구한다

⑭ 소모 중심에서 창조 중심으로
단순한 소비자가 아닌, 각자의 영역에서 세계를 창조하는 주체로 나아간다

이러한 변화는 단지 기술의 발전만으로 이루어지지 않는다. 그것은 철학의 귀환이다. 장자의 무위(無爲)와 소요유(逍遙遊), 존재의 자연스러움에 따라 살아가는 삶의 방식은 이제 블록체인 기반 기술에 의해 구현되고 있다. 얽매이지 않고도 연결되는 사회, 강제하지 않아도 기여가 보상받는 구조. 이 모든 것이 우리가 추구해야 할 새로운 문명의 방향이다.

디지털 르네상스는 선언으로 끝나지 않는다. 이는 지금 우리의 삶 속에서 구현되고 있으며, 앞으로의 사회를 이끌어 나갈 지향점이기도 하다. 인간은 다시금 중심에 서고 있다. 다만 이번에는 권력이나 제도에 의한 중심이 아닌, 존재 그 자체로서의 중심이다.

이제 우리는 선언한다. 기술은 도구이고, 철학은 방향이다. 우리는 이 두 축이 균형 있게 맞물릴 때, 진정한 르네상스를 경험할 수 있다. 디지털 기술이 장자의 철학을 실현하고, 장자의 철학이 디지털 기술의 방향성을 이끌어 가는 이 시대야말로, 우리가 함께 써 내려가는 새로운 인류의 서사이다.

결론: 디지털 장자의 귀환

장자는 『제물론』 「오상아」 편에서 다음과 같이 말했다.
"스스로를 장사 지낸 뒤에야 비로소 진짜 나로 살아간다."
이는 단순한 비유나 선문답이 아니었다. 삶을 통째로 뒤집는 통찰이자, 존재의 본질을 향한 선언이었다. 그는 말하고 있었다. 지금껏 인간은 타인의 기준과 제도의 감옥 속에서 살아왔다고. 명함에 적힌 직책, 제도가 부여한 신분, 사회가 규정한 성공의 이미지들—그 모든 외피를 벗기고 나서야 비로소, 진짜 '나'라는 존재가 그 속에서 고요히 드러날 수 있다고 말이다. 이 말은 2,000년이 지난 오늘날에도 유효하다. 아니, 오히려 지금 이 디지털 문명의 분기점에서 더욱 또렷하게 다가온다.

우리는 지금, 과거 어느 시대보다도 치열하게 '진짜 나로 살아가는 법'을 새롭게 배워 가는 중이다. SNS와 플랫폼, 추천 알고리즘과 데이터 피드백 루프는 우리에게 정체성을 소비하도록 강요했다. 우리가 좋아할 것 같은 것을 보여 주고, 보여 주는 것을 우리가 좋아하게 만든다. 이러한 순환 속에서 우리는 '나'인 듯하면서도 '나 아닌 나'를 살아왔다. 하지만 블록체인이라는 기술은 정반대의 길을 제시했다. 강요 없이도 존재할 수 있는 구조, 그것이 가능하다는 것을 보여 준 것이다.

블록체인은 그 자체로 장자의 철학적 구조를 모방한 기술적 구현이다. 억지로 행하지 않아도 되는 무위(無爲), 자연스러운 흐름 속에서 존재하는 소요유(逍遙遊). 블록체인은 누구에게도 소속되지 않으며, 누구의 지시도 필요로 하지 않는다.

그 안에서 사람은 어떤 자격 없이도 연결되고, 자발적으로 기여하며, 결과적으로 자신의 고유한 가치가 보상받는다. 강제하지 않아도 참여하고, 심사받지 않아도 신뢰받는 세계. 인간이 존재 그 자체로 영향력을 가지는 생태계가 바로 이곳이다. 장자가 이상이라 말했던 세상은 그렇게 코드와 프로토콜의 형태로 현실 속에 구현되었다.

우리는 한동안 기술을 두려워했다. 기술이 인간을 지배할 것이라는 불안, 인공지능이 인간을 대체할 것이라는 공포, 데이터가 감시의 수단으로 활용될 것이라는 의심이 우리를 잠식했다. 하지만 지금 우리는 기술이 인간의 가장 오래된 철학을 실현할 수 있다는 놀라운 반전을 목격하고 있다. 장자가 꿈꾸었던 '자기답게 존재하는 삶', 얽매이지 않고 자유롭게 부유하는 삶은 이제 DeFi(탈중앙 금융), DID(탈중앙 신원증명), P2P 네트워크, DAO, NFT와 같은 구체적 기술적 실체를 통해 구현되고 있다. 기술은 철학의 실험장이 되었고, 블록체인은 도가(道家)의 무형성을 담아낸 디지털 토양이 되었다.

우리는 지금 인류 문명의 두 번째 르네상스를 맞이하고 있다. 첫 번째 르네상스가 인간을 신으로부터 해방시켰다면, 이번 디지털 르네상스는 인간을 구조로부터 해방시킨다. 직장, 학교, 제도, 국가, 출신… 인간을 규정짓던 모든 레이블이 점차 의미를 잃고 있다. 그 대신, '어떤 체인 위에서 내가 무엇을 기여했는가', '어떤 커뮤니티 속에서 나의 존재가 어떻게 반영되었는가'가 인간을 설명하는 새로운 기준이 되었다. 이제 더 이상 명문대를 나왔는가, 어떤 회사를 다니는가가 아닌, '어떤 생태계에 기여하며 존재하고 있는가'가 인간을 구성한다.

어쩌면 장자는 이 시대를 오래전부터 예감하고 있었는지도 모른다. 그는 권위도 규범도 흘러넘치는 고대 중국의 중심에서 '그저 존재하라'고 외쳤다. 그리고 오늘날, 우리는 존재 그 자체가 데이터가 되고 토큰이 되며, 생태계를 이끄는 힘이 되는 시대를 살아가고 있다. 행위 이전에 존재가 기록되고, 존재 이전에 연결이 발생하며, 연결 이후에 영향이 발생한다. 장자의 철학은 더 이상 이상적인 말이 아니다. 그것은 코드로 작성된 현실이다. 존재만으로 가치를 만들어 내는 시스템, 블록체인은 그렇게 디지털의 언어로 장자를 소환하였다.

그러므로 우리는 이제 질문을 바꾸어야 한다.

"나는 무엇을 해야 할까?"가 아니라, "나는 무엇으로 존재하고 있는가?"라고.

그리고 그 존재는 타인의 시선을 의식해 만들어 낸 꾸며진 자아가 아니라, 내 안의 고유한 리듬이 자연스럽게 흐른 결과여야 한다. 남을 따라 하지 않고, 증명하려 하지도 않으며, 단지 스스로의 흐름대로 움직이는 삶. 그것이야말로 진정한 무위이며, 소요유이다.

기술이 철학을 품고, 철학이 기술을 이끄는 시대. 그 접점에 우리는 서 있다. 그 한가운데에서 장자는 디지털의 얼굴로 다시 돌아왔다. 그는 이 시대의 귀환자이며, 미래의 안내자다.

부 록

1. Web 3.0 수익 참여에 필요한 기본 세팅

2. 참여 기반 수익 모델

3. 디파이 기반 수익 모델

4. P2E 기반 수익 모델
(어스 2, 로블록스, 샌드박스, 엑시인피니티, 제페토)

5. 창작 기반

6. 파생형 및 자동화 수익 구조

Web 3.0 시대, '참여'는 수익을 만든다.

Web 3.0은 단순한 기술 진보가 아니라 삶의 방식과 경제 구조, 가치관에 이르기까지 모든 것을 다시 생각하게 만드는 거대한 전환의 흐름이다. 이 변화는 "어떻게 수익을 얻는가?"라는 질문에서부터 시작된다. 과거에는 시간을 들여 노동한 만큼 보상을 받는 임금 중심의 구조가 일반적이었다. 그러나 Web 3.0 시대에는 단지 '일하는 것'을 넘어서, 참여하고, 연결되고, 기여하는 존재 자체가 수익의 근원이 된다.

이 장에서 소개하는 Web 3.0 수익 모델들은 단순히 수익을 얻는 방법만을 나열하는 데 그치지 않는다. 이 구조들을 통해 우리는 지금 이 시대가 어떻게 움직이고 있는지, 그리고 기존 시스템에서 중요하게 여겨지던 가치들이 어떻게 재정립되고 있는지를 살펴볼 수 있다. 중앙 집중형 경제 질서에서 분산적이고 자율적인 생태계로 이동하는 이 흐름은 단순한 기술 변화가 아니라 철학적 전환이기도 하다. 물론, 지금 소개할 수익 구조들은 아직 완전하게 정착된 시스템이 아니며, 일부는 실험적 단계에 머물러 있거나 시장 상황에 따라 성과가 크게 달라질 수도 있다. 따라서 각 구조의 특성과 작동 방식은 스스로의 판단 아래 신중히 참고하고, 검토하며 접근할 필요가 있다.

Web 3.0 시대의 수익 구조는 아직도 개척 중이다. Web 3.0 이전의 수익 모델과 물리적인 수익 모델 등 아직 블록체인 기반으로 진입하지 않거나 기술적 제한이 있는 분야도 많이 있다. Web 3.0 기반의 수익 모델들은 비교적 진입이 쉬운 반면 물리적인 수익 모델은 기술적 제한이 있다. 하지만 크게 분류해 보면 디파이 쪽의 진입이 가장 빠르게 진행되고 있으며 게임과 E-스포츠, 창작물(콘텐츠)은 급물살을 타고 있다. 실물 쪽은 RWA가 진입하고 있으며 실물 기반의 블록체인 진입은 DePIN이 시도하고 있다.

이 장에서는 Web 3.0 수익 모델을 ① 참여 기반, ② 디파이(DeFi) 기반, ③ P2E(Play to Earn) 기반, ④ 투자 기반 등 유형별로 구분하여 소개하며, 실제 사례와 함께 기술적 작동 원리, 참여 방법, 위험 요소 등도 함께 다룬다. 또한 메타마스크 지갑 설치, 디앱(DApp) 활용법, 스마트 계약의 이해 등 Web 3.0 참여를 위한 필수 기초 지식도 단계적으로 안내해 줄 것이다.

이제 여러분은 더 이상 단순한 소비자가 아니다. Web 3.0 생태계의 참여자이자 창조자, 그리고 수익의 주체로서 시대의 흐름과 함께 새로운 가치를 탐색하는 여정의 첫걸음을 내딛게 된다. 이 책에 다수의 사례를 첨부한 이유는 단순히 아이템을 소개하려는 데 있지 않다. 각 사례를 통해 아이템이 가진 구조와 기술적 특성, 생태계 내에서의 역할을 관찰하고, 그 감각을 체득해 나가길 바라는 의도가 담겨 있다.

이제는 단순히 읽고 아는 것이 아니라, 직접 해 보고 경험해야 할 때다. 지갑을 만들고, 소액을 전송해 보고, DApp에 연동해 보고, 때로는 NFT를 구매하거나 간단한 거래를 시도해 보는 용기—그것이야말로 진짜 참여자의 자세다. 처음에는 생소할 수 있다. 아니, 지갑이라는 개념조차 낯설 수 있다. 자산을 스스로 관리하고, 책임을 지는 구조는 우리가 익숙했던 금융 시스템과 전혀 다르기 때문이다.

    하지만 어쩌겠는가? 이 시대를 진심으로 환영하고, 그 중심에서 살아가기 위해서는 직접 해 보는 실천이 필수다. 지갑을 만들고, 게임이나 플랫폼에 가입하고, 그것을 연결하고 움직이는 일련의 절차들은 처음엔 어색하지만, 반복되는 순간 어느새 나의 일부가 된다. 그 생소함이 익숙함으로 바뀌는 순간, 나는 더 이상 외부의 구경꾼이 아닌 이 생태계의 안쪽에 자리한 하나의 존재로서 존재감을 획득하게 되는 것이다.

1. Web 3.0 수익 참여에 필요한 기본 세팅

지갑 생성부터 보안까지

Web 3.0 수익 구조에 참여하기 위해 가장 먼저 해야 할 일은 자신만의 암호화폐 지갑을 만드는 것이다. 앞으로 이 지갑은 단순히 돈을 보관하는 역할을 넘어, 디지털 세상에서 '나'라는 존재를 증명하는 신분증이자 열쇠 역할을 한다. 그중에서도 가장 널리 사용되는 지갑이 메타마스크(MetaMask)이다. 그 외 트러스트월렛, 외 각종 DEX들이 있다.

메타마스크 지갑 만들기 — 첫걸음은 여기서부터!

✅ 1단계: 메타마스크 설치하기
공식 사이트(https://metamask.io)에 접속해 크롬 확장 프로그램을 설치한다. 반드시 공식 사이트를 사용할 것. 유사 사이트에 속아 설치하지 않도록 유의.

✅ 2단계: 지갑 생성 및 시드 문구 백업하기 (가입 절차)
지갑을 새로 만들면 12개의 단어로 구성된 '시드 문구'가 주어진다.

이 문구는 지갑을 복구하는 유일한 수단이므로 절대로 유출하지 말고, 오프라인(종이, 금고 등)에 안전하게 보관해야 한다.

3단계: 다양한 네트워크 추가하기

메타마스크는 기본적으로 이더리움 메인넷만 연결돼 있지만, 필요에 따라 BSC(바이낸스 스마트 체인), Polygon, Arbitrum 등 여러 네트워크를 추가할 수 있다. 이는 다양한 디앱(DApp) 및 수익 구조에 참여하기 위해 필수이다. 같은 토큰이나 자산이라도 거래소 간 프로토콜이 맞지 않으면 이동 시 유실되어 손실이 발생할 수 있다.

4단계: 모바일 연동하기 (선택 사항)

메타마스크 모바일 앱과 브라우저를 QR 코드로 동기화하면 언제 어디서나 지갑을 확인하고 사용할 수 있어 편리하다. 처음부터 모바일에 설치할 수도 있음. 추가 연동 시 QR 코드 이용

- 지갑 보안을 위한 필수 팁 -

* 잃어버리면 복구할 방법이 없다.(탈중앙의 가장 큰 문제이자 받아들여야 하는 사실)
* 시드 문구는 온라인에 저장하지 말 것. 클라우드, 메모 앱, 사진첩 등에 저장했다가 유출되는 사례가 많다.
* 공용 와이파이에서는 절대 지갑 서명이나 트랜잭션(거래)을 하지 마라. 공용망은 해킹 위험이 높다.
* 보안 코드로 잠겨 있는 와이파이를 쓸 것 공용망은 접속을 같이 한 다른 계정의 단말기와 같이 연결되는 것과 같다고 생각하면 된다.
* 거래 승인 전에 항상 '계약 주소'를 확인할 것. 디앱을 가장한 피싱 사이트는 매우 정교하므로 주의가 필요하다.

앞으로의 지갑은 단순히 자산을 보관하는 공간이 아니라 나의 정체성과 이력, 활동, 신뢰, 그리고 권한이 집약된 디지털 분신으로 작동하게 될 것이다. 지갑은 나를 대신해 연결하고, 증명하며, 보상받고, 기여하는 존재다. 그 안에는 코인은 물론 나의 삶과 네트워크가 기록된다.

우리는 지금 중앙화 시스템에 익숙해진 상태에서 탈중앙 기반의 구조로 이행하는 과도기의 문턱에 서 있다. 이 변화의 시기에 마주하는 것은 편리함이 아니라 불확실성과 자기 책임이라는 낯선 질서다. 탈중앙 시스템은 신뢰를 나누는 구조이기에 실수조차 구조 안에서는 보완되지 않는다. 누구도 대신 복구해 주지 않으며, 그 선택과 실행, 결과는 오롯이 사용자 본인의 몫이다. 따라서 우리는 반드시 신중해야 한다.

특히 지갑 간 거래나 처음 접하는 DApp을 실행시킬 때에는 사전 시뮬레이션, 충분한 검토, 실행 기록, 테스트를 거치는 습관이 필요하다. 익숙하지 않은 상태에서는 언제나 소액으로 시작하는 원칙을 지켜야 한다. 실험은 지혜롭게, 실행은 천천히, 판단은 철저하게. 그것이 탈중앙 세계를 살아가는 사용자의 기본자세이자, 기술을 진짜 자기 것으로 만드는 유일한 길이다. DEX(탈중앙화 거래소)에서는 그 어떤 중앙 주체도 없다. 콜센터도 없고, 되돌릴 관리자도 없고, 하소연할 곳도 없다. 사용자가 곧 운영자이며, 실행자이며, 최종 책임자다. 이것이 바로 권리의 본질이다. 탈중앙 시스템은 사용자에게 권한을 부여하는 대신, 절대적인 책임을 요구한다. 우리는 이제 기술을 사용하는 동시에 그 기술과 함께 살아가는 방식도 배워야 한다.

지갑은 도구가 아니다. 그것은 나의 분신이며, 존재의 연장선이다.

이제 우리는 도구를 소유하는 시대를 넘어서, 도구와 공존하는 시대에 들어섰다.

시드 문구 없이도 가능한 지갑 - OAuth 기반 간편 지갑

기술에 익숙하지 않은 사용자나 입문자에게는 시드 문구 없이 로그인처럼 사용할 수 있는 간편형 지갑 서비스도 있다. 보안은 상대적으로 낮지만 진입 장벽이 낮아 입문용으로 적합하다.

ⓥ Web3Auth(https://web3auth.io)

구글, 페이스북, 트위터 등의 SNS 로그인만으로 지갑을 생성할 수 있습니다.

ⓥ Magic.link(https://magic.link)

이메일 인증만으로 비수탁형 지갑을 만들 수 있으며, 웹사이트에 쉽게 연동된다.

ⓥ Torus

OAuth 인증을 기반으로 지갑을 자동 생성하고, 브라우저와 연결해 별도 설치 없이 사용할 수 있다. 단, 이러한 지갑은 고액의 자산을 장기 보관하는 용도로는 적합하지 않으며, 소액 체험, 학습용으로 활용하는 것이 좋다.

Web 3.0 수익 생태계에 참여하려면 기술적 설정부터 신중하게 시작해야 한다. 지갑 설정은 단순한 절차를 넘어서, 여러분의 디지털 자산과 정체성을 지키는 가장 중요한 단계이다.

2. 참여 기반 수익 모델

본문에서 다룬 DAO 중심 구조와 일부 중복된 내용으로 본 부록에서는 개념을 간략히 요약·정리한다.

Web 3.0 시대의 참여 기반 수익 모델은 단순히 노동 시간에 대한 보상을 넘어서, 커뮤니티에 기여하고 활동한 자체가 수익이 되는 새로운 구조를 제시한다. 이러한 구조의 대표적인 예가 바로 DAO(탈중앙화 자율조직)이다. DAO는 CEO나 관리자 없이, 구성원들이 제안하고 토론하며 투표를 통해 의사결정을 내리는 온라인 조직으로, 거버넌스 토큰이라는 디지털 권한을 통해 운영된다.

DAO에 참여하는 방식은 어렵지 않다. Daohaus, Aragon, GitcoinDAO, MakerDAO와 같은 DAO 플랫폼에 접속하여, 메타마스크 지갑을 연동하고 포럼 활동이나 제안서 작성, 투표 등에 참여하면 된다. 이 과정에서 활동 내역은 블록체인에 기록되며, 거버넌스 토큰이나 스테이블코인(예: USDC) 형태로 실질적인 보상을 받을 수 있다.

이러한 구조에서 중요한 것은 중앙 통제 없이도 질서가 유지된다는 점이다. 장자의 말처럼 '군주 없는 세계'가 블록체인 위에서 현실이 된 셈이다. 누군가의 명령이 아니라 모두의 제안과 선택이 공동체를 이끌고, 누구나 의견을 낼 수 있으며, 일정 수준의 토큰을 보유하고 있다면 직접 의사결정에 참여할 수도 있다.

예를 들어, MakerDAO에서는 'DAI'라는 스테이블코인의 운용 방식을 토큰 보유자들이 결정하고, GitcoinDAO에서는 오픈소스 개발자를 지원할 프로젝트 선정 투표가 진행된다. 참여자들은 단순한 의견 개진을 넘어, 직접 디자인을 만들거나 기획을 하거나 제안을 제출함으로써 더 큰 영향력과 보상을 얻을 수 있다.

이처럼 DAO는 더 이상 실험적인 조직이 아니다. 인터넷 어딘가에서는 지금 이 순간에도 수많은 제안이 올라오고, 익명의 구성원들이 그것에 응답하고 있다. 권력은 중심 없이 분산되고, 수익은 기여에 따라 분배되는 이 새로운 조직 구조 안에서, '참여'는 곧 '수익 창출'이며, '기여'는 곧 '존재의 증명'이 되고 있다.

DAO 참여 방법

DAO(탈중앙화 자율조직)는 블록체인 기반의 조직 형태로, 구성원들이 공동으로 의사결정을 내리고 운영하는 구조를 가지고 있다. 대표적인 DAO 플랫폼으로는 Daohaus와 Aragon이 있으며, 이들은 다양한 거버넌스 모델과 보상 시스템을 통해 운영되고 있다.

① DAO 플랫폼에 접속한다.

　Daohaus(https://app.daohaus.club), Aragon(https://aragon.org)

② 메타마스크(MetaMask) 지갑을 생성하고, 사이트에 연결한다.

③ 포럼 활동, 제안서 작성, 투표 참여 등 다양한 방식으로 기여할 수 있다.

④ 활동 내역에 따라 해당 DAO에서 발행하는 거버넌스 토큰(예: HAUS, ANT 등)을

보상으로 받을 수 있다.

DAO는 이름 그대로 중심이 없는 조직이다. 그 안에는 CEO도 없고, 이사회도 없다. 그렇다고 무정부적 혼란이 지배하는 것도 아니다. 대신 거기엔 참여자들이 '함께 결정하는 규칙'이 있고, '기여에 따라 나뉘는 영향력'이 있다. 그것은 장자가 말한 '군주 없는 세계'와도 닮아 있다. 다만 여기서는 천명 대신 프로토콜이, 신하 대신 코드가 질서를 유지한다.

누구나 DAO 플랫폼에 접속할 수는 있다. Daohaus, Aragon, GitcoinDAO, MakerDAO 같은 이름들이 그 세계의 여러 도시들이다. 그러나 단순히 접속한다고 해서 누구나 결정권을 갖는 것은 아니다. 조직에 실질적으로 참여하려면 그곳의 언어, 곧 거버넌스 토큰을 이해하고, 어느 정도는 보유하고 있어야 한다. 장자의 '덕'이 내면의 자격이라면, DAO에선 그것이 토큰 기반의 신뢰 지수로 나타난다.

플랫폼 안에는 각종 제안서와 토론 안건이 올라온다. 어느 제안은 "우리가 가진 자금 10만 달러를 새로운 오픈소스 프로젝트에 투자할 것인가?"를 묻고, 또 다른 제안은 "우리의 규칙을 바꾸어 더 많은 신입 기여자가 쉽게 들어오게 할 수 있을까?"를 논한다. 참여자는 이 안건들에 의견을 제시하고, 일정 기준을 충족하면 직접 투표에도 참여할 수 있다. 거버넌스 토큰은 단순한 '코인'이 아니다. 그것은 한 사람이 그 공동체에 어느 정도의 말할 권리를 갖는가를 상징하는 디지털 의결권이다.

예를 들어, MakerDAO는 'DAI'라는 스테이블코인을 유지하기 위해 MKR 토큰 보유자들이 담보 자산, 금리, 수수료 등의 세부 항목을 스스로 조정해 왔다. Uniswap DAO는 수십억 달러 규모의 자산을 기반으로 '수수료를 누구에게 어떻게 분배할지'를 투표로 결정한다. GitcoinDAO에서는 오픈소스 개발자들에게 자금을 분배하는 안건들이 올라오고, 커뮤니티 구성원들이 프로젝트의 가치와 영향력을 평가해 투표에 반영한다. 철저히 집단적이고, 수직적이지 않으며, 시시때때로 의견이 바뀌고 진화하는 운영 구조다.

참여는 노동이지만, 그것은 사무실이 아닌 커뮤니티 게시판에서 이루어지는 새로운 형태의 기여다. 단순한 말의 참여를 넘어서, 직접 제안서를 쓰거나 디자인을 만들거나 운영을 기획하는 사람들에게는 DAO가 토큰 또는 USDC(스테이블코인) 형태로 보상을 지급하기도 한다. GitcoinDAO에서는 기여자들에게 평균 500~2,000달러, 큰 프로젝트의 경우 1만 달러 이상의 보상도 이루어진다. 일하지 않되 존재함으로써 얻는 수익은 여전히 먼 이야기지만, '무위처럼 보이는 유위', 혹은 '기여로 존재를 증명하는 사회'는 이미 이 작은 자율조직들 안에서 자라나고 있다.

DAO는 지금 이 순간에도 인터넷 어딘가에서 익명의 이들과 의사를 묻고 있다. 누가 새로운 제안을 채택하고, 누구의 토큰이 그것에 힘을 실을지. 권력은 어디에도 없고, 영향력은 모두에게 나뉘어 있다. 장자가 말한 '천하무주'는 이제 소요유만큼 가볍게, 그러나 블록체인 위에서 유의미하게 작동하고 있다.

DAO의 기술적 작동 방식

DAO는 'Decentralized Autonomous Organization'의 약자로, 우리말로는 탈중앙화 자율조직이라고 부른다. 쉽게 말하면, 회사나 협회처럼 어떤 목표를 가진 사람들의 집단이지만, 기존처럼 대표나 관리자 없이 모든 운영이 디지털 규칙(코드)과 참여자 투표로 이루어지는 온라인 조직이다. 중심인물이 없고, 모든 사람이 함께 결정하고, 그 결정이 자동으로 실행되도록 설계된 것이 DAO의 핵심이다.

DAO 안에서는 중요한 결정들이 '투표'로 이뤄진다. 예를 들어, 새로운 프로젝트를 시작할지, 예산을 어디에 쓸지, 특정 사람에게 보상을 줄지를 모두 참여자들이 제안하고, 투표를 통해 결정한다. 이 과정은 종이 서류나 이메일 회신으로 하는 것이 아니라, 스마트 계약이라는 블록체인 위에서 자동으로 작동하는 프로그램이 대신 실행한다.

누가 찬성했고, 누가 반대했는지, 어떤 결과가 나왔는지는 블록체인 위에 자동으로 기록되고, 누구나 그 기록을 확인할 수 있다.

이처럼 DAO는 '사람이 운영하는 조직'이 아니라 '코드와 참여로 작동하는 디지털 공동체'라고 할 수 있다.

또한 DAO에서는 투표뿐 아니라 각 참여자의 활동 내역—예를 들어 얼마나 자주 의견을 냈는지, 어떤 제안을 했는지, 커뮤니티를 어떻게 도왔는지 같은 내용—이 블록체인에 기록되기도 한다. 이렇게 기록된 정보는 온체인(블록체인 안) 평판 시스템으로 평가되며, 기여도가 높은 사람은 더 큰 영향력을 얻거나 더 많은 보상을 받을 수도 있다.

이러한 구조는 기존의 회사나 조직과는 완전히 다르다. 누군가의 명령을 따르는 것이 아니라, 각 개인이 직접 참여해 공동체의 성장을 함께 만들어가는 자율적 생태계다. 그리고 중요한 점은 이 과정에서 참여자는 단순히 일만 하는 것이 아니라, 보상을 받고 결정권도 가지며, 커뮤니티 안에서 '주인'이 될 수 있다는 점이다.

3. 디파이(DeFi) 기반 수익 구조

본문에서 일부 중복 서술된 부분으로, 부록에서는 핵심 개념과 작동 원리를 간단히 정리한다.

DeFi(디파이, 탈중앙 금융)는 중앙은행이나 증권사 같은 금융기관 없이도 누구나 직접 금융 활동에 참여하고 수익을 얻을 수 있도록 만들어진 블록체인 기반의 생태계다. 예금, 대출, 환전, 투자 등 우리가 기존 금융에서 경험했던 거의 모든 서비스가 디지털로 대체되고 있으며, 이를 위해 별도의 계좌나 신원 인증 없이 인터넷과 암호화폐 지갑만으로 참여할 수 있다.

디파이 수익 구조의 핵심은 자산을 '직접 운용하지 않아도 자산이 스스로 작동해 수익을 만든다'는 점이다. 이를 가능케 하는 세 가지 주요 방식이 있다.

첫째는 예치(Deposit) 방식이다. 대표적인 디파이 플랫폼인 AAVE나 Compound에 ETH, USDC 같은 자산을 맡기면, 일정한 이자를 받을 수 있다. 은행 예금처럼 보이지만, 이 과정에는 은행 직원도, 서류도 없고, 오직 스마트 계약이 모든 절차를 자동으로 실행한다.

둘째는 유동성 공급(Liquidity Providing)이다. 탈중앙화 거래소(DEX)에서 이뤄지는 암호화폐 교환에는 '유동성'이 필요하다. 이를 위해 사용자는 두 가지 자산(예: ETH와 USDC)을 쌍으로 예치하고, 다른 사람들이 이 유동성을 이용해 거래할 때 발생하는 수수료의 일부를 보상으로 받는다. 이 구조에서는 사람이 일하지 않아도, 자산이 거래소의 일꾼처럼 작동하며 수익을 만든다.

셋째는 스테이킹(Staking)이다. 이는 특정 암호화폐를 일정 기간 지갑에서 꺼내지 않고 고정해 두는 방식으로, 블록체인 네트워크의 보안 유지와 운영 안정성에 기여하는 것으로 간주된다. 이 기여에 대한 보상으로 새로운 토큰이나 이자를 받을 수 있으며, 마치 사회 인프라에 자산을 제공하고 그 대가로 이자를 받는 공공성 기반 금융에 가깝다.

이 모든 과정은 사람의 손을 거치지 않고 스마트 계약(Smart Contract)이라는 자동화된 코드에 의해 실행된다. 덕분에 수익 분배는 투명하고 빠르며, 중개 수수료도 거의 없다. 다만, 고수익 구조인 만큼 변동성과 리스크 역시 존재한다. 예치한 자산의 가격이 급락하거나, 스마트 계약에 치명적인 오류가 발생하면 예기치 않은 손실이 발생할 수 있으므로, 신중한 정보 습득과 분산 투자가 필요하다.

디파이는 자산을 '일하게' 만든다는 점에서 새로운 수익 모델이며, 전통 금융의 역할을 대체하거나 보완할 수 있는 가능성을 보여 준다. 더 나아가, 자산을 소유한 개인이 곧 금융의 주체가 되는 사용자 중심의 금융 주권 개념을 실현하는 구조이기도 하다.

디파이(DeFi) 기반 수익 구조 요약표

참여 방식	주요 개념	수익형태
예치 (Deposit)	자산을 디파이 플랫폼에 맡기고 자동으로 이자를 받는 구조	예치 이자(변동 금리)
유동성 공급	탈중앙화 거래소(DEX)에 자산 쌍을 예치하고 거래 수수료의 일부를 받음	거래 수수료 수익(LP 보상)
스테이킹(Staking)	암호화폐를 일정 기간 고정시켜 네트워크 운영에 기여함	스테이킹 보상(신규 토큰, 이자 등)
기술 기반	스마트 계약이 수익 배분을 자동으로 실행	자동화된 분배, 중개자 없음
유의사항	자산의 가격 변동성, 스마트 계약 오류 등의 리스크 존재	수익 가능성과 동시에 손실 위험 존재

4. P2E(Play to Earn) 기반 게임 모델들

블록체인 시대, 수익은 더 이상 일과 금융에만 한정되지 않는다. '재미' 그 자체가 곧 수익이 되는 시대가 열리고 있다.

P2E, 즉 '플레이하며 수익을 얻는' 모델은 단순히 여가로 즐기던 게임을 디지털 노동의 장(場)으로 바꾸고 있다. 사용자는 게임을 플레이하는 것만으로 암호화폐나 NFT를 획득하고, 이를 실제 자산처럼 거래하거나 현금화할 수 있다. 물론 여기에도 참여와 기여의 원칙은 존재하지만, 앞서 다룬 DAO나 디파이처럼 복잡한 금융 도구 없이도 누구나 쉽게 진입할 수 있다는 점에서 P2E는 Web 3.0 시대의 가장 대중적인 수익 참여 모델로 자리 잡고 있다.

이번 장에서는 게임 플레이를 통한 실질적 수익 창출의 사례를 보다 구체적으로 살펴본다. 단순히 개념을 설명하거나 구조를 요약하는 데 그치지 않고, Axie Infinity, The Sandbox, ZEPETO, Roblox, 제페토, 그리고 새로운 시도로 주목받는 메타페스티스트(METAFESTEST)의 경마 게임 등 현재 많은 유저가 참여하고 있는 다양한 P2E 게임들을 소개한다.

특히 메타페스티스트는 전통적인 승부 게임과 블록체인 기반 NFT 경제를 결합한 방식으로, 단순한 'P2E 게임'을 넘어서는 스토리 기반과 자산 기반 게임 모델의 확장 가능성을 보여 주고 있다.

이러한 게임들은 '플레이'와 '존재', '기여' 사이의 경계를 허물고 있으며, 장자가 말한 "억지 없이 스스로 그러한 흐름(自然)"을 닮은 새로운 디지털 경제 생태계를 만들어 내고 있다.

P2E는 이제 더 이상 '게임에서 수익을 낼 수 있다'는 가능성에 그치지 않는다. 이는 이미 현실에서 존재하는 실질적 수익 모델이며, 플레이어는 소비자가 아니라 생태계의 일원으로, 스스로 경제를 구성하고 움직이는 참여형 디지털 주체가 된다.

어스 2(가상 부동산 투자 기반 소득 모델)

✅ 어스 2(Earth 2): 가상의 지구에서 새로운 현실을 사는 사람들

어스 2는 2020년 시작된 디지털 지구 기반의 메타버스 플랫폼이다. 플랫폼은 현실 세계의 지구를 디지털 공간에 1:1로 구현했으며, 사용자는 이 디지털 지구 위에 실제 위치에 해당하는 '타일(Tile)' 형태의 땅을 구매할 수 있다. 이 타일은 NFT로 발행되어 블록체인 상에 고유하게 존재하며, 사용자는 이를 보유·거래하거나 개발을 통해 수익을 창출할 수 있다.

초기 1단계(Phase 1)에서는 토지 투자 중심으로 운영되었고, 유저들은 뉴욕, 파리, 도쿄 등 인기 지역의 땅을 먼저 선점해 이후 시세 차익을 얻는 구조였다. 실제로 초창기 1타일에 약 0.1달러였던 가격이, 일부 인기 지역에서는 10달러 이상으로 상승하면서 100배 이상의 차익을 실현하여 디지털 부동산 시장의 가능성을 입증하기도 했다.

✅ 어스 2(Earth 2) 수익 구조와 실제 사례

디지털 땅에서 시작되는 새로운 경제 흐름으로 어스 2는 전통적인 게임과는 다른 복합적이고 현실 경제와 연결된 수익 구조를 가지고 있다. 단순히 플레이의 재미를 넘어서, 디지털 자산의 소유, 활용, 거래를 통해 실제 수익을 창출할 수 있는 플랫폼으로 자리 잡아 가고 있다. 특히 이 플랫폼은 단일 수익원이 아닌, 여러 층위의 수익 흐름이 존재하는 것이 특징이다.

✅ 디지털 부동산 거래 차익

가장 기본적이고 직관적인 수익 구조는 '디지털 부동산'을 통한 시세 차익이다. 초기에 저렴한 가격에 구입한 땅을, 이후 들어오는 사용자에게 더 높은 가격에 되팔아 차익을 남기는 방식이다.

실제 사례로, 한국의 한 사용자 A 씨는 서울 강남 지역의 타일(가상의 땅 단위)을 약 100달러에 구매한 후, 플랫폼 초기 붐이 일던 시기에 약 3개월 만에 2,000달러에 일괄 매각했다. 이는 무려 20배 이상의 수익률로, 어스 2가 단순한 게임이 아닌 디지털 부동산 투자처로 주목받게 된 계기가 되었다.

✅ 자원 채굴과 토큰화 수익

플랫폼이 2단계(Phase 2)로 진입하면서, 각 땅에서는 자원 채굴 기능이 활성화되었다. 소유한 디지털 땅에서는 철, 석유, 금속 등 다양한 자원이 자동 생성되며, 이 자원들은 플랫폼 내에서 토큰화되어 거래 가능하다. 이 자원은 단순히 수익을 위한 판매 대상이 될 뿐만 아니라, 게임 내 건물을 짓거나 설비를 확장하는 데에도 사용된다.

향후 이 자원 경제가 현실 자산 또는 외부 시장과 연결될 경우, 실질적 수익으로 이어질 가능성도 열려 있다. 즉, 단순히 '땅을 사는 것'에서 나아가 '자산을 개발하고 활용하는 과정'이 곧 수익 창출이 되는 구조다.

⊙ 상업 공간 개발과 커뮤니티 운영 수익

어스 2에서는 땅 위에 광고판, 가상 상점, 갤러리, VR 체험 공간 등을 만들 수 있으며, 이를 활용해 광고 수익이나 이용료를 받을 수 있다.

예를 들어, 사용자가 인기 지역에 자신만의 공간을 개발해 두면, 글로벌 브랜드나 프로젝트가 해당 공간에 광고를 노출하고자 할 경우 직접 광고비를 지불하고 협업을 요청하게 된다.

이 구조는 전통적인 오프라인 부동산의 상업적 활용과 매우 유사하며, 가상공간에서 수익형 부동산 모델이 현실화되고 있는 사례로 볼 수 있다.

향후 어스 2가 메타버스나 VR 플랫폼과 통합될 경우, 이러한 수익 모델은 더욱 실감 나고 일상적인 방식으로 확장될 수 있다.

⊙ 2차 창작물과 NFT 콘텐츠 판매

최근 어스 2 생태계에서는 단순한 투자자나 땅 소유자를 넘어, 크리에이터로서 활동하는 사용자도 늘어나고 있다. 사용자들은 자신이 만든 아바타, 건축 디자인, 의상, 가구 등의 콘텐츠를 NFT 형태로 발행해 판매하고 있으며, 이는 플랫폼 내 디지털 문화 산업의 시작이라 할 수 있다. 이러한 흐름은 어스 2가 단순한 가상 부동산 플랫폼을 넘어, 디지털 창작과 커머스가 결합된 복합 생태계로 확장되고 있음을 보여 준다. 사용자는 투자자이자 디자이너, 마케터, 프로듀서가 될 수 있으며, 이는 Web 3.0에서 말하는 참여 기반 가치 창출 모델의 전형적인 사례다.

어스 2의 수익 구조는 기존의 게임과 달리 사용자가 단순히 소비하는 존재가 아니라, 스스로 공간을 창조하고 경제를 움직이는 주체로 자리매김하는 방향으로 설계되어 있다.

이 플랫폼은 아직 초기 단계이기에 진입 장벽이 낮고, 조기에 진입한 사용자일수록 자산의 희소성과 주목도에서 우위를 점할 수 있는 선점 효과도 기대된다. 무엇보다 디지털 자산의 소유와 활용을 기반으로, 재미와 수익을 동시에 추구할 수 있는 비교적 안전하고 창의적인 모델이라는 점에서 많은 이들에게 매력적인 기회가 될 수 있다.

Web 3.0 기술과의 연결

어스 2는 Web 3.0 생태계 기술들이 실제로 통합되어 작동하는 구조를 보여 주는 좋은 사례다.

- DID(분산 신원): 사용자의 정체성은 하나의 디지털 지갑과 연결되어, 어떤 땅을 사고, 어떤 활동을 했는지가 온체인 기록으로 남는다.
- NFT(비가역 토큰): 각 타일, 아이템, 건축물은 NFT로 발행되어 고유한 소유권이 보장된다.
- 스마트 계약(Smart Contract): 구매, 판매, 임대, 광고 계약 등 모든 상호작용은 자동화된 계약으로 처리된다.
- DAO(탈중앙화 자율조직): 향후 커뮤니티 운영, 수익 배분, 플랫폼 룰 수정 등에서 사용자 투표 기반의 거버넌스가 적용될 예정이다.

이처럼 어스 2는 단지 게임이 아니라, 경제, 정체성, 사회 구조가 통합된 Web 3.0 실험 공간이자 미래형 디지털 도시의 시뮬레이션이라 할 수 있다. 어스 2의 세계는 정해진 규칙보다, 각자가 자율적으로 세계를 구성해 나가는 흐름으로 이루어진다. 이는 장자가 말한 '소요유(逍遙遊)', 구속 없는 자유로운 삶의 방식과 맞닿아 있다.

현실 세계에서 땅을 사기 위해선 돈, 규제, 시간 등 수많은 조건을 충족해야 한다. 하지만 디지털 세계에서는 나의 의지와 상상력만으로도 땅을 얻고, 창조하고, 공유할 수 있다. 장자가 말했던 "지위도, 명예도, 옳고 그름도 넘어서, 자신만의 흐름으로 존재하는 삶"이 어스 2에서는 디지털 기반의 기술을 통해 실현되고 있는 셈이다.

P2E는 단순한 '게임으로 돈 벌기'가 아니다. 그것은 일과 놀이, 창조와 거래, 정체성과 자유를 새롭게 정의하는 Web 3.0 시대의 생존 방식이다. 그리고 어스 2는 그 전환의 최전선에서, 가상의 공간을 현실의 기회로 바꾸는 실험을 지금도 계속하고 있다.

또 하나의 세상 로블록스(Roblox)

게임을 만드는 메타버스 플랫폼 로블록스는 수천 개 이상의 게임을 담고 있는 단일 플랫폼이자, 누구든지 '개발자'가 되어 새로운 게임을 만들 수 있는 UGC(User Generated Content) 기반 환경이다.

프로그래밍 지식이 없어도 누구나 게임을 만들 수 있는 툴이 제공되며, 그 안에서 게임 개발자, 디자이너, 작곡가, 기획자, 플레이어가 모두 한데 어우러진다.

플랫폼 내 경제는 '로벅스(Robux)'라는 디지털 화폐로 작동한다. 이 로벅스는 아이템 판매, 게임 내 과금, 아바타 의상 구매 등을 통해 유저 간에 순환되며, 개발자나 크리에이터는 일정량 이상의 로벅스를 모으면 이를 현금으로 환전할 수 있다. 즉, 로블록스는 P2E 생태계를 가장 초기부터 실현해 온 대표 플랫폼이라 할 수 있다.

⊘ 게임 내 경제 생태계 사례

로블록스(Roblox)는 단순한 게임 플랫폼을 넘어, 누구나 참여하고 창작하며 실제 수익까지 올릴 수 있는 창작형 디지털 경제 생태계로 진화하고 있다. 이 플랫폼 안에서는 다양한 형태의 수익 활동이 가능하며, 특히 창작자와 개발자에게 열린 기회가 많다.

가장 대표적인 수익 모델은 게임 개발을 통한 수익 창출이다. 로블록스에서는 전문 개발자가 아니더라도 누구나 게임을 직접 만들고 퍼블리싱할 수 있으며, 게임이 인기를 끌게 되면 플레이 횟수, 유료 아이템 과금 구조 등을 통해 실질적인 수익을 얻을 수 있다. 실제로 대표적인 인기 게임인 'Adopt Me!'는 개발팀이 연간 수백억 원대의 수익을 올린 사례로 유명하다.

또한 아바타 아이템 제작도 중요한 수익 모델 중 하나다. 로블록스에서는 유저들이 아바타의 의상, 액세서리, 장신구 등을 직접 디자인해 판매할 수 있으며, 일부 인기 디자이너들은 월 수천에서 수만 달러에 이르는 수익을 올리고 있다. 이는 게임을 즐기는 사용자들이 콘텐츠를 구매하면서 자연스럽게 경제가 형성되는 구조다.

음악과 사운드 자산 역시 중요한 분야다. 사운드 크리에이터들은 효과음, 배경음악 등 다양한 음원을 제작하여 로블록스 스튜디오 내에서 판매할 수 있다. 이는 시각 중심의 창작에서 소리라는 또 다른 콘텐츠 영역으로 확장된 수익 활동을 보여 준다.

로블록스는 또한 교육용 콘텐츠 개발의 장으로도 활용되고 있다. 일부 교육 스타트 업이나 개인 강사들은 로블록스를 활용해 코딩 교육 콘텐츠를 제작하고, 이를 판매하거나 수업 도구로 사용하면서 수익을 올리고 있다. 로블록스의 개방형 구조는 창작뿐 아니라 학습과 교육 플랫폼으로서의 가능성도 동시에 보여 준다.

최근에는 로블록스 생태계 내에서 커뮤니티 기반 DAO 운영 모델도 논의되고 있다. 인기 있는 개발자 그룹들이 중심이 되어 공동으로 프로젝트를 운영하고, 수익을 분산해 공유하는 DAO 형태의 협력 구조를 실험하고 있는 것이다. 이는 Web 3.0 철학과도 맞닿아 있으며, 중앙 없이 공동으로 수익을 나누는 분산형 창작 생태계로 진화하고 있는 흐름을 보여 준다.

이처럼 로블록스는 단순한 게임 플랫폼을 넘어, 누구나 콘텐츠를 만들고, 경제에 참여하고, 실제 보상을 받을 수 있는 열린 디지털 창작 공간이자 수익 플랫폼으로 자리 잡고 있다.

Web 3.0과 로블록스의 구조적 연결

비록 로블록스는 완전한 블록체인 기반은 아니지만, 그 철학과 구조는 Web 3.0 생태계의 개념과 많은 부분에서 공통점이 있다.

로블록스는 사용자가 직접 게임을 만들고 공유하는 구조를 가지고 있다. UGC(User Generated Content), 즉 '사용자 생성 콘텐츠' 중심으로 콘텐츠 제작 권한이 플랫폼이 아닌 사용자에게 주어졌다는 점에서, Web 3.0이 말하는 '사용자 주권 콘텐츠' 개념과 닮아 있다. 또한 게임 안에서 사용되는 화폐 '로벅스'는 아이템 구매나 보상 시스템을 통해 사용자 간 경제적 활동을 가능하게 하며, 이는 디지털 토큰을 기반으로 한 Web 3.0의 순환형 경제 구조와 유사하다. 다양한 유저가 함께 협업하고 세계를 운영해 가는 구조 역시, 중앙 운영자 없이 구성원이 자율적으로 운영하는 DAO(탈중앙화 자율조직)의 개념과 같다. 무엇보다 아바타를 통한 자아 표현과 아이템 소유는 단순한 꾸미기를 넘어 나를 대신하는 디지털 정체성과 그 자산을 관리하는 시스템으로 작동하며, 이는 NFT와 DID에서 말하는 '디지털 자아'의 실험적 구현이라 볼 수 있다.

Web 3.0이 지향하는 '콘텐츠 소유권의 사용자 귀속'이라는 원칙은 로블록스 내부 경제활동에서도 상당 부분 실현되고 있으며, 향후 NFT, 블록체인 결제 시스템과의 통합 가능성도 모색되고 있다.

⊘ 로블록스, 디지털 소요유

로블록스는 정답이 없는 세계다. 정해진 게임도, 규칙도, 목표도 없이 사용자가 자신만의 규칙을 만들고, 자신만의 공간을 구성하고, 자신의 리듬으로 세계를 창조해 나간다. 이런 생태계는 장자가 말한 '무위자연'과 '소요유'의 삶과 매우 닮아 있다.

누구도 누구의 삶을 규정하지 않고, 누구도 다른 존재의 기준에 맞춰 살지 않으며, 플레이어이자 창작자인 개개인이 스스로 존재하며 흐름을 만드는 방식 로블록스는 게임이라기보다 자유와 다양성으로 구성된 하나의 유기적 디지털 세계라 할 수 있다.

결국 로블록스는 '노는 세계'를 넘어서 창조하고 수익을 얻고, 정체성을 표현하며, 서로 협력하는 디지털 사회 실험장이자, Web 3.0 시대의 참여 기반 P2E 생태계를 가장 직관적으로 보여 주는 플랫폼 중 하나다.

내가 세상을 창조한다, The Sandbox

⊘ P2E의 진화, 창작이 곧 자산이 되는 메타버스 경제의 대표 사례

P2E(Play-to-Earn)라는 개념은 단순히 게임을 통해 수익을 얻는 수준을 넘어, 이제는 사용자가 직접 디지털 세계를 설계하고 자산을 창출하는 창작 기반 경제활동으로 확장되고 있다. 이러한 흐름 속에서 대표적인 플랫폼으로 부상한 것이 바로 샌드박스(The Sandbox)이다.

샌드박스는 이더리움 블록체인 기반의 메타버스 플랫폼으로, 사용자가 단순히 게임을 즐기는 것을 넘어서 가상공간을 직접 소유하고 설계하며, 창작 활동을 통해 수익을 올릴 수 있는 P2E 생태계로 설계되었다. 이 플랫폼의 핵심 가치는 '사용자 중심의 창작과 경제 참여'에 있으며, 이는 Web 3.0 시대의 참여적 디지털 경제 모델을 잘 보여 준다.

⊘ 사용자 참여형 창작 플랫폼의 특징

샌드박스의 핵심은 '유저가 만드는 월드'라는 점에 있다. 플랫폼 내의 모든 땅은 'LAND'라는 이름의 NFT 디지털 토지 자산으로 구성되어 있으며, 사용자는 이를 직접 구매하고 소유할 수 있다. 이 LAND 위에 사용자는 자신만의 건물, 게임, 상점, 공연장, 전시 공간 등 다양한 콘텐츠를 자유롭게 만들 수 있다.

이렇게 만들어진 콘텐츠는 단순히 눈으로 보는 이미지가 아니라 NFT로 등록되어 실제로 거래가 가능한 자산이 된다. 사용자들이 만든 콘텐츠는 플랫폼 내 마켓플레이스를 통해 판매할 수 있으며, 구매자와 소유권, 거래 기록 모두가 블록체인에 기록된다.

이는 곧 창작 활동이 디지털상에서 실질적인 '재산'을 형성하는 구조이며, 누구나 자신의 상상력을 기반으로 경제활동의 주체가 될 수 있음을 뜻한다.

ⓒ 콘텐츠 제작 도구: 누구나 창작자가 될 수 있는 시스템

샌드박스는 사용자 친화적인 창작 도구들을 제공함으로써, 개발자뿐만 아니라 일반 사용자도 쉽게 콘텐츠를 제작할 수 있게 하고 있다.

VoxEdit는 3D 픽셀 기반 창작 도구로, 사용자가 아바타, 아이템, 건축물, 의상 등을 디자인할 수 있게 해 준다. 이 도구는 전문적인 3D 툴에 비해 직관적이고 간단한 조작 방식으로 누구나 쉽게 접근 가능하다.

Game Maker는 프로그래밍 지식이 없는 일반 사용자도 자신만의 게임 콘텐츠를 직접 만들어 LAND 위에 배치하고 서비스할 수 있도록 지원한다. 이 시스템은 복잡한 코딩 없이도 논리적 게임 요소(조건, 이벤트, 보상 등)를 구현할 수 있어, 창작의 진입 장벽을 대폭 낮추고 있다.

즉, 샌드박스에서는 '비전문가'도 디지털 세계를 구성하는 하나의 창작자이자 사업자로 활동할 수 있게 되는 셈이다.

ⓒ 브랜드 협업과 상업적 확장

샌드박스는 세계적인 브랜드 및 아티스트들과의 협업을 통해 빠르게 주목을 받고 있다. 아타리(Atari), 스눕 독(Snoop Dogg), 워너뮤직, 구찌(Gucci) 등 다양한 글로벌 기업과 유명 인사들이 LAND를 확보하고, 자신들만의 공간을 운영하거나 커뮤니티와 소통하고 있다.

이러한 브랜드들은 샌드박스를 단순 광고 공간으로 활용하는 것이 아니라, 가상 콘서트, 브랜드 체험 공간, NFT 전시회 등을 통해 팬과 직접 소통하고, 새로운 형태의 디지털 경제활동을 실험하고 있다. 사용자 또한 이 공간에 자유롭게 접근하거나 협업하면서 부가적인 수익 활동이 가능하다.

⊘ 경제적 의미와 미래 가치

샌드박스는 창작과 소유, 거래가 모두 이루어지는 탈중앙화된 디지털 경제 플랫폼이다. 사용자는 소비자가 아니라 경제 생태계의 창조자이자 운영자로 참여하게 되며, 이는 장자가 말한 '스스로 그러함(自然而然)'의 철학처럼 자연스럽게 기여하고 그에 따른 보상을 받는 순환 구조를 이룬다.

또한, 아직 이 생태계는 초기 단계에 있어 LAND의 희소성, NFT 자산의 미래 가치 등에서 선점자에게 유리한 구조를 가지고 있다. 지금 진입한 사용자들은 단순한 수익 이상으로, 디지털 세계를 창조하고 운영하는 장기적인 플랫폼 파트너로 성장할 기회를 얻게 되는 셈이다.

샌드박스는 단지 게임이 아닌, 가상의 땅에서 현실의 가치를 창출하는 '디지털 정원'과 같다. 이곳에서는 상상력, 창의력, 기술이 결합되어 하나의 경제 생태계를 만들고 있으며, 이는 Web 3.0 시대의 핵심 가치인 참여, 자율, 창조와 맞닿아 있다.

⊘ 경제 모델과 실제 수익 활동 사례

디지털 공간에서 자산을 만들고, 경제를 움직이는 새로운 방식인 '샌드박스'는 단순한 가상공간을 넘어, 사용자 스스로가 경제활동의 주체가 되는 창작형 메타버스다. 이 플랫폼에서는 다양한 방식으로 실질적인 수익을 창출할 수 있으며, 이러한 구조는 블록체인 기반의 Play-to-Earn(P2E) 모델을 실제로 구현하고 있다는 점에서 주목받고 있다.

✅ LAND 소유 및 임대 수익

샌드박스의 핵심 자산은 'LAND'라 불리는 디지털 토지이다. 이 LAND는 이더리움 기반 NFT 자산으로, 사용자가 직접 구입해 소유할 수 있다. 소유자는 이 공간에 자신만의 콘텐츠를 제작해 넣을 수도 있고, 직접 사용하지 않을 경우 다른 사용자나 브랜드에 임대하여 수익을 창출할 수도 있다.

실제로 일부 한정판 LAND는 수천만 원에서 수억 원에 이르는 고가로 거래되며, LAND 자체가 일종의 디지털 부동산 자산으로 작동하고 있다.

✅ NFT 콘텐츠 제작 및 판매

샌드박스는 'VoxEdit'이라는 도구를 통해 아바타 의상, 탈것, 건축 자재, 장식품 등 다양한 3D 콘텐츠를 제작할 수 있도록 지원한다. 사용자는 이 콘텐츠를 NFT로 발행하고, 샌드박스 마켓플레이스에 등록해 판매할 수 있다. 이 구조 덕분에 누구나 디자이너, 아티스트로서 자신만의 작품을 디지털 자산으로 전환하고 수익을 올릴 수 있는 창구가 열린 셈이다.

일부 인기 창작자들은 월 수천 달러에 이르는 꾸준한 수익을 거두는 사례도 있으며, 이는 창작이 곧 경제활동이 되는 구조를 현실화하고 있다.

✅ 게임 콘텐츠 제작과 수익화

샌드박스의 또 다른 핵심은 'Game Maker'다. 이 툴을 이용하면 복잡한 코딩 없이도 자신만의 미니게임, 퀘스트, 퍼즐 등을 LAND 위에 구현할 수 있다. 이러한 게임 콘텐츠는 유료로 등록할 수 있으며, 유저들이 해당 콘텐츠를 플레이하고 미션을 완료하는 과정에서 창작자는 보상 토큰(SAND)을 획득하게 된다.

이는 단순한 이용자에서 벗어나, 누구나 게임 개발자이자 서비스 제공자로 참여할 수 있는 구조를 의미하며, P2E의 정수를 보여 주는 사례다.

✓ 브랜드 협업과 광고 수익

샌드박스는 세계적인 브랜드들과의 활발한 협업을 통해 상업적 확장을 실현하고 있다. 사용자가 소유한 LAND에 브랜드와의 콜라보 콘텐츠—테마파크, 전시 공간, 공연장 등—를 구현하면, 이를 통해 광고 수익이나 공동 프로젝트 수익을 창출할 수 있다.

일례로 스눕 독(Snoop Dogg), 워너뮤직, 아타리 같은 유명 브랜드들은 이미 샌드박스 내에 자체 공간을 운영하며 브랜드 경험을 메타버스로 확장하고 있으며, 이는 LAND 소유자와의 계약으로 이어지기도 한다.

✓ DAO 기반 커뮤니티 운영 수익

샌드박스는 단순한 창작 플랫폼에서 나아가, 사용자가 직접 운영과 의사결정에 참여할 수 있는 DAO(탈중앙화 자율조직) 구조로 확장되고 있다. LAND나 플랫폼 토큰(SAND)을 보유한 사용자는 샌드박스 생태계의 정책, 기능 개선, 콘텐츠 방향성 등에 대해 의견을 내고 투표에 참여할 권리를 갖게 된다. 이러한 구조는 중앙 운영자 없이도 커뮤니티 스스로가 플랫폼을 유기적으로 운영하고 성장시키는 방향으로 발전할 수 있게 하며, 그 기여도에 따라 보상도 분배될 수 있는 구조를 갖추고 있다.

샌드박스는 게임, 창작, 부동산, 상업 활동, 거버넌스를 하나의 메타버스 생태계 안에 녹여낸 복합 플랫폼이다. 각 사용자는 단순한 플레이어가 아니라, 공간의 설계자이자 경제의 주체로서 역할을 하며, 자신의 시간과 창의력을 바탕으로 현실적이고 지속적인 수익 구조를 만들어 낼 수 있다.

또한 아직 플랫폼은 성장 초기 단계에 있어 선점 효과가 매우 크며, 지금 시작하는 사용자에게는 향후 LAND 가치 상승, 브랜드 파트너십 기회, 콘텐츠 마켓 점유율 확대 등 장기적인 보상 가능성이 열려 있다.

ⓥ Web 3.0과의 연결 구조

샌드박스는 겉보기엔 단순한 메타버스 게임처럼 보일 수 있지만, 그 안을 들여다보면 Web 3.0 기술이 어떻게 작동하는지를 직접 체험할 수 있는 작은 생태계다. 이 플랫폼은 Web 3.0의 핵심 기술들을 실제로 구현하고 있는 몇 안 되는 사례 중 하나다.

먼저, 샌드박스의 모든 땅(LAND)과 아이템, 아바타는 NFT(대체 불가능 토큰) 형태로 만들어진다. 이것은 단지 꾸미기 요소가 아니라, 각 자산이 고유한 소유권을 가지고 있으며 복제나 조작이 불가능하다는 것을 기술적으로 보장한다. 사용자들은 자신이 소유한 공간이나 아이템을 자유롭게 사고팔 수 있고, 이는 현실의 부동산이나 자산처럼 디지털 세계에서도 '진짜 내 것'을 가질 수 있다는 뜻이다.

플랫폼 안에서 사용되는 화폐는 SAND 토큰이다. 이것은 단순한 게임 머니가 아니라, 콘텐츠 구매, 보상 분배, 커뮤니티 투표 참여 등 생태계 운영 전반에 사용되는 Web 3.0형 토큰 이코노미의 중심이다. 사용자는 플레이어이면서 동시에 투자자이자 운영자가 되는 셈이다.

이 모든 거래와 활동은 스마트 계약을 통해 이루어진다. 스마트 계약은 사람이 개입하지 않아도 미리 정해진 조건에 따라 자동으로 실행되는 디지털 계약 구조다. 이를 통해 거래는 투명하고, 보상은 정해진 룰대로 자동 분배되며, 소유권 이전 또한 신뢰 기반 없이 안전하게 이루어진다.

또한 샌드박스는 향후 DID(분산 신원)와의 연계를 통해 개인의 정체성과 활동 이력을 블록체인에 안전하게 연결할 수 있는 가능성을 품고 있다. 즉, 단순히 아바타로만 존재하는 것이 아니라, 디지털 공간 안에서 나의 정체성 자체가 기술적으로 인증되고 관리될 수 있는 세계로 확장될 수 있다는 뜻이다.

이처럼 샌드박스는 Web 3.0이라는 말이 아직 추상적으로 느껴지는 이들에게, 그것이 실제로 어떻게 작동하고 어떤 의미를 갖는지를 보여 주는 살아 있는 실험실이라 할 수 있다.

✅ 무위의 공간, 샌드박스(디지털 무위자연, 억지 없는 창조의 세계)

샌드박스는 목적이 정해져 있지 않은 세계다. 이곳에는 승패도 없고, 미션도 없다. 누군가는 땅을 사고, 그 위에 정원을 만들거나 상업 공간을 세운다. 또 누군가는 게임을 기획하고, 아바타 의상이나 탈것을 디자인하며, 혹은 배경음악과 사운드를 입힌다. 그러나 어떤 행동도 '해야만 하는 것'은 아니다. 그저 아무것도 하지 않아도 괜찮고, 하고 싶은 일이 있다면 얼마든지 할 수 있는 자유로운 세계다.

이러한 흐름은 장자가 말한 '무위자연(無爲自然)', 즉 '억지로 하지 않지만 자연스럽게 이루어지는 삶의 조화'와 깊이 닮아 있다.

장자는 강요된 삶이 아니라, 자연의 이치에 따라 조화롭게 살아가는 삶을 추구했다. 샌드박스 역시 중앙에서 강제하는 시스템이나 통제된 목적 없이, 사용자가 스스로 결정하고 흐름을 만들어 가는 공간이다.

이 안에서 우리는 명령을 따르지 않는다. 대신 자신만의 속도와 방식으로 창조하고, 머물며, 존재하는 삶을 살아간다. 누구도 무엇을 하라고 지시하지 않지만, 그 안에서는 끊임없이 콘텐츠가 만들어지고, 관계가 생기며, 경제가 돌아간다.

바로 이것이 장자가 이상으로 삼았던 강요 없는 조화, 그리고 현대 디지털 시대에 구현된 자율적 창조의 장(場)이다.

결국 샌드박스는 단순한 게임 플랫폼이 아니다. 그것은 사용자가 공간을 창조하고, 자산을 만들며, 스스로의 존재 방식을 디지털로 정의해 가는 열린 문명 실험장이다.

이곳에서는 코딩 지식이 없는 사람도 게임을 만들고, 그림을 잘 못그리는 사람도 아이템을 디자인하며, 한 줄의 코드를 쓰지 않고도 경제에 참여할 수 있다. 누군가는 철학자로, 누군가는 예술가로, 또 누군가는 사업가로 이 세계에 참여할 수 있다.

Web 3.0 시대의 창작자, 사용자, 철학자 모두가 함께 살아갈 수 있는 공간. 바로 이 '디지털 모래밭' 안에서, 우리는 장자의 세계를 다시 살아가고 있다.

엑시 인피니티(Axie Infinity): 놀이가 노동이 되는 디지털 생태계의 선구자

엑시 인피니티는 2018년, 베트남 기반의 스타트업 Sky Mavis가 개발한 블록체인 기반의 P2E(Play-to-Earn) 게임이다. 단순히 재미를 위한 게임이 아니라, 실제로 사용자가 수익을 창출할 수 있도록 설계된 디지털 생태계다. 특히 팬데믹 기간 동안 필리핀, 베네수엘라 등 일부 지역에서는 이 게임이 실제 생계 수단으로 활용되기도 했다.

게임을 통해 돈을 번다는 개념은 이전에도 존재했지만, 엑시 인피니티는 NFT와 암호화폐 기술을 결합하여 이를 누구나 공정하게 접근할 수 있는 구조로 발전시켰다. 이로 인해 엑시는 Web 3.0 시대의 새로운 '일'의 형태를 대표하는 사례로 자리 잡았다.

ⓥ 엑시 인피니티의 게임 구조와 수익 창출

엑시 인피니티는 단순한 RPG 게임을 넘어, 전투, 교배, 거래, 땅 소유 등 여러 경제 요소가 결합된 메타버스형 게임 구조를 갖고 있다. 이 생태계 안에서 사용자는 다양한 방법으로 수익을 창출할 수 있다.

ⓥ 엑시(Axie) 수집 및 팀 구성

사용자는 게임을 시작하기 위해 NFT 형태로 발행된 엑시 3마리 이상을 구매해야 한다. 이 엑시들은 각각 고유의 특성과 능력을 가지고 있으며, 이를 조합해 전투에 유리한 전략을 세울 수 있다.

ⓥ 전투(PvP/PvE)를 통한 토큰 수익

엑시로 팀을 구성한 후에는 다른 유저와의 전투(PvP) 또는 몬스터와의 전투(PvE)에 참여할 수 있다. 전투에서 승리하면 SLP(Smooth Love Potion)라는 보상 토큰을 획득하게 되며, 이 토큰은 암호화폐 거래소에서 실제 화폐로 교환 가능하다.

즉, 사용자는 플레이하면서 토큰을 벌고, 이를 현금화함으로써 놀이와 노동이 연결된 새로운 형태의 경제활동을 경험하게 된다.

AXS는 엑시 인피니티 생태계의 핵심 토큰이지만, 실제 배당이나 수익은 별도의 토큰인 AXR을 통해 지급된다. 이는 단순한 기술적 구성이 아니라, 생태계를 운영하는 토큰과 수익을 분배하는 토큰의 역할을 구분하려는 설계 의도에서 비롯된 것이다. AXS는 생태계의 거버넌스에 참여하고, 스테이킹을 통해 운영 기여 보상을 받을 수 있는 '참여형 자산'이라면, AXR은 이익을 현금처럼 유통하고 판매할 수 있는 실질 유동성 자산에 가깝다.

AXS '스테이킹(staking)'은 내가 가진 AXS를 일정 기간 플랫폼에 맡겨 두는 대신, 보상으로 새로운 AXS를 받는 구조를 말한다. 이 과정은 일종의 '기여에 대한 이자'처럼 작동하며, 생태계를 지지하는 사용자들에게 경제적 보상을 제공한다. 결과적으로 AXS를 보유하거나 스테이킹하는 것은 단순한 투자 이상의 의미를 가진다. 그것은 게임을 넘어, 플랫폼을 함께 만들고 움직이는 주체로서의 참여 행위인 셈이다.

수익이 AXR로 지급되는 이유는 분명하다. Web 3.0 생태계라 해도 여전히 실물 경제와의 연결성은 고려되어야 하며, 사용자 입장에서는 자산을 자유롭게 거래하고 전환할 수 있는 '현금성 유동성 수단'이 필요하다. AXR은 바로 그 역할을 한다. 사용자는 보상으로 받은 AXR을 외부 거래소에서 매도하거나 다른 자산으로 교환할 수 있으며, 이는 Web 3.0 생태계 안에서 만들어진, 가치가 현실 경제와 만나는 지점이 된다.

이처럼 AXS와 AXR은 단순히 두 개의 토큰으로 나뉘는 것이 아니라, '참여'와 '보상'이라는 두 역할을 기술적으로 분리해 낸 구조적 장치다. Web 3.0 시대의 자산은 단지 가치 저장의 수단이 아니라, 운영과 기여, 수익 분배의 구조까지 내포한 복합적 기능을 가진다. AXS와 AXR의 조합은 그러한 복합성을 가장 현실적으로 구현한 예시라 할 수 있다.

✅ 수익 모델

① 엑시 교배(Breeding) 및 재판매

엑시는 서로 교배(Breeding)가 가능하며, 일정 조건에 따라 새로운 엑시를 만들어 내는 번식 시스템이 있다. 이렇게 태어난 엑시는 마켓에서 다른 사용자에게 판매할 수 있어, 수익을 반복적으로 창출하는 구조가 형성된다.

② 랜드 시스템과 커뮤니티 이벤트

엑시 인피니티는 땅(LAND) 역시 NFT 자산으로 판매하고 있으며, 사용자는 이 LAND를 기반으로 콘텐츠를 제작하거나 경제활동을 펼칠 수 있다. 또한 다양한 커뮤니티 이벤트와 시즌별 토너먼트가 열려, 보상과 명예, 커뮤니티 내 평판을 통해 또 다른 가치도 창출된다.

엑시 인피니티는 사용자의 시간과 노력이 디지털 자산으로 변환되는 구조를 가장 먼저 구현한 플랫폼 중 하나다. 또한 참여자에게 경제적 보상뿐 아니라 운영에 참여할 수 있는 권리까지 부여하는 구조는, 기존의 중앙 집중식 게임과는 전혀 다른 Web 3.0 생태계의 실현된 모델로 평가된다.

무엇보다 중요한 점은, 엑시 인피니티가 증명한 것은 게임도 하나의 '일'이 될 수 있다는 가능성이다. 그리고 그 일이 꼭 고된 노동이 아니어도 된다는 사실이다. 즐거움 속에서 자산을 만들고, 커뮤니티와 함께 성장하는 구조. 그것이 엑시 인피니티가 제시한 새로운 디지털 노동의 방식이며, Web 3.0 시대의 새로운 삶의 방식 중 하나다.

✅ 엑시 인피니티의 실제 수익 사례(놀이가 생계가 된 순간, 디지털 노동의 실현)

엑시 인피니티는 2021년 중반, 일일 사용자 수 280만 명, 누적 거래액

40억 달러 이상이라는 성과를 기록하며 블록체인 기반 P2E(Play-to-Earn) 게임 중 가장 성공적인 모델로 주목받았다. 이 게임은 단순한 오락을 넘어, 실제 생활에 필요한 경제적 수익을 창출하는 수단으로 기능하며, Web 3.0 시대 '디지털 노동'의 가능성을 현실로 끌어냈다.

사례 1. 필리핀, 마닐라 - 생계형 디지털 노동

2021년 필리핀 마닐라에서는 코로나19 팬데믹으로 직장을 잃은 한 가정의 가장이 엑시 인피니티를 통해 새로운 생계를 시작했다. 그는 '엑시 장학금(Scholarship)' 제도를 통해 직접 NFT를 구매하지 않고도 게임 플레이 권한을 얻었으며, 하루 2,800달러(당시 환율 기준 약 40~80만 원)의 수익을 올렸다.

이는 필리핀의 월 최저임금을 상회하는 금액으로, 단순한 게임이 실제 생계 수단으로 전환된 대표적인 사례였다.

사례 2. 베트남 유저 커뮤니티 - 길드 운영과 디지털 자산 경제

베트남에서는 엑시 유저들이 스스로 길드(Guild)를 구성하고, 브리딩(교배)을 통해 새로운 엑시 NFT를 만들어 판매하거나, 게임 내 토큰(SLP)을 꾸준히 채굴하고 재투자하는 방식으로 경제를 운영하고 있다.

또한 장학생 시스템을 활용해 타인에게 엑시를 임대하고 수익을 분배하는 디지털 노동 모델을 만들었으며, 일부 유저들은 월 수익이 2,000달러(약 260만 원)를 넘는 사례도 등장했다. 이는 게임을 중심으로 한 자율적 수익 커뮤니티의 탄생이라 할 수 있다.

사례 3. NFT 수집 자산화 – 'Angel Axie' 최고가 거래

2021년 8월, 희귀한 엑시 캐릭터 중 하나인 'Angel Axie'는 약 30 ETH(당시 시세로 약 1억 2천만 원)에 거래되며 큰 화제를 모았다. 이는 엑시가 단순한 게임 속 캐릭터가 아니라, 수집성과 희소성을 지닌 고가 디지털 자산으로도 기능할 수 있음을 보여 준 대표 사례다.

⊗ Web 3.0 기술과 엑시 생태계의 연결 구조

단순한 게임을 넘어, 기술과 경제, 거버넌스가 어우러지는 디지털 플랫폼인 엑시 인피니티는 Web 3.0의 철학과 기술을 기반으로 사용자에게 진정한 소유권, 참여권, 수익권을 부여하는 완성형 생태계를 구축해 왔다. 다음은 그 핵심 연결 구조다.

⊗ NFT 소유권 기반

엑시 캐릭터, 땅(Land), 아이템 등 게임 내 모든 자산은 NFT 형태로 발행되며, 사용자가 직접 보유하고 거래할 수 있다. 이는 중앙 서버에 의존하지 않고 사용자에게 자산의 진정한 소유권이 있음을 의미한다.

⊗ SLP·AXS 토큰 이코노미

사용자는 게임 활동을 통해 SLP를 획득하고, 이를 암호화폐 거래소에서 현금화할 수 있다. 또 다른 핵심 토큰인 AXS는 생태계 참여 보상, 투표권, 스테이킹 수익 등 거버넌스 기능과 금융적 수익을 동시에 제공한다.

✅ 스마트 계약 기반 자동화

엑시의 교배, 거래, 보상 분배 등의 모든 활동은 스마트 계약(Smart Contract)을 통해 자동 실행되며, 중앙 관리자 없이도 공정하고 투명한 거래가 가능하다.

✅ DAO 참여 구조

AXS를 보유한 유저는 생태계 내 의사결정—게임 룰 변경, 보상 구조 조정, 주요 파트너십 제안 등—에 거버넌스 투표를 통해 직접 참여할 수 있다. 이는 단순 이용자가 아니라 공동 운영자로서의 권한을 부여하는 구조다.

✅ DeFi와의 연계 확장성

엑시에서 획득한 토큰은 스테이킹, 유동성 풀 참여 등 다양한 디파이(DeFi) 상품에 연계될 수 있으며, 게임 내에서 벌어들인 수익이 외부 금융 생태계로 확장되는 연결 구조를 가지고 있다.

엑시 인피니티는 놀이와 노동, 창작과 수익, 자산과 자유가 동시에 실현되는 Web 3.0 시대의 선구적인 사례다. 단지 재미를 넘어 생계가 가능하고, 창업이 가능하고, 민주적 참여까지 가능한 디지털 플랫폼으로 진화했다. 그리고 이 모든 것이 가능했던 이유는 엑시가 사용자에게 기회를 나누는 구조를 설계했기 때문이다. 소유와 참여, 수익을 분산시키는 이 시스템은 앞으로의 디지털 경제가 나아가야 할 방향을 미리 보여 주고 있다.

엑시 인피니티는 단순한 게임이 아니다. 그 안에는 Web 3.0의 핵심 기술들이 다층적으로 얽혀 있으며, 플레이어는 단순한 사용자가 아니라 생태계의 구성원이자 소유자, 참여자가 된다. 엑시는 게임이라는 형태를 빌려,

디지털 자산, 블록체인 기반 경제, 탈중앙 거버넌스, 그리고 정체성이라는 Web 3.0 개념을 실제 경험으로 구현하고 있다.

무엇보다 먼저, 엑시 인피니티에서 사용되는 모든 자산—엑시(캐릭터), 게임 속 토지, 장비 아이템 등—은 NFT(대체 불가능 토큰) 형태로 존재한다. 이는 단순한 소장 아이템이 아니라, 실제로 유저가 지갑에 보관하고 자유롭게 거래할 수 있는 디지털 자산이라는 의미다. 플랫폼이 자산을 보관하거나 통제하지 않으며, 소유권은 온전히 플레이어에게 있다.

게임을 플레이하면 보상으로 SLP(스무스 러브 포션)와 AXS(Axie Infinity Shards)라는 토큰을 얻을 수 있다. 이 두 토큰은 엑시의 경제 시스템을 구성하며, 단순한 게임 포인트가 아니라 실제 암호화폐로서 현금화하거나, 다른 서비스와 교환하거나, 다시 게임에 재투자할 수 있는 실질적 가치를 가진다. 사용자는 노동이 아니라 참여와 활동을 통해 '디지털 수익'을 얻는 구조 안에 들어가는 셈이다.

이 모든 흐름은 사람이 수작업으로 처리하지 않고 스마트 계약이라는 자동화된 코드 시스템으로 움직인다. 교배, 판매, 거래, 보상 분배 등 모든 행동은 사전에 설계된 계약 조건에 따라 투명하고 자동적으로 실행된다. 이는 신뢰와 효율을 동시에 확보하는 핵심 장치다.

AXS 토큰을 보유한 유저는 단순히 수익만 얻는 것이 아니라, 엑시 인피니티 생태계의 운영에 직접 참여할 수 있다. 새로운 규칙이나 보상 시스템 변경, 개발 방향 등에 대해 거버넌스 투표를 통해 의견을 반영하고, DAO(탈중앙화 자율조직) 구조 안에서 실질적인 영향력을 행사한다. 이는 게임 사용자에서 디지털 생태계의 시민으로의 전환을 의미한다.

또한 엑시에서 얻은 토큰은 단지 게임 안에서만 쓰이는 것이 아니다. DeFi(탈중앙 금융) 분야와 연계되어, 스테이킹, 유동성 공급, 이자수익 창출 등 다양한 Web 3.0 금융 상품으로 확장된다. 게임을 하며 벌어들인 수익이 실제로 자산이 되어, 다시 Web 3.0 생태계 안의 다른 영역으로 자연스럽게 흘러들어 가는 구조다.

결국 엑시 인피니티는 단순히 재미있는 블록체인 게임이 아니라, 디지털 자산 소유, 토큰 기반 경제, 자동화된 계약 시스템, 참여 기반 거버넌스, 탈중앙 금융까지 Web 3.0의 핵심 기술이 통합된 종합적인 실험장이다. 사용자는 단순한 플레이어가 아니라, 직접 이 세계를 움직이고 키우는 주체로 작동한다.

ⓒ 소요의 경제, 엑시 인피니티(놀이가 곧 수익이 되는 디지털 무위의 실험)

자유로운 놀이 속에서 가치를 얻는 디지털 시대의 무위(無爲).

엑시 인피니티는 단순히 '게임을 하는 플랫폼'을 넘어, 놀이가 곧 경제가 되고, 존재가 곧 수익이 되는 새로운 시스템을 실현하고 있다. 사용자는 누군가의 지시에 따라 노동하지 않는다. 정해진 규칙에 얽매이거나 경쟁에 내몰리지도 않는다. 그저 자신의 속도에 맞춰 게임을 플레이하고, 엑시를 수집하거나 교배하고, 생태계에 머무르며 자연스럽게 토큰을 얻고 수익을 창출한다.

이런 흐름은 장자가 「소요유(逍遙遊)」에서 말했던 세계관과 깊게 닮아 있다. 장자가 꿈꾸었던 이상적인 삶은 억지와 인위 없이, 자연의 흐름에 따라 자유롭게 떠돌며 살아가는 존재 방식이었다. 목적 없는 여정, 경쟁 없는 자율성, 강요 없는 움직임 속에서 진정한 자유와 조화가 실현된다고 보았다.

엑시 인피니티의 세계도 마찬가지다. 현실에서 '일'은 생존을 위한 필수 수단이고, 그 과정은 종종 억지와 불안으로 가득 차 있다. 그러나 엑시 안에서 '일'은 더 이상 억지스러운 노동이 아니다. 놀이 자체가 곧 목적이자 수익이 되는 새로운 패러다임이다.

사용자는 누구에게도 명령받지 않고, 경쟁하지 않으며, 스스로 선택한 방식으로 이 세계에 참여하고 살아간다. 그리고 그 자유로운 흐름 속에서 자산이 쌓이고, 커뮤니티가 형성되며, 존재가 가치를 만들어 낸다.

이러한 구조는 매우 자율적이고 무위(無爲)하며, 억지로 무언가를 하지 않아도 스스로의 활동이 하나의 생계를 이루는 디지털 경제 생태계의 구현이라 할 수 있다.

⊘ 엑시 인피니트의 교훈

엑시 인피니티는 블록체인 게임의 대표 모델로 주목받았고, P2E라는 새로운 경제 패러다임의 상징처럼 떠올랐다. 사람들은 게임을 하며 돈을 벌 수 있다는 새로운 현실에 열광했고, 수많은 플레이어가 생계를 위해 엑시의 세계로 몰려들었다. 그러나 엑시 인피니티는 단지 성공만으로 이루어진 이야기가 아니다. 그 이면에는 너무 빨리 자란 구조, 지속 가능성에 대한 충분한 성찰 없이 달려간 속도, 그리고 무너지는 순간까지도 계속되던 믿음이 있었다.

모든 생명에는 주기가 있듯이, 디지털 생태계에도 생로병사의 리듬이 존재한다. 기술로 만들어졌다고 해서 그 세계가 불변의 시스템일 수는 없다. 오히려 디지털 세계야말로 더 민감하게 순환하고, 더 빠르게 과잉과 붕괴를 반복한다. 엑시 인피니티는 그 순환의 정점에서 빛났고, 다시 빛을 잃어 가는 위기를 맞았다. 그리고 그 안에는 우리가 앞으로 마주할 수많은 Web 3.0

생태계들이 어떻게 탄생하고, 또 어떻게 사라질 수 있는지를 보여 주는 강력한 교훈이 담겨 있다.

이 부분은 엑시 인피니티의 성공과 쇠퇴를 단순히 회고하기 위해 쓰이지 않았다. 이것은 하나의 실험이 남긴 흔적을 읽는 작업이며, 앞으로의 Web 3.0 시대에 어떻게 참여하고, 어떤 질문을 던져야 하는지를 되묻는 사유의 시작이다. 기술을 믿기 이전에, 구조를 설계하기 전에, 우리는 먼저 이 실험의 전체 흐름을 차분히 들여다보아야 한다. 엑시는 지나간 모델이 아니라, 다가올 미래의 거울이다.

1. 엑시의 탄생 - 새로운 기회의 시작

엑시 인피니티는 2018년 블록체인 게임이라는 전례 없는 개념을 들고 등장했다. 이더리움 기반의 게임이었던 엑시는 단순한 전투가 아니라, 플레이어가 '엑시'라는 캐릭터를 수집하고 육성하며, 전투를 통해 암호화폐를 획득할 수 있는 구조를 처음으로 성공적으로 구현해 냈다.

특히, 2021년 엑시는 필리핀 등지에서 생계를 위한 수단으로 사용되기 시작하며 'Play to Earn'의 대표 모델로 급부상했다. 같은 해 7월, 일일 활성 사용자 수는 280만 명을 넘었고, 누적 거래액은 40억 달러를 돌파했다. 블록체인 게임이 단지 오락을 넘어서 '경제활동의 장'이 될 수 있다는 가능성을 전 세계에 알린 상징적 사건이었다.

2. 경제 구조 - 보상의 시스템과 취약성

엑시의 경제 구조는 두 개의 토큰, AXS(거버넌스 토큰)와 SLP(보상 토큰)를 중심으로 움직였다. 사용자는 엑시 캐릭터를 사육하고 전투에 참여해 SLP를 벌고, 이를 시장에서 거래해 실제 수익으로 전환할 수 있었다. 초기에는 이 구조가 '노는 것으로 돈을 버는' Web 3.0의 실현처럼 보였다.

하지만 시간이 갈수록 이 구조는 몇 가지 취약점을 드러내기 시작했다. SLP 토큰은 공급량에 비해 소각량이 적어 지속적인 인플레이션이 발생했고, 신규 사용자 유입 없이 구조를 유지하기 어려운 피라미드형 보상 구조로 비판받기 시작했다. 수익이 나기 위해선 더 많은 신규 사용자가 필요했고, 이는 곧 수익률 하락과 사용자 이탈로 이어졌다.

3. 급격한 쇠퇴 – 해킹, 토큰 인플레이션, 사용자 이탈

2022년 3월, 엑시 인피니티는 Ronin 네트워크의 브릿지에서 6억 2천만 달러 규모의 해킹 사고를 당했다. 이는 P2E 역사상 가장 큰 보안 사고로 기록되었고, 사용자 신뢰는 급속히 흔들렸다. 동시에 SLP 토큰의 공급 과잉으로 가치가 급락했고, AXS 토큰 가격도 최고점(약 160달러)에서 99% 가까이 하락했다.

이 모든 요소가 복합되며 엑시의 일일 사용자 수는 280만 명에서 2024년 기준 약 35만 명 수준으로 감소했다. 커뮤니티는 빠르게 식었고, 많은 사용자들은 이 플랫폼에서 더 이상 '살아갈 수 있는 수단'을 찾지 못했다.

4. 회복 시도 – IP 확장과 콘텐츠 다양화

엑시는 이를 단순한 위기로 보지 않았다. 2023년부터 Sky Mavis는 엑시 IP를 기반으로 한 다양한 장르의 게임을 출시하고, 커뮤니티 주도형 생태계를 강화하며 회복을 시도하고 있다. 기존의 '수익 중심 게임'에서 벗어나 '재미 중심의 지속 가능한 게임'으로 방향을 바꾸려는 실험이 본격화되었다.

또한 거버넌스 구조의 재정비, 새로운 토큰 경제 설계, NFT 기반 자산의 희소성 조정 등 기술적 리뉴얼도 함께 이뤄지고 있다. 이는 엑시가 단지 과거의 신화로 머무르지 않고, Web 3.0 게임의 미래를 위한 실험실로 다시 태어나고 있음을 보여 준다.

5. 우리가 얻을 수 있는 교훈 – P2E의 설계적 통찰

엑시의 성공과 쇠퇴는 Web 3.0 게임이 단지 '기술로 가능하다'는 것만으로는 지속될 수 없음을 보여 준다. 단기적 수익 모델은 사용자의 참여를 유도할 수 있지만, 그 기반이 경제적 균형과 재미, 커뮤니티 지속성, 사용자 신뢰 위에 놓이지 않는다면 금방 무너진다.

우리는 이 실험을 통해 '노동과 놀이의 경계', '기여와 보상의 균형', '중앙 없는 경제의 자생력' 같은 중요한 질문을 마주하게 된다. 엑시는 단순히 실패한 것이 아니라, Web 3.0 설계자와 참여자 모두에게 현실적이고 구조적인 통찰을 남겼다.

6. 장자의 시선 – 무위가 인위로 바뀌다

엑시 인피니티의 초기 구조는 장자가 「소요유(逍遙遊)」에서 말한 무위(無爲)의 삶과 놀랍도록 닮아 있었다. 사용자는 경쟁하지 않았고, 억지로 일하지도 않았다. 그저 자신의 리듬대로 생태계 안에 머물렀고, 놀이가 곧 수익이 되었으며, 존재가 곧 기여가 되는 구조였다. 그 자유로운 흐름 속에서 자산이 쌓이고 커뮤니티가 형성되며, 사용자는 존재하는 것만으로 가치를 만들 수 있었다.

하지만 시간이 지나면서 그 흐름은 서서히 경직되었다. 수익이 목표가 되고, 플레이는 의무가 되며, 자유는 또 다른 방식의 '노동'으로 치환되었다. 엑시가 보여 준 것은 기술의 한계가 아니라, 철학이 결여된 기술이 얼마나 빠르게 본질을 잃을 수 있는가에 대한 반면교사였다.

장자는 말한다. "억지로 하지 않음이야말로 가장 깊고 완전한 움직임"이라고. Web 3.0은 이제 다시 원점으로 돌아가야 한다. 기술 이전에 철학이, 수익 이전에 존재가 있어야 한다.

엑시 인피니티는 실패하지 않았다.

그것은 Web 3.0 시대, 우리가 정말로 무엇을 '해야 하는가'가 아니라, 어떻게 '존재할 것인가'를 먼저 물어야 한다는 것을 보여 준 한 번의 귀한 실험이었다. 여기에서 마지막으로 우리에게 주는 교훈이 있다.

"무위에 인위가 개입되는 순간 질서는 무너진다."

메타페스티스트(METAFESTEST)
– 블록체인 기반 메타버스 구현 경마 게임

'경마'라는 오래된 놀이가 있다. 승부의 세계, 배팅의 세계, 말과 인간의 기록 본능이 만나 만들어진 전통의 게임. 그러나 그것이 블록체인, NFT, 스마트 계약, 그리고 DAO적 구조와 만나면 어떤 세계가 펼쳐질까?

메타F 그룹이 개발한 '메타페스티스트(MetaPheastist)'는 바로 그 상상을 현실로 구현한 Web 3.0형 경마 시뮬레이션 게임이다. 그리고 그것은 단순한 경마가 아닌, 탈중앙화된 자산 경제와 디지털 노동 구조를 실험하는 플랫폼이다.

⊘ 게임 구조와 참여 방식

메타페스티스트는 베트남에 기반을 두고 활동 중인 한국 개발자에 의해 설계된 가상 경마장 기반 게임으로, 매 5분마다 새로운 경주가 열린다. 사용자는 각 경기마다 실제 경마처럼 말에게 베팅할 수 있으며, 이는 단순한 도박이 아니라 스마트 계약에 기반한 구조화된 게임 경제 안에서 이루어진다.

베팅에 사용되는 화폐는 '메타캐시(MetaCash)'로, 이는 다시 메타F 그룹이 운영하는 탈중앙화 거래소 메타익스체인지(MetaExchange)를 통해 F토큰으로 스왑되고, 다양한 스테이블코인이나 현실 코인으로 전환될 수 있다. 즉, 게임에서의 모든 가치 흐름은 블록체인 위에서 토큰화된 실물 가치와 연결되어 있다.

한국에서는 사행성 규제로 인해 게임에 직접 참여할 수는 없지만, 관전과 NFT 보유, 말 매매 및 커뮤니티 참여는 가능하다. 이는 기술이 법적 장벽 안에서 새로운 가능성을 어떻게 탐색하는지를 보여 주는 하나의 사례다.

⊘ NFT 기반 경주마와 수익 시스템

게임 내 경주마는 총 4종(커먼, 레어, 에픽, 레전더리)으로 구성되며, 각 경주는 동일한 등급 내 말들끼리 겨루도록 설계돼 있다. 모든 경주 데이터는 각 말들이 출전함에 따라 데이터로 전환되어 경주마의 성능에 영향을 미치도록 되어 있다.

이 말들은 모두 NFT 자산으로 존재하며, 초기에는 브리딩(Breeding)을 통해 100만 마리의 말이 생산되었고, 2024년 말을 기점으로 추가 NFT 말의 생성은 종료되었다.

이후에는 말들의 합체와 진화(조합)를 통해, 총 20만 마리로 말의 수가 서서히 압축될 예정이다.

이는 공급의 희소성을 확보하면서 동시에, '품질 중심의 소수 정예 생태계'를 구축하려는 설계이다.

이제 경주마는 단순히 수집의 대상이 아니라, 관리되고, 훈련되고, 전략적으로 운영되는 디지털 자산이 되었다.

① 마주 시스템과 간접 수익 모델

유저 외에도 이 게임은 마주(馬主)라는 역할을 중심으로 다양한 수익 구조를 제시한다. 마주는 NFT 경주마를 보유한 사용자로, 말의 출전 보상, 브리딩 수익, 아이템 판매, 레퍼럴 시스템, 그리고 지분 보유 배당을 통해 플레이어가 아닌 투자자 또는 생태계 운영자로서의 역할을 수행할 수 있다.

마주들은 옵션에 따라 마구간 업그레이드, 장비 아이템 구매, 훈련 아이템 사용 등 다양한 방식으로 말을 관리하며, 일정 기간 출전을 하지 않을 경우 성능이 저하되는 구조를 통해 생태계의 순환성과 활동성을 유도한다.

② 메타F 그룹의 지분 구조 및 보상 시스템

이 생태계를 뒷받침하는 메타F 그룹은 STO(토큰 증권 방식)를 도입해 S토큰 2억 개를 발행했고, 이 중 88%를 마주와 투자 참여자에게 분배하는 구조로 설계되어 있다.

이는 단순한 게임 참여가 아니라, 게임 회사의 수익 배당 참여까지 연결되는 Web 3.0형 지분 구조를 의미한다. 지분에 따른 수익은 경마장 수익 + 메타익스체인지 거래소 수익의 합산이며, 거래소에는 선물(옵션) 기능도 포함돼 있어 단순 플랫폼 참여를 넘어선 금융적 파생 수익의 가능성도 내포하고 있다. 모든 수익 배당은 스마트 계약을 통해 자동 집행된다.

이처럼 참여자가 곧 투자자이며, 소유권과 운영권이 공존하는 구조는 기존의 게임 산업과는 완전히 다른 모습이다.

⊘ 디지털 노동과 자산화의 새로운 실험

메타페스티스트는 단순한 경마 게임이 아니다. 블록체인 기술을 활용해 놀이를 노동화하고, 자산화하고, 거버넌스 구조로 확장하는 종합적 실험이다. 여기서의 '경주'는 단순한 승부가 아니라, 디지털 생태계 내 자산의 운용 행위이며, NFT 말은 캐릭터이자 투자 수단, 게임은 경쟁이자 수익의 장이다.

이처럼 메타페스티스트는 게임과 일, 유희와 생계, 소유와 운영이 하나로 융합된 Web 3.0형 경제 생태계를 말이라는 오래된 상징을 빌려 구현하고 있다.

⊘ 기술과 상상력의 융합: 메타페스티스트의 구조적 진화

메타페스티스트의 핵심은 단순한 게임 구조에 있지 않다. 이 생태계는 TRON 블록체인 기반(TRC 표준)의 스마트 계약을 활용해 NFT 경주마, 베팅 자산, 거래소 수익 구조, 지분 토큰 배당까지 모두 탈중앙화된 네트워크 상에서 투명하게 관리된다.

트론의 높은 처리 속도와 낮은 수수료 구조는 대규모 사용자 환경에서도 실시간 베팅과 결과 처리를 가능하게 만든다.

그러나 이 세계는 여기서 멈추지 않는다. 메타페스티스트의 NFT 경주마는 단순한 데이터가 아니라 사용자의 메타버스 자산으로 확장되고 있다.

사용자는 스마트폰 앱을 통해 자신의 NFT 말을 현실 공간에 소환할 수 있는데, 이는 포켓몬 GO처럼 AR 기술을 활용하여, 자신의 주변 환경 속에서 디지털 경주마를 실시간으로 시각화하는 방식으로 구현된다.

뿐만 아니라, 이 말은 단순히 보이는 존재가 아니라 AI와 연동된 인터랙티브 에이전트다. 사용자가 자신의 말을 부르면 대화를 나누거나, 기본적인 검색 정보를 요청할 수 있으며, 이는 단순한 캐릭터를 넘어선 개인화된 디지털 동반자의 역할을 수행한다.

이러한 기능은 장차 말의 경험 학습 기반 성장 시스템과도 연결되어, 유저와의 상호작용이 경주 성능에 간접적인 영향을 미치게끔 설계 중이다. 곧, 기수 아이템이 장착될 예정이다. 이것은 '말을 소유'하는 것에서 '말을 타는' 경험으로 세계를 확장시킨다.

AR 기기를 착용하거나, VR 디바이스를 통해 사용자는 자신의 NFT 말을 타고 직접 가상 경주에 참여할 수 있으며, 이는 단순히 화면을 보는 게임을 넘어, 몰입적 체감 기반의 경주 체험으로 발전하고 있다.

결국 메타페스티스트는 단순한 플레이 투 언(Play to Earn)을 넘어, '존재와 교감, 경험과 몰입을 통한 새로운 디지털 노동과 놀이의 통합 공간'을 지향한다.

기술은 도구에 그치지 않는다. 그것은 곧 존재 방식의 확장이다. 장자의 말처럼, 진정한 유람은 떠남이 아니라 존재의 경계를 넘는 일이다.

메타페스티스트는 기술을 통해 '경주'라는 오래된 놀이를 새로운 철학적 시공간으로 옮겨 놓는다. NFT는 단지 말의 소유권이 아니라, 디지털 자아와 연결된 존재의 외연이 된다. 그리고 AR, AI, 블록체인, DAO는 그것을 하나의 세계로 엮는 도구들이다.

'나의 말'은 단순한 게임 속 말이 아니다. 그것은 언제든 호출할 수 있는 메타버스 속 동반자이며, 내가 얼마나 돌보았는지, 어떤 선택을 했는지에 따라 달라지는 인격화된 AI 존재다.

그 말을 타고 나는 현실을 넘어서고, 디지털을 넘어서 진짜 소요유의 경주에 뛰어든다.

제페토(ZEPETO), 비블록체인 메타버스 무위의 세계를 구현하다

게임 제페토(ZEPETO)는 아직 블록체인 기반의 플랫폼은 아니다. 그러나 이 플랫폼이 만들어 내는 구조와 흐름은, 지금까지 다룬 '샌드박스'나 '엑시 인피니티' 같은 Web 3.0 기반 메타버스와는 다른 방식으로 디지털 시대의 존재와 자유를 실험하고 있다.

제페토는 정답이 없는 세계다. 정해진 미션이나 승패가 존재하지 않으며, 누구도 일방적으로 규칙을 강요하지 않는다. 사용자는 아바타를 통해 자신의 정체성을 표현하고, 친구를 만나며, 크리에이터가 되어 의상, 건축물, 소품을 디자인하고, 그것으로 공간을 구성한다. 누구도 누군가의 지시를 따를 필요가 없다. 각자의 리듬에 따라, 각자의 흐름으로 존재하는 삶. 그것이 바로 제페토가 제공하는 세계의 본질이다.

이러한 생태계는 장자가 말한 '무위자연(無爲自然)'의 세계관과 닮아 있다. 장자는 억지로 하지 않음, 즉 인위적인 작위 없이 자연의 이치에 따라 살아가는 삶을 추구했다. 누구도 누구를 규정하지 않고, 존재하는 것 자체가 의미가 되는 삶. 그 철학은 지금, 디지털 세계 속에서 제페토 사용자들이 창조하고 머무르는 방식 안에 조용히 구현되고 있다.

샌드박스와 엑시 인피니티는 이미 블록체인 기반 생태계를 갖추고 있다. 이들 플랫폼에서는 사용자들의 창작물이 NFT로 자산화되며, 활동은 토큰화되어 경제적 보상으로 이어진다. 운영은 스마트 계약과 DAO(탈중앙화 자율조직)를 통해 투명하게 이루어지며, 사용자들은 창작자이자 생태계의 구성원으로 참여한다.

반면 제페토는 아직 전통적인 Web 2.0 구조를 기반으로 운영된다. 플랫폼 내 화폐인 ZEP 코인은 존재하지만, 그 소유권과 전송 가능성은 제한적이며, 콘텐츠와 자산은 중앙 서버에 귀속된다. 그럼에도 불구하고 중요한 점은, 제페토가 추구하는 사용자 중심 생태계와 자기표현의 자유가 이미 Web 3.0적 상상력의 문턱에 도달해 있다는 사실이다.

제페토가 향후 Web 3.0으로의 전환을 시도할 경우, 그 변화는 단순한 기술 진화가 아니라 삶과 존재의 방식이 바뀌는 철학적 전환점이 될 것이다. 사용자는 자신이 만든 아바타나 아이템, 공간을 NFT로 자산화하고 소유할 수 있게 되며, DAO 기반의 창작자 공동체를 통해 생태계 운영과 보상의 구조를 함께 설계하는 분산형 조직이 형성될 수 있다. 또한 ZEP 코인이 외부 블록체인과 연동되어, 크로스 플랫폼 수익 구조를 실현하는 탈중앙화된 토큰 생태계로의 이행도 가능하다.

이러한 변화가 실현 가능한 이유는 제페토가 이미 구조적·문화적·기술적으로 Web 3.0 전환의 기반을 갖추고 있기 때문이다. 수억 명에 이르는 글로벌 사용자 기반, 활발한 사용자 생성 콘텐츠(UGC) 생태, IP 중심 아바타 산업의 확장성, 그리고 플랫폼 중심이 아닌 사용자 중심의 창작 문화. 이 모든 요소는 제페토가 블록체인과 결합하여 가장 빠르게 Web 3.0으로 진입할 수 있는 메타버스 플랫폼 중 하나임을 시사한다.

이 장에서 제페토를 다루는 이유는 단순히 블록체인 기술의 유무를 기준으로 한 분류 때문이 아니다. 샌드박스와 엑시 인피니티가 기술적으로 Web 3.0을 구현했다면, 제페토는 사용자의 감각과 자유의 흐름을 통해 감성적으로 Web 3.0을 구현하고 있는, 또 다른 경계선 위의 실험장이다. 기술 이전에 존재 방식을 바꾸는 플랫폼, 그것이 제페토가 품고 있는 진짜 가능성이다.

장자가 그랬듯, 이 플랫폼 역시 말하지 않는다. 다만 흐르며 존재하고, 존재하며 가능성을 열어 간다. 제페토는 지금, 디지털 소요유의 입구에 서 있다.

⊙ 나를 표현하는 공간, 존재 자체가 창조가 되는 메타버스

제페토(ZEPETO)는 사용자가 자신의 얼굴이나 스타일을 바탕으로 3D 아바타를 생성하고, 다양한 가상공간에서 사회적 연결과 창작, 소비, 수익 활동을 자유롭게 경험할 수 있는 디지털 정체성의 확장된 실험장이다.

무엇보다도 제페토는 존재 자체가 곧 창작이고 표현이 되는 세계다. 현실의 신체, 성별, 국적, 정체성의 한계를 벗어나, 누구나 자신만의 모습으로 존재할 수 있으며, 그 존재 자체가 콘텐츠가 되고, 커뮤니케이션의 매개가 되며, 경제활동의 출발점이 된다. 이러한 특성 덕분에 제페토는 특히 10대~20대 여성층, 글로벌 Z세대 사이에서 빠르게 인기를 끌고 있으며, 전 세계 3억 명 이상이 가입해 활동하고 있다.

⊙ 글로벌 브랜드와 디지털 문화의 융합

루이뷔통, 구찌, 나이키, 블랙핑크, 엔하이픈 등 세계적인 브랜드 및 아티스트와의 협업을 통해, 사용자들은 자신이 좋아하는 브랜드의 디지털 아이템을 아바타에 입히고, 그들이 등장하는 가상공간을 체험하며 디지털 문화와 상호작용할 수 있다.

이는 패션과 음악, 퍼포먼스와 SNS가 메타버스 공간 안에서 하나로 융합되는 디지털 문화 플랫폼의 가능성을 보여 준다. 사용자들은 팬으로 머무르지 않고, 직접 창작과 소비의 주체로 참여함으로써, 기존 콘텐츠 산업과는 다른 방식의 관계를 맺는다.

ⓥ 창작이 곧 수익이 되는 구조

제페토는 누구나 디지털 아이템을 디자인하고 판매할 수 있는 크리에이터 도구를 제공한다. 사용자는 의상, 헤어스타일, 소품 등을 직접 만들어 마켓플레이스에 등록하고, 이를 통해 현실 수익을 얻는 구조에 참여할 수 있다. 실제로 일부 인기 디자이너는 월 수백만 원 이상의 수익을 꾸준히 기록하며, 디지털 패션 산업의 신인 크리에이터로 자리 잡고 있다.

또한 가상공간에서 콘텐츠를 기획하고, 팬들과의 소통 공간을 만들며, 유튜브나 틱톡과 연계된 2차 콘텐츠로 확장할 수 있는 다양한 방식의 경제활동도 가능하다.

ⓥ 존재와 표현이 곧 가치를 만들어 내는 메타버스

제페토의 가장 중요한 철학은 '존재 자체가 창조의 시작'이라는 점이다.

플랫폼은 사용자에게 특정한 목적이나 과제를 요구하지 않는다. 누구나 자신만의 모습으로 존재하고, 그 존재를 바탕으로 스토리를 만들며, 타인과 연결되고, 창작을 통해 경제에 참여하게 된다.

이는 장자가 말했던 '무위자연(無爲自然)', 억지 없이 존재하고, 자연스러운 흐름 속에서 조화를 이루는 삶의 방식과도 비슷하다. 제페토 안에서 사용자들은 강요받지 않고, 경쟁하지 않으며, 자신만의 리듬과 감각으로 살아간다. 그리고 그 흐름은 콘텐츠가 되고, 관계가 되고, 수익으로 이어진다.

ⓒ 제페토의 메타버스 구조와 사용 방식 ('디지털 나'로 살아가는 복합적 경험의 세계)

제페토의 가장 큰 특징은 현실의 나를 닮은 디지털 아바타를 만들어 그 아바타로 사회적 활동, 창작, 경제적 수익 활동까지 확장할 수 있는 복합적인 메타버스 경험을 제공한다는 점이다.

이 플랫폼에서는 사용자가 단순히 아바타로 놀거나 꾸미는 것을 넘어서, 실제 창작자, 기획자, 경제 참여자로서의 역할까지 수행할 수 있다.

사용자는 먼저, 스마트폰 카메라로 자신의 얼굴을 스캔하거나 직접 원하는 스타일로 커스터마이징하여 3D 아바타를 생성한다. 이 아바타는 사용자의 정체성과 감각을 투영하는 디지털 자아로, 이후의 모든 활동의 중심이 된다.

아바타가 만들어지면 사용자는 다양한 '월드'라 불리는 가상공간에 접속할 수 있다. 월드는 친구들과 함께 사진을 찍거나, 음성·텍스트 채팅을 하거나, 춤을 추고 영상을 제작하는 등의 소셜 활동이 자유롭게 이뤄지는 공간이다. 이 공간은 유저들이 스스로 만들 수도 있고, 플랫폼이 제공하는 브랜드 공간이나 이벤트 공간에도 자유롭게 입장할 수 있다.

이러한 참여를 넘어 제페토에서는 콘텐츠 창작이 수익으로 이어지는 구조도 함께 마련돼 있다.

사용자는 자신만의 의상, 액세서리, 헤어스타일, 가구, 가상공간(월드) 등을 디자인하고, 이를 제페토의 콘텐츠 마켓에 등록해 판매할 수 있다.

실제로 일부 인기 디자이너들은 수천 건의 판매를 기록하며 현실 수익으로 연결되는 디지털 창작자 경제를 만들어 가고 있다.

제페토는 현재 Web 3.0과의 연결을 강화하기 위해, NFT 마켓플레이스 및 자체 토큰 발행을 준비 중이다. 이는 사용자가 만든 콘텐츠가 단순한 게임 아이템을 넘어 고유한 자산으로 블록체인에 등록되고, 이를 통해 P2E(Play to Earn) 구조가 정착될 수 있음을 의미한다.

앞으로는 제페토 안에서의 활동이 현실 경제와 직접 연결되는 가능성이 더욱 커질 것으로 기대된다.

즉, 제페토는 단순한 아바타 꾸미기 앱이 아니라, '존재를 표현하고, 관계를 만들고, 창작을 통해 수익을 얻는' 통합형 메타버스 플랫폼이다. 사용자는 디지털 자아로서 플랫폼 안을 자유롭게 탐험하며, 소비자에서 창작자, 그리고 경제 주체로 확장되는 Web 3.0의 가능성을 미리 경험하게 된다.

제페토는 아직 완전한 P2E(Play to Earn) 구조를 갖춘 플랫폼은 아니지만, 사용자 콘텐츠를 제작하고 공유함으로써 실제 수익을 창출할 수 있는 경제 시스템이 점차 구축되고 있는 메타버스 공간이다. 특히 제페토 스튜디오를 통해 아바타 의상, 소품, 월드(가상공간) 등을 제작하는 크리에이터들은 자신이 만든 콘텐츠를 판매하고, 이를 통해 실질적인 수익을 얻는 구조 안에서 활동하고 있다.

실제 사례를 보면, 한 크리에이터는 아바타 의상을 제작해 제페토 스튜디오에 업로드했고, 이 의상이 높은 인기를 끌면서 한 달 수익 약 5,000달러(한화 약 650만 원)를 기록했다. 또 다른 크리에이터는 독창적인 가상공간을 설계하고 이를 유료로 공개하여, 입장 수익과 아이템 판매 수익을 합쳐 누적 1억 원 이상의 수익을 달성한 것으로 알려졌다.

수익 흐름 구조 역시 점차 다층화되고 있다.

첫째, 사용자는 자신이 디자인한 의상, 소품, 액세서리를 제페토 마켓에 등록해 판매하고, 이를 환전할 수 있다. 둘째, 향후 사용자 제작 콘텐츠가 NFT화되어 희소성과 소유권을 가지는 디지털 자산으로 자리 잡을 예정이다. NFT 기반 콘텐츠는 2차 창작과 재판매도 가능해져, 크리에이터에게 장기적인 수익 모델을 제공할 수 있다. 셋째, 플랫폼 내 자체 화폐인 제페토 토큰(ZPT)도 향후 발행이 예정되어 있으며, 이는 사용자 보상과 생태계 내 재투자 구조를 위한 기반이 될 것이다.

제페토는 점차 Web 3.0적 요소들을 실험하며, 창작 → 소유 → 수익화 → 보상 → 재투자로 이어지는 선순환형 사용자 경제 구조를 형성하고 있다. 또한, 사용자 아바타의 활동 이력과 평판이 데이터로 축적되며, DID(탈중앙 신원 인증)와 연결되는 정체성 기반 시스템으로의 확장 가능성도 기대된다. 이러한 흐름은 단순한 아바타 꾸미기를 넘어, 디지털 자산의 주권과 정체성까지 포괄하는 새로운 메타버스 철학으로 발전하고 있다.

결국 제페토는 현실과 가상 세계가 연결되는 디지털 문화 공간으로 진화 중이며, NFT 패션 시장과의 융합을 통해 디지털 패션의 중심지로 자리매김할 가능성도 높다. 이는 단순한 플랫폼을 넘어, Web 2.5에서 Web 3.0으로 넘어가는 과도기의 실제 모델로서 주목할 만한 사례다.

✅ 존재의 아바타, 제페토 (디지털 존재의 자유)

이 플랫폼은 나를 외부 기준이 아닌 스스로의 방식으로 정의할 수 있는 디지털 공간, 현실의 제약에서 벗어나 자유롭게 정체성을 실험하고 표현할 수 있는 열린 무대다. 여기서 중요한 건, 제페토가 '무엇을 하라'고 요구하지 않는다는 점이다. 누구와 경쟁할 필요도 없고, 어떤 목표를 반드시 이루어야 할 필요도 없다. 플랫폼은 오직 질문만 던진다. "너는 누구인가? 어떤 모습으로 존재하고 싶은가?" 그 물음에 대한 대답은 오직 사용자 스스로 선택한다.

현실에서는 얼굴, 나이, 성별, 직업, 계층, 문화 규범이 정체성을 결정짓는 요소가 된다. 하지만 제페토 안에서는 그 어떤 것도 필수가 아니다. 얼굴을 스캔해 나를 닮은 아바타를 만들 수도 있고, 전혀 다른 존재로 탈바꿈할 수도 있다. 정해진 이상형도, 표준도 없는 세계에서, 나의 아바타는 내가 선택한 자아의 형식으로 존재하게 된다.

이러한 구조는 장자의 철학—특히 무위(無爲)와 소요유(逍遙遊)의 개념과 자연스럽게 겹쳐진다. 장자는 타인의 기준과 목적에 끌려 다니는 삶을 거부하고, 스스로의 본성을 따라 흐르는 '자연스러운 존재'를 추구했다. 그에게 진정한 자유란, 목적 없이 존재하는 삶, 억지로 하지 않음 속에서 고유한 흐름대로 살아가는 방식이었다.

제페토는 바로 그런 디지털적 공간이다. 누군가의 명령도 없고, 사회가 강요하는 이상도 없다. 사용자는 자신의 리듬에 따라 아바타로 존재하고, 꾸미고, 창작하고, 소통한다. 그 과정 자체가 이미 의미이며, 때로는 NFT나 토큰으로 이어지는 경제적 가치가 되기도 한다.

이 아바타는 단순한 캐릭터가 아니다. 그것은 디지털 자아를 구성하는 자율적 형식이며, 사용자는 그 안에서 자신만의 정체성을 조합하고 실험할 수 있다. 그리고 이 실험은 '남과 같아지지 않음'을 향한 여정이며, 억지로가 아니라 스스로 그러한 삶—즉, 장자의 철학이 구현된 디지털적 실존 그 자체다.

Gala Games
– P2E 생태계를 설계하는 탈중앙 게임 스튜디오

Gala Games는 2019년 7월 출범한 블록체인 기반 게임 플랫폼이다. 'Play to Earn' 구조를 가장 체계적으로 설계한 프로젝트 중 하나로, 단일 게임이 아닌 다수의 게임들을 탈중앙 구조에서 운영하는 멀티 게임 생태계를 지향한다. Gala는 중앙 운영자가 일방적으로 보상을 결정하는 기존 게임들과 달리, 유저가 자산을 소유하고, 게임 생태계의 성장에 직접 기여하며 수익을 얻을 수 있는 구조를 추구한다.

플랫폼은 초기 이더리움 기반으로 작동했지만, 트랜잭션 효율성과 수수료 문제를 해결하기 위해 자체 블록체인인 GalaChain을 개발하고 전환을 추진 중이다. 2024년 기준, Gala는 130만 명 이상의 등록 유저를 확보하고 있으며, 평균 세션 플레이 시간은 45분 이상으로 플랫폼의 체류율도 높은 편이다.

수익 모델은 크게 세 가지로 구성된다. 첫째, NFT 아이템 판매. Gala의 대표 게임인 Town Star, Spider Tanks, Mirandus 등에서는 유저가 게임 내 자산(건물, 캐릭터, 장비 등)을 NFT로 구매하거나 판매할 수 있으며, 해당 거래에서 플랫폼은 수수료를 취득한다. 둘째, GALA 토큰을 통한 생태계 참여. 유저는 게임에서 획득한 보상으로 GALA를 받고, 이를 스테이킹하거나 다시 NFT 구매 및 교환에 사용할 수 있다. 셋째, 노드 운영 보상. Gala는 누구나 플랫폼을 운영하는 노드가 될 수 있는 구조를 만들었고, 그에 따라 유저가 직접 생태계 유지에 참여하고 보상을 받는 기회를 제공한다.

Gala Games는 2023년 기준 약 1억 3,630만 달러(한화 약 1,800억 원)의 연간 매출을 기록했으며, 수익의 상당 부분은 NFT 판매와 파트너십 기반 공동 게임 출시에서 발생했다. 2024년 들어서는 게임 외에도 Gala Music, Gala Film 같은 새로운 콘텐츠 분야로도 확장을 시도 중이며, 메타버스 및 Web 3.0 유틸리티 전반을 포괄하는 통합 생태계를 구축하고 있다.

    Gala의 전략은 단기 수익 유도보다는 생태계의 '지속 가능성'에 방점이 찍혀 있다. GalaChain을 통한 수수료 최소화, 사용자 친화적 인터페이스, 노드 기반 거버넌스 등은 플랫폼의 안정성과 탈중앙성을 동시에 확보하려는 시도다. 다른 P2E 게임들과 달리, Gala는 단일 타이틀 의존도를 낮추고 다양한 장르와 참여 구조를 통해 플랫폼의 리스크를 분산시키고 있다는 점에서, 장기적 관점의 유저에게 특히 적합한 사례라 할 수 있다.

디센트럴랜드(Decentraland)
– 부동산이 된 가상공간, 수익이 흐르는 메타버스

    디센트럴랜드는 2020년 2월에 공식 오픈된 블록체인 기반 메타버스 플랫폼이다. 이더리움 네트워크 위에서 작동하며, Web 3.0 생태계에서 가장 먼저 주목받은 '가상 부동산 중심의 경제 모델'을 갖춘 곳이다. 사용자들은 이 가상 세계 안에서 LAND라고 불리는 디지털 토지를 NFT 형태로 소유할 수 있고, 그 위에 게임, 상점, 갤러리, 쇼핑몰, 카지노, 광고 공간 등 다양한 콘텐츠를 직접 제작하고 수익을 창출할 수 있다.

    디센트럴랜드의 기본 화폐는 MANA 토큰이다. 유저는 MANA를 사용해 LAND를 구매하거나, 아바타의 의상, 액세서리, 장식 아이템을 사고팔 수 있다. LAND는 한 번 구매하면 유저의 지갑에 고유한 NFT로 등록되어 완전한 소유권이 주어진다. 그리고 이 디지털 토지를 직접 운영하거나 임대할 수도 있고, 잘 설계된 콘텐츠는 꾸준히 방문객을 유도하며 수익을 발생시킨다.

✅ 현실적 수익의 흐름

LAND 소유자는 해당 공간에 가상 갤러리를 만들고 작품을 전시하며 입장료를 받거나, 아바타 아이템을 판매하는 매장을 운영할 수 있다. 2023년 기준, 디센트럴랜드 DAO는 약 106만 MANA(당시 약 60만 달러 이상)의 수수료 수익을 올렸으며, 이는 실제로 사용자가 활발히 거래하고 있다는 점을 보여 준다.

더 나아가 사용자는 디센트럴랜드의 마켓플레이스에서 자신이 만든 콘텐츠를 판매하고, LAND를 임대하거나 공동 운영하며 다각도로 수익을 분산할 수 있다.

✅ 브랜드와 기업도 뛰어든 공간

디센트럴랜드는 일반 유저들뿐 아니라 대형 브랜드와 기업들도 진입해 있는 플랫폼이다. 삼성전자, 아디다스, 코카콜라, JP모건 등은 디센트럴랜드 안에 자신들만의 LAND를 구매해 가상 부스를 열고 브랜드 경험 공간을 운영하고 있다.

이는 이 플랫폼이 단순한 개인의 수익 창출뿐 아니라, 기업의 마케팅과 문화 브랜딩 플랫폼으로도 인정받고 있음을 의미한다.

✅ 사용자 현황과 생태계 안정성

2021~22년에는 MANA의 급등과 메타버스 열풍으로 사용자 수가 급증했지만, 이후 가상 자산 시장의 조정과 함께 사용자 수는 줄어들었다. 그럼에도 디센트럴랜드는 여전히 가장 활발한 가상 부동산 거래가 이루어지는

메타버스 중 하나다. 사용자는 LAND를 통해 가치를 보존하거나, 콘텐츠를 지속해서 생산하며 생태계에 머무르고 있다.

2024년 현재는 플랫폼 내에서 사용자 제작 콘텐츠의 다양화, 이벤트 중심 운영, DAO를 통한 운영 투표 등이 이루어지고 있으며, 메타버스 내 유저 경험 향상을 위한 지속적인 업데이트도 병행 중이다.

디센트럴랜드가 주는 P2E 관점의 인사이트

디센트럴랜드는 전통적인 게임처럼 직접 보상을 받는 방식은 아니지만, '자산을 소유하고, 운영하고, 거기서 수익을 얻는다'는 점에서 매우 현실적인 경제형 메타버스 수익 모델을 보여 준다.

직접 플레이하지 않아도 콘텐츠만 잘 만들어 두면 수익이 발생할 수 있고, 아바타 커스터마이징, NFT 거래, LAND 임대, 제휴 이벤트 등 다양한 방식으로 생태계에 기여할 수 있다.

즉, 디센트럴랜드는 게임보다는 가상 도시 운영에 가까운 모델이다.

유저는 이 안에서 사업가, 아티스트, 개발자, 디자이너, 기획자 등 다양한 정체성으로 존재할 수 있으며, 플랫폼이 열어 두는 자유도와 참여 방식은 P2E의 확장 가능성을 보여 주는 대표적인 사례라 할 수 있다.

P2E 게임기반 경제 모델의 핵심 판단 기준

P2E는 단지 새로운 게임 모델이 아니다. 그것은 우리가 어떻게 시간을 쓰고, 어떤 방식으로 존재하고, 어떻게 기여하는가에 대한 철학적 전환의 일부다. 장자의 무위(無爲)와 자연스러운 흐름처럼, P2E는 사용자 개개인이 억지로 노력하지

않아도 스스로의 삶을 통해 경제에 참여할 수 있는 길을 열고 있다.

앞서 제임의 성공과 쇠퇴를 다룬 엑시 인피니티는 Web 3.0 기반 게임의 가능성을 가장 먼저 현실로 보여 준 상징적 존재였다. 그러나 그 실험은 구조적 한계 앞에서 결국 균열을 드러냈고, 사용자들의 이탈과 토큰 가치 하락이라는 위기를 맞이했다. 반면, 같은 시기 더 샌드박스(The Sandbox), 디센트럴랜드(Decentraland), 갤라 게임즈(Gala Games) 등은 생태계의 균형을 유지하며 지속적인 성장을 이어 가고 있다. 이들 사례를 통해 우리는 지속 가능한 메타버스 생태계를 만드는 데 필요한 네 가지 핵심 조건을 정리해 볼 수 있다.

첫째, 사용자 중심의 콘텐츠 제작 구조. 유저가 단순히 소비자가 아닌 창작자이자 설계자가 되어 플랫폼에 기여할 수 있는 구조가 마련되어야 한다.

둘째, 안정적인 경제 시스템. 토큰 인플레이션이나 가격 불안정성을 최소화하고, 게임 내 활동이 실질적 가치로 이어질 수 있는 설계가 필요하다.

셋째, 탈중앙화된 거버넌스. 운영 방향성과 의사결정에 커뮤니티가 직접 참여함으로써 플랫폼의 신뢰를 확보해야 한다.

넷째, 브랜드 및 커뮤니티와의 연결. 유의미한 파트너십과 활발한 커뮤니티 활동은 생태계의 확장성과 생존력을 높이는 핵심 요소다.

이 기준에서 보면, 엑시 인피니티는 네 가지 조건 중 어느 하나도 완전히 충족하지 못했다. 콘텐츠는 중앙이 설계했고, 경제 구조는 토큰의 과잉 보상으로 인해 붕괴되었으며, 거버넌스는 소수의 의사결정에 의존했고, 커뮤니티는 단기간의 수익성에만 몰입했다. 결국 이것이 플랫폼이 지속되지 못한 근본적인 이유였다.

하지만 중요한 것은, 엑시는 실패한 플랫폼이 아니라, 실패를 통해 미래를 조망하게 해 준 '선행된 실험'이었다는 점이다. 이 실험의 궤적을 정확히 읽는다면, 우리는 반복되는 오류를 피하고, 진짜 지속 가능한 Web 3.0 생태계를 설계할 수 있다. 수익보다 구조를 먼저 생각하고, 기술보다 철학을 먼저 묻는 일. 그것이 이 장이 우리에게 남기는 마지막 질문이다.

P2E 기반의 파생수익

✅ 게임이 아닌 P2E, 존재로 버는 경제(기여도 하나의 놀이가 된다)

P2E는 본래 'Play to Earn'이라는 용어에서 비롯되었지만, 여기서 'Play'는 반드시 게임이라는 좁은 의미로만 해석될 필요는 없다.

Web 3.0 시대에서의 'Play'는 단순한 놀이를 넘어, 자신의 관심과 재능을 바탕으로 플랫폼과 상호작용하고, 생태계에 기여하는 모든 활동을 포함한다. 따라서 P2E는 '기여와 보상의 순환 구조'를 갖춘 모든 디지털 생태계에 적용될 수 있다.

✅ 크리에이티브 기반 P2E - 창작이 수익이 되는 구조

대표적인 예는 제페토(ZEPETO)나 샌드박스(The Sandbox)처럼 사용자가 직접 콘텐츠를 만들고 판매할 수 있는 구조다.

여기서 '플레이'는 곧 창작 활동이다. 의상을 디자인하거나, 가상공간을 설계하거나, 캐릭터 모션을 만드는 행위가 수익으로 이어진다.

제페토에서는 인기 크리에이터가 의상 판매로 한 달에 수백만 원을 벌고, 샌드박스에서는 LAND에 직접 게임을 만들고 입장료를 받을 수 있다.

이 모델은 특히 디지털 패션, NFT 예술, 메타버스 건축 분야에서 활발하다. 누구나 디지털 자산의 창작자가 될 수 있고, NFT를 통해 그 소유권과 희소성을 증명받는다.

✅ 커뮤니티 참여형 P2E - 소통도 기여다

Web 3.0 생태계에서는 단순한 소통이나 의견 제시도 하나의 경제활동이 된다. 대표적으로 DAO(탈중앙화 자율조직) 참여 구조가 여기에 해당된다.

디센트럴랜드(Decentraland)나 갤라게임즈(Gala Games)는 유저들이 DAO 투표를 통해 운영에 참여하고, 때로는 기여 활동에 따라 토큰 보상을 받기도 한다. 일부 커뮤니티에서는 콘텐츠 큐레이팅, 신규 사용자 지원, 포럼 기획 등의 활동에도 리워드를 제공한다. 즉, 의견을 내는 것조차 경제적 가치가 되는 세계. '발언'은 더 이상 공짜가 아니다.

ⓥ 창작자 이외의 P2E – 음악, 글쓰기, 교육도 수익화된다

최근에는 게임이나 디자인이 아니더라도, 음악 제작, 영상 편집, 글쓰기, 심지어 튜토리얼 콘텐츠 제공까지 P2E의 영역으로 확장되고 있다.

Audius는 음악 NFT 플랫폼으로, 창작자뿐 아니라 추천자도 보상을 받을 수 있고, Mirror.xyz는 글을 발행하고 토큰화하여 판매하거나 후원을 받을 수 있게 한다. Learn-to-Earn 플랫폼에서는 공부하고 퀴즈를 풀면 토큰을 지급하기도 한다. (예: Layer3, RabbitHole)

이런 구조에서는 '나의 시간과 집중'이 곧 토큰화된다. 놀이가 아니라도, 학습, 공유, 설명이 경제적 가치를 만들어 내는 시대다.

ⓥ 수익을 얻기 위한 접근 방식

- 중요한 것은 관심 기반으로 시작할 것: 억지로 수익을 쫓기보다, 본인이 재밌어하는 분야(창작/대화/운영/리서치 등)를 먼저 찾는 게 중요하다.
- 작게 실험하고, 구조를 이해하라: 많은 P2E 플랫폼은 첫 진입에 큰 투자 없이도 활동을 시작할 수 있다. 무료 지갑, 간단한 가입, 저가 NFT부터 시작하라.
- 보상이 아니라 기여 구조를 보라: 수익이 나오는 이유를 알아야 한다.

어디서 돈이 생기는가? 어떤 활동이 인정받는가? 그 구조를 이해한 사람만이 장기적인 생존을 한다.
- 탈중앙 플랫폼일수록 '책임'도 본인 몫: 실수는 되돌릴 수 없고, 사기나 해킹 위험도 존재한다. 따라서 수익을 바라보는 눈과 함께 보안, 신중함, 자료 조사 능력도 반드시 함께 가져야 한다.

ⓒ P2E는 더 이상 게임만의 영역이 아니다

일하지 않고 기여하는 방식, 억지로가 아니라 자연스러운 참여로 수익이 이어지는 구조, 바로 그것이 Web 3.0이 꿈꾸는 '자율적 경제'다. 어떤 사람은 글을 쓰고, 어떤 사람은 입장료가 있는 가상 갤러리를 열고, 누군가는 튜토리얼을 제작하고 커뮤니티를 관리하며 보상을 받는다. 중요한 건 무엇을 하느냐가 아니라, 어떤 방식으로 참여하고, 어떤 구조 위에서 존재하느냐이다.

게임 외 P2E 구조 분류

P2E 활동 분야	주요 플랫폼 사례	수익 방식	진입 난이도
디지털 창작(디자인/아바타/공간)	제페토, 샌드박스, 로블록스	NFT 판매, 아이템 판매 수익, 입장료	중간(디자인/툴 필요)
커뮤니티 기여(운영/큐레이션)	디센트럴랜드, 디스코드 커뮤니티	기여 토큰 보상, 레벨업 보너스	낮음(활동 위주)
콘텐츠 생산(음악/글/영상)	Mirror.xyz, Audius, YouTube Web 3.0 확장	구독/후원, NFT 판매, 보상 토큰	중간(창작 역량 필요)
학습 및 리서치 참여	Layer3, RabbitHole, Coinbase Earn	퀘스트 완료 보상, 토큰 에어드랍	낮음(정보 탐색 위주)
디지털 자산 임대/운영	디센트럴랜드 LAND, 샌드박스 LAND	임대료 수익, 운영 수수료	높음(자본 필요)
DAO 거버넌스 참여	Gala Games, Decentraland DAO	투표 보상, 생태계 인센티브	낮음~중간(이해도 필요)

P2E는 더 이상 게임만의 영역이 아니다. 디자인, 창작, 운영, 학습, 커뮤니티 등 참여의 형태만큼이나 수익의 방식도 다양화되고 있으며, 누구든 관심과 기여의 방식에 따라 진입 가능한 구조로 진화하고 있다.

표현이 자산이 되는 시대 - Web 3.0 창작 수익 모델

디지털 창작물이 곧 자산이 되는 시대의 경제 구조, Web 3.0 시대의 핵심 중 하나는 '창작자 중심 경제'의 실현이다. 그 중심에 있는 대표적인 수익 구조가 바로 창작 기반 NFT 수익 구조다.

이 구조는 디지털로 만든 이미지, 영상, 음악, 3D 모델, 아이템, 아바타 등 모든 형태의 창작물을 NFT로 발행하여, 그 고유성과 소유권을 블록체인에 기록하고, 이를 통해 실질적인 경제적 보상을 얻을 수 있는 체계다.

이전까지 디지털 창작물은 인터넷상에서 쉽게 복제되고 유통되며, 원작자의 권리와 수익이 보장되지 않는 경우가 많았다. 하지만 NFT는 디지털 창작물에 '고유한 소유권'을 부여함으로써, 창작물 자체를 하나의 자산으로 만들 수 있는 길을 열었다. 이러한 구조는 창작자의 권리를 보호하고, 유통의 장벽을 허물며, 디지털 자산의 새로운 생태계를 만들어 가고 있다.

이 구조의 핵심은 세 가지로 요약된다.

첫째, 소유권이 블록체인에 등록되어 위·변조가 불가능하며, 원본과 복제품의 구분이 명확해진다.

둘째, 로열티 기반의 반복 수익 구조를 통해 창작자는 지속적인 수익을 얻을 수 있다.

셋째, 개방형 글로벌 시장을 통해 누구나 참여 가능하며, 전 세계를 대상으로 자유롭게 거래할 수 있다.

NFT를 통해 창작물의 범위는 디지털 일러스트와 음악을 넘어, 게임 아이템, 가상 패션, 메타버스 건축물, 심지어 짧은 글까지 확장되고 있다. 이제는 거의 모든 디지털 콘텐츠가 자산화될 수 있으며, 이는 창작물에 대한 가치 인식과 문화적 접근 방식 자체를 변화시키는 새로운 패러다임으로 자리 잡고 있다.

NFT는 아직 실험 중인 영역이지만, 그 철학과 구조는 분명하게 말해준다. 이제는 창작도, 존재도, 표현도 곧 자산이 될 수 있는 시대가 열리고 있다는 것을.

누구나 디지털 자산을 만들어 수익화할 수 있는 Web 3.0 창작 구조

창작 기반 NFT 수익 구조는 복잡한 기술 지식 없이도 누구나 참여할 수 있는 개방형 디지털 경제 생태계다. 그림 한 장, 영상 클립 하나, 3D 아바타 모델, 음악 파일 등 나만의 창작물이 있다면, 그것을 그대로 NFT로 발행(민팅)하고, 디지털 자산으로 전환해 판매할 수 있다.

아래는 실제 참여 과정의 흐름이다. 생각보다 단순하고 직관적인 단계로 구성되어 있다.

✅ 메타마스크 지갑 설치 후 마켓플레이스 연결하기
– Web 3.0의 첫 번째 관문

NFT나 Web 3.0 생태계에 참여하려면 가장 먼저 필요한 것은 블록체인 지갑이다. 이 지갑은 단순히 '코인을 보관하는 곳'이 아니라, 자신의 신원을 증명하고, 다양한 플랫폼과 연결되는 디지털 열쇠다. 가장 널리 사용되는 지갑 중 하나가 바로 '메타마스크(MetaMask)'다.

지갑 설치는 앞서 설명하였으므로 여기서는 생략한다.

이제 마켓플레이스에 지갑을 연결할 차례다. 대표적인 NFT 마켓플레이스인 오픈씨(OpenSea)를 예로 들어 보자. 오픈씨 웹사이트에 접속한 후, 상단 메뉴에서 '지갑 연결(Connect Wallet)' 버튼을 클릭한다. 나타나는 옵션 중에서 'MetaMask'를 선택하면, 브라우저 오른쪽 상단의 메타마스크 팝업이 자동으로 열리고 연결 요청을 보여 준다. '연결(Connect)' 버튼을 누르면, 메타마스크 지갑이 오픈씨와 연동되고, 이제 본격적으로 NFT를 살펴보고 거래할 수 있는 상태가 된다.

연결 후에는 마켓플레이스에서 자신이 소유한 NFT나 토큰이 자동으로 확인되고, 구매나 경매 참여, 직접 NFT 발행(Minting) 등 다양한 활동을 진행할 수 있다. 다만, 이 모든 활동에는 가스비(Gas fee)라는 수수료가 필요할 수 있으므로, 메타마스크 지갑에는 미리 소량의 이더(ETH)를 입금해 두는 것이 좋다.

NFT 마켓플레이스에 지갑을 연결한 후에는 자신이 만든 창작물을 직접 업로드하여 NFT로 발행(Minting)할 수 있다. 이 과정은 디지털 창작물을 하나의 '자산'으로 등록하는 단계이며, 누구나 클릭 몇 번으로 실행할 수 있다.

사용자가 업로드할 수 있는 콘텐츠의 종류는 매우 다양하다. 대표적으로는 디지털 일러스트, 사진 등의 이미지 파일, 뮤직비디오나 클립 같은 영상 파일, 음악 트랙, 그리고 3D 모델이나 게임 아이템까지 폭넓게 지원된다.

민팅(Minting)이라는 이름은 원래 '화폐를 주조하다'는 뜻에서 비롯되었다. 이는 디지털 세계에서도 그대로 이어진다. 사용자가 창작한 파일이 민팅되면, 그 콘텐츠는 블록체인에 고유한 코드와 함께 등록되고, 세계 어디에서도 복제할 수 없는 유일무이한 디지털 자산으로 자리 잡는다.

민팅을 통해 창작물은 단순한 파일을 넘어서 소유권이 명확히 인증되는 자산이 되며, 이후 자유롭게 판매하거나 보관할 수 있다.

이러한 등록은 단순한 게시가 아니다. 콘텐츠와 함께 창작자 지갑 주소, 등록 일시, 고유 토큰 ID 등이 함께 기록되며, 이 모든 정보는 누구나 열람할 수 있는 블록체인 위에 영구적으로 남는다. 즉, 민팅은 나의 창작물을 '디지털 세상에 등록된 정식 자산'으로 전환하는 의식과도 같은 과정이다.

NFT 작품은 발행 즉시 판매할 수 있으며, 고정 가격 판매 또는 경매 방식 판매 중 선택이 가능하다. 대부분의 거래는 이더리움(ETH)으로 이루어지며, 수익은 자동으로 창작자의 지갑에 입금된다.

또한 NFT는 로열티 설정을 통해 재판매 시에도 지속적인 수익을 창출할 수 있는 구조를 갖춘다. 이는 창작자에게 지속 가능한 순환 수익 모델을 제공하며, 작품 유통이 활발할수록 수익도 늘어난다.

이제 NFT는 누구나 참여할 수 있는 영역으로, 자신만의 창작물을 디지털 자산으로 전환하고, 동시에 수익과 자기표현을 실현할 수 있는 기회를 제공한다.

⊘ 수익 흐름 요약 - 한 번 만들어 계속 수익을 얻는다

NFT는 단지 '팔고 끝나는 상품'이 아니다. '지속적인 수익 흐름'을 만드는 디지털 자산이다.

NFT 기반 창작 수익 구조의 핵심은 반복적이고 지속적인 수익 창출에 있다. 창작자는 NFT 최초 판매(1차 수익)를 통해 직접 수익을 얻고, 이후 재판매가 이루어질 때마다 로열티(2차 수익)를 자동으로 받는다. 이 구조는 Web 2.0 시대와 달리 창작물의 장기적 자산화를 가능하게 한다.

또한 NFT는 이제 단순한 디지털 이미지가 아니라, 담보 대출, 공동 소유, 스테이킹 등 다양한 방식으로 금융 자산처럼 활용되고 있다. 예를 들어 NFT를 담보로 자금을 빌리거나, 고가의 NFT를 여러 명이 나눠 소유할 수 있는 구조는 NFT의 실질적 가치와 대중 접근성을 동시에 높이고 있다.

⊘ NFT 담보 대출 - 실제 금융의 일부가 된 디지털 자산(https://NFTfi.com)

NFT를 소유한 사람은 이를 담보로 자금을 빌릴 수 있다. 차입자가 일정 기간 내 상환하지 못할 경우, NFT는 자동으로 채권자에게 이전된다.

이 구조는 NFT가 실질적인 '자산'으로 인식되고 있다는 점을 보여 주는 대표 사례다. 즉, 디지털 예술품 하나가 은행 예금처럼 금융의 대상이 되는 시대가 열린 것이다.

⊘ NFT 공동 소유 - 조각 투자와 집단 자산화(https://Fractional.art)

고가의 유명 NFT 한 점을 여러 명이 나눠서 소유할 수 있도록 토큰 단위로 분할 투자할 수 있는 구조다. 이는 기존의 미술품 조각 투자와 유사한 방식으로, 개인이 고가 자산에 접근하기 어려운 문제를 해결하며, NFT 시장의 유동성과 대중 접근성을 동시에 높이는 방식으로 주목받고 있다.

창작 기반 NFT 수익 구조는 창작자가 단순히 작품을 판매하는 것을 넘어, 자신의 이름으로 경제활동을 지속할 수 있는 새로운 자율적 시스템이다. 중개자 없이 글로벌 시장에 직접 진입할 수 있고, 초기 판매뿐 아니라 재판매, 담보 대출, 공동 소유 등 다양한 방식으로 수익을 확장할 수 있다. 이러한 구조는 블록체인 기술을 통해 자동화되고 투명하게 운영되며, 창작자에게 경제적 권리와 자기표현의 자율성을 보장한다. 이는 Web 3.0 철학이 현실에서 구현된 대표적인 사례다.

5. Web 3.0 시대를 움직이는 메인넷과 네이티브 코인

코인과 토큰, 기술과 존재의 본질

'코인'이나 '토큰'이라는 단어는 흔히 사람들 사이에서 화폐나 투자 대상, 더 나아가 투기의 상징처럼 여겨지곤 한다. 그러나 이 두 개념은 단순한 금융 수단이나 가격 변동의 대상이 아니라, 블록체인 생태계의 구조와 작동 원리를 대표하는 핵심 기능 단위라 할 수 있다.

⊘ 코인: 메인넷 위에서 작동하는 독립적 원장

'코인(coin)'은 자체 메인넷(블록체인 네트워크)을 보유한 블록체인에서 생성된 디지털 자산이다. 가장 대표적인 예는 비트코인(BTC), 이더리움(ETH), 솔라나(SOL), 아발란체(AVAX) 등으로, 이들은 각자의 블록체인 메인넷을 가지고 있으며, 이 네트워크의 보안 유지, 트랜잭션 수수료 지불, 거버넌스 투표, 스마트 계약 실행 등 시스템 전체의 유지와 작동을 위한 기본 연료 역할을 한다.

즉, 코인은 단순한 교환 수단이 아니라, 그 네트워크가 작동하기 위해 반드시 필요한 에너지 단위이자, 작동 권한이다. 예를 들어, 이더리움 생태계에서는 수많은 디앱(dApp)들이 이더(ETH)를 수수료로 사용하면서 전체 생태계가 돌아간다.

☑ 토큰: 메인넷 위에서 실행되는 '기능의 화폐'

반면 '토큰(token)'은 자체 메인넷이 없이, 기존의 메인넷 위에서 만들어진 디지털 자산이다. 예를 들어, 이더리움 위에서 발행된 ERC-20 토큰들이 대표적이며, 이는 이더리움 네트워크의 스마트 계약 기술을 이용해 만들어진다. 토큰은 특정 프로젝트나 디앱에서 내부 생태계 운영, 보상, 거버넌스 참여 등에 사용된다.

중요한 점은, 토큰은 그 자체로도 하나의 디앱(dApp)의 기능을 담고 있다는 점이다. 예로, 유니스왑(UNI) 토큰은 탈중앙화 거래소의 거버넌스를 위한 투표권으로 쓰이고, AAVE 토큰은 대출 플랫폼에서의 참여 지분으로 활용된다. 토큰은 하나의 애플리케이션이자, 그 앱의 운영 권한을 대변하는 도구다.

☑ 투자 수단에서 네트워크 기능으로

이처럼 코인과 토큰은 단지 돈이 아니라, 네트워크의 기능을 수행하는 실행체이다. 이를 통해 사용자는 그 네트워크의 참여자이자 공동 운영자가 된다. 투표에 참여하고, 디앱의 기능을 사용하고, 자산을 예치하거나 대출하며, 스테이킹을 통해 보안에 기여할 수도 있다. 이 모든 활동은 코인과 토큰을 통해 연결되는 '디지털 노동'이자, 시스템 유지의 핵심 축이 된다.

철학적 관점으로 보자면 코인과 토큰은 더 이상 고정된 가치의 척도가 아니다. 그것은 고정된 소유가 아닌, 네트워크 안에서 '작동하며 존재하는 것'이다. 누구의 통제도 받지 않으며, 흐름에 따라 변화하고, 각자의 생태계에서 고유한 기능을 수행한다. 이는 바로 억지로 고정된 질서보다, 자유롭게 흘러가는 무위자연(無爲自然)의 세계와 맞닿아 있다.

이러한 인식의 전환은 블록체인을 단지 기술이 아닌 '존재의 새로운 방식'으로 이해하는 출발점이 된다. 코인과 토큰은 가격이 아닌 기능과 관계로 이해되어야 할 대상이며, 그 안에는 우리가 어떤 방식으로 미래의 디지털 사회에 참여하고 존재할 것인가에 대한 답이 담겨 있다.

기능별 메이저 블록체인과 네이티브 코인 목록

분야	블록체인 네트워크	네이티브 코인	비고
대표 상징 (기초자산)	비트코인 (Bitcoin)	비트코인(BTC)	가장 오래된 블록체인, 디지털 금으로 불림
스마트 계약/DeFi	이더리움 (Ethereum)	이더(ETH)	스마트 계약과 dApp의 표준 플랫폼
스마트 계약/DeFi	솔라나 (Solana)	솔라나(SOL)	고속 트랜잭션, NFT/게임/DeFi 확장성
스마트 계약/DeFi	카르다노 (Cardano)	카르다노(ADA)	학문 기반, 확장성과 보안 중시
스마트 계약/DeFi	폴카닷 (Polkadot)	닷(DOT)	체인 간 연결을 위한 인터체인 허브
스마트 계약/DeFi	아발란체 (Avalanche)	아발란체 (AVAX)	초당 수천 트랜잭션, 서브넷 기능
스마트 계약/DeFi	바이낸스 스마트 체인(BSC)	바이낸스코인 (BNB)	낮은 수수료, BNB 생태계 중심
RWA/실물자산	센트리퓨지 (Centrifuge)	센트리퓨지 (CFG)	RWA 자산을 NFT로 발행, DAI 연계
RWA/실물자산	폴리매쓰 (Polymath)	폴리매쓰(POLY)	보안 토큰 발행 특화 플랫폼
RWA/실물자산	리퀴파이 (Liquefy)	B2B 중심 플랫폼, 코인 없음	다양한 실물 자산의 유동화 지원
RWA/실물자산	프로피 (Propy)	프로피(PRO)	부동산 거래를 위한 블록체인 플랫폼
RWA/실물자산	스위스보그 (SwissBorg)	CHSB (스위스보그)	개인 중심 자산 및 투자 네트워크

분야	블록체인 네트워크	네이티브 코인	비고
상호 운용성	코스모스 (Cosmos)	아톰(ATOM)	IBC 프로토콜로 다양한 체인 연결
상호 운용성	폴카닷(Polkadot)	닷(DOT)	릴레이 체인 기반
상호 운용성	레이어제로 (LayerZero)	LZ 출시 예정	오프체인 메시지 기반 브릿지 프로토콜
DID/디지털 신원	폴리곤 ID (Polygon ID)	MATI(폴리곤)	ZKP 기반 탈중앙 신원 인증
DID/디지털 신원	Civic (시빅)	CVC(시빅)	탈중앙 개인 인증 서비스
DID/디지털 신원	Ontology (온톨로지)	ONT(온톨로지)	데이터+신원+크로스체인 포함 DID
DAO 플랫폼	Aragon(아라곤)	ANT(아라곤)	DAO 운영 도구 세트 제공
DAO 플랫폼	Gnosis Chain (그노시스 체인)	XDAI(그노시스)	경량 DAO 거버넌스 체인
NFT/창작 플랫폼	이더리움 (Ethereum)	이더(ETH)	NFT 발행의 대표적 플랫폼
NFT/창작 플랫폼	Tezos(테조스)	XTZ(테조스)	아트 중심 친환경 NFT 체인
결제 및 송금	스텔라(Stellar)	루멘(XLM)	초고속 국제 송금에 최적화

Web 3.0 주요 코인 탐구
- 기능, 합의 메커니즘, 철학, 그리고 진화의 이야기

ⓒ 솔라나(Solana)

솔라나는 2017년, 전 퀄컴 엔지니어였던 아나톨리 야코벤코(Anatoly

Yakovenko)가 제안한 고성능 블록체인이다. 그는 블록체인의 확장성 문제를 '시간의 부재'에서 찾았고, 노드 간에 신뢰할 수 있는 시간을 공유하는 기술, 즉 PoH(Proof of History, 역사 증명)라는 독창적인 합의 알고리즘을 설계했다. 이를 통해 솔라나는 초당 수천 건의 거래를 처리하며, 이더리움이나 비트코인과 비교해 수수료는 극히 낮고 처리 속도는 월등히 빠르다.

출시 이후 솔라나는 DeFi, NFT, 게임, 탈중앙 앱(dApp) 등 다양한 분야로 확장되었다. Rust, C 언어 기반 개발 환경은 고성능 디앱을 가능하게 했고, 빠르게 성장하는 사용자층과 함께 NFT 마켓플레이스인 Magic Eden, Degenerate Ape Academy 같은 인기 프로젝트들이 솔라나 생태계의 상징으로 자리 잡았다. 특히 2021년 NFT 열풍과 맞물려 솔라나는 '이더리움 킬러'로 주목받았으며, 신규 블록체인 프로젝트의 주요 대안으로 급부상했다.

그러나 빠른 성장만큼이나 기술적 불안정성도 드러났다. 2022년과 2023년, 수차례의 네트워크 다운 사태는 '속도는 빠르지만 신뢰성은 불안하다'는 인식을 남겼다. 그럼에도 불구하고 솔라나는 멈추지 않았다. 지속적인 네트워크 업그레이드와 자체 하드웨어 출시(Saga 스마트폰), 모바일 지갑 통합, Solana Pay 도입 등 생태계를 모바일 중심으로 확장해 가며 사용자 경험을 넓히고 있다.

현재 솔라나는 퍼블릭 블록체인 중에서도 고성능·저비용 인프라의 대표 주자로 자리 잡았으며, 글로벌 개발자 커뮤니티의 참여도 높고, 스타트업 및 NFT 프로젝트들의 채택률도 여전히 상위권이다. 2024년 이후에는 빠른 처리 속도와 모바일 전략을 바탕으로, 소셜 dApp, 실시간 결제, 디지털 ID 분야까지 생태계를 확장하려는 흐름이 감지된다.

솔라나는 단순히 속도를 자랑하는 체인이 아니다. 그것은 "블록체인이 사용자와 기업 모두에게 실용적일 수 있는가?"라는 질문에 대한 하나의 해답이자, 기술 최적화를 통해 Web 3.0의 대중화를 선도하려는 움직임의 선두 주자다. 빠르고 저렴하며, 점점 더 유연해지는 이 체인은 여전히 '이더리움 이후'를 꿈꾸는 가장 강력한 대안 중 하나로 남아 있다.

✅ XRP(리플)

XRP는 2012년 탄생한 블록체인 기반 결제 네트워크 리플(Ripple)의 네이티브 토큰이다. 처음부터 비트코인이나 이더리움처럼 탈중앙화된 퍼블릭 블록체인을 지향한 것은 아니었다. XRP는 기존의 느리고 비효율적인 국제 송금망(SWIFT)을 대체하고자 탄생했다. 은행 간 송금에는 평균 3~5일이 걸리며, 중개 은행과 각종 수수료가 더해진다. 이를 극복하기 위해 리플은 리플넷(RippleNet)이라는 자체 네트워크를 개발했고, 그 내부에서 실시간 유동성 공급 및 국가 간 통화를 전환할 수 있는 매개로 XRP가 사용된다.

XRP의 기술적 강점은 속도와 비용이다. 거래 확정까지 3~5초, 수수료는 거의 무시할 수 있을 정도이며, 초당 수천 건의 거래가 가능하다. 비트코인의 전력 소비와 비교하면 XRP의 에너지 효율은 매우 뛰어난 수준이며, 중앙화된 합의 프로토콜(UNL 방식)로 인해 처리 속도가 압도적으로 빠르다. 이 덕분에 XRP는 국제 은행, 송금 기업, 핀테크 업체들과의 파트너십을 통해 실제 금융 시스템과 연동되는 사례를 다수 확보했다.

하지만 XRP는 항상 논란의 중심에 있었다. 발행량의 대부분이 리플사가 보유하고 있다는 점에서 '중앙화된 가상화폐'라는 비판을 받았고, 결정적으로 2020년 12월 22일 SEC(증권거래위원회)의 '미등록 증권' 소송이 XRP의 운명을 흔들었다. 이 사건은 암호화폐 역사상 가장 중요한 규제 싸움 중 하나로 기록된다. 그러나 2023년 중반, 법원은 XRP 자체는 증권이 아니라는 판결을 내렸고, 이후 XRP는 다시 주요 거래소에 재상장되며 시장의 신뢰를 회복해 나가고 있다.

최근 XRP는 단순한 송금 수단에서 한 발 더 나아가고 있다. 리플사는 스마트 계약 기능을 확장 중이며, 자체 사이드체인과 개발 도구를 통해 토큰 발행 및 DID, RWA 연동 가능성까지 넓히고 있다. ISO 20022라는 글로벌 결제 메시징 표준에도 XRP는 가장 먼저 호환성을 갖춘 자산으로 주목받고 있으며, CBDC와의 연계도 활발히 논의되고 있다. 실제로 중동, 동남아시아, 아프리카 일부 국가에서는 XRP 기반의 송금 인프라가 실험적으로 도입되고 있다.

XRP는 여전히 논쟁적이지만, 실용적이다. 그것은 화폐가 진정으로 기능해야 할 속도, 신뢰성, 범용성에 집중하며, 탈중앙화보다는 금융의 현실성과 효율성에 가치를 둔다. 글로벌 결제 네트워크로서 XRP는 자신만의 길을 걷고 있으며, 규제 정비가 완료될수록 기관 중심 디지털 금융의 핵심 인프라로 자리 잡을 가능성이 높다.

✅ 이더리움(Ethereum)

이더리움은 2015년, 당시 21세였던 천재 개발자 비탈릭 부테린(Vitalik Buterin)이 "비트코인 위에 애플리케이션을 올릴 수 있다면?"이라는 아이디어로 시작한 탈중앙 컴퓨팅 플랫폼이다. 비트코인이 '디지털 금'이라면, 이더리움은 디지털 인프라의 플랫폼을 지향한다. 핵심은 스마트 계약(Smart

Contract) 기능으로, 이는 조건이 충족되면 자동으로 실행되는 코드이며, 블록체인 상에 영구히 기록된다. 이를 통해 이더리움은 단순한 암호화폐가 아닌 탈중앙 애플리케이션(dApp)의 생태계로 발전하게 된다.

이더리움 생태계는 DeFi, NFT, DAO, DID 등 Web 3.0의 거의 모든 주요 개념이 출발한 기점이 되었다. 2021년 NFT 붐과 함께 OpenSea, Uniswap, AAVE 등 이더리움 기반 프로젝트들이 폭발적으로 성장했으며, 개발자 커뮤니티는 전 세계에서 가장 크다. 하지만 초창기에는 처리 속도와 수수료 문제(가스비)가 큰 약점이었고, 이를 해결하기 위해 '이더리움 2.0'이라는 로드맵을 따라 지분증명(PoS) 전환, 샤딩 도입, 레이어2 확장 전략을 추진해 왔다.

2022년 '머지(Merge)'를 통해 PoS로 전환한 이후, 이더리움은 에너지 효율을 극적으로 높였고, 향후 확장성을 위한 기술 진화도 가속화되고 있다. 다양한 확장 네트워크(폴리곤, 옵티미즘, 아비트럼 등)와 함께 하나의 거대한 프로토콜 생태계를 형성 중이다. 이더리움은 지금도 기술과 철학 양면에서 Web 3.0을 이끄는 중심축으로 평가받는다.

아발란체(Avalanche)

아발란체는 2020년 본격 론칭된 고속 확장형 블록체인 네트워크로, 코넬대 교수 출신인 에민 귄 시러(Emin Gün Sirer)가 이끄는 Ava Labs에서 개발되었다. 탄생 배경은 명확했다. 이더리움보다 빠르면서도, 탈중앙성과 확장성을 동시에 확보할 수 있는 차세대 스마트 계약 플랫폼.

아발란체의 가장 큰 특징은 서브넷(Subnet) 구조다. 이는 각 프로젝트가 독립적으로 맞춤형 블록체인을 만들어 아발란체 메인넷과 연결할 수 있도록

하는 구조로, 성능과 정책을 분리할 수 있는 유연성을 제공한다.

트랜잭션 확정 속도는 1초 이내이며, PoS 기반의 친환경 구조와 저렴한 수수료로 인해 많은 DeFi 및 RWA(실물 자산 토큰화) 프로젝트들이 아발란체를 채택하고 있다. 실제로 글로벌 부동산, 채권, 게임, 엔터테인먼트 기업들과의 협업이 꾸준히 진행 중이며, Stablecoin 발행, DID, CBDC 실험에도 적극적이다.

아발란체는 단일 체인이 아닌 모듈형 블록체인 생태계로 성장하고 있으며, DeFi와 RWA를 동시에 품을 수 있는 유연한 플랫폼으로 부상 중이다. 속도, 확장성, 현실 자산 연결성이라는 세 요소를 고루 갖춘 이 체인은 Web 3.0 인프라의 실용적 대안으로 자리 잡고 있다.

✅ 폴리곤(Polygon)

폴리곤은 2017년 인도 개발자 그룹이 만든 이더리움 확장 솔루션으로 출발했다. 원래 명칭은 'Matic Network'였으며, 이후 리브랜딩을 통해 'Polygon'으로 이름을 바꾸었다. 가장 큰 목적은 이더리움의 느린 처리 속도와 높은 수수료 문제를 해결하는 것이었다. 폴리곤은 자체 블록체인 네트워크를 운영하면서도 이더리움과 완벽하게 호환되는 구조를 갖추고 있으며, 다양한 레이어2 솔루션(Plasma, ZK-Rollup 등)을 통합하는 플랫폼으로 진화해 왔다.

폴리곤은 다양한 기업들과의 파트너십을 통해 Web 2.0과 Web 3.0의 연결 고리 역할을 강화하고 있다. 대표적으로 스타벅스, 디즈니, 인스타그램 등이 폴리곤을 활용한 NFT 실험을 진행했고, 글로벌 브랜드의 Web 3.0 진입을 유도하는 역할을 했다. 또한, 2023년에는 'Polygon zkEVM(Zero-Knowledge Ethereum Virtual Machine)'을 출시하며 ZK 기술을 활용한 레이어2 메인넷으로 진입했다.

오늘날 폴리곤은 단순한 확장 솔루션을 넘어, Web 3.0 기업들을 위한 기업형 블록체인 인프라로 진화하고 있다. 저비용, 고속, 높은 호환성은 물론이고, 유연한 프로토콜 설계까지 가능한 폴리곤은 대규모 사용자 확보와 상용화에 가장 근접한 체인 중 하나로 손꼽힌다.

✅ 카르다노(Cardano)

카르다노는 2017년 출시된 블록체인 플랫폼으로, 이더리움 공동 창립자 중 한 명인 찰스 호스킨슨(Charles Hoskinson)이 주도한 프로젝트다. 그는 기술보다 철학과 이론에 기반한 접근을 중시했고, 그 결과 카르다노는 '학문적 접근과 수학적 검증'을 가장 앞세운 체인이 되었다. 스마트 계약 구현도 엄격한 수학적 정리를 거친 후 단계적으로 도입되었고, 개발자 문서는 동료 검토(peer review)를 필수로 한다. 이는 다른 체인보다 도입 속도는 느리지만, 보안성과 설계 안정성 측면에서는 강력한 신뢰를 구축했다.

기술적으로는 PoS(지분증명) 합의 알고리즘 중 하나인 우로보로스(Ouroboros)를 최초로 구현한 체인이며, 스마트 계약 기능은 2021년 '알론조 하드포크'를 통해 도입되었다. 현재는 DeFi, NFT, 탈중앙 ID 프로젝트들이 단계적으로 확장되고 있으며, 아프리카 등 인프라가 부족한 지역에 블록체인 기반 교육·신원 인증·토지 관리 프로젝트도 추진하고 있다.

카르다노의 현재 위상은 기술 기반이 단단하되, 시장 반응에 비해 체감 생태계 성장은 다소 느리다는 평가를 받는다. 그러나 향후 10년을 내다본 장기 계획과 확고한 지지자 커뮤니티, 그리고 철저한 아카데믹 기반은 여전히 장점이다. 점진적인 업데이트와 함께 공공 부문에서의 실용적 블록체인 활용 모델로 주목받고 있다.

테조스(Tezos)

테조스는 2018년 본격적인 메인넷 론칭 이후 '자기 수정 가능한 블록체인(self-amending blockchain)'이라는 독특한 구조로 알려졌다. 이더리움처럼 스마트 계약을 지원하지만, 테조스의 가장 큰 강점은 온체인 거버넌스다. 체인 자체의 업그레이드와 프로토콜 변경을 체인 내 투표로 실행하며, 이를 통해 하드포크 없이 시스템을 진화시킬 수 있다. 개발 언어는 미켈슨(Michelson)이라는 자체 스마트 계약 언어로, 보안성이 높지만 진입 장벽이 다소 있는 편이다.

초기에는 ICO 규모로도 이슈가 되었고 이후에도 프랑스, 독일 등 유럽을 중심으로 예술·NFT·공공 프로젝트에 많이 활용되었다. 대표적인 NFT 마켓 'Objkt.com', 예술 NFT 플랫폼 'Hic et Nunc' 등은 친환경 체인으로서의 테조스를 선호한 창작자들이 몰리며 성장했다. 테조스는 에너지 효율이 뛰어나고, 소규모 유저들이 노드를 직접 운영하기 쉬운 구조로 설계되어 있어 참여형 생태계에 강점이 있다.

현재는 DeFi, DID 등으로 확장 중이며, 다수의 업데이트가 거버넌스를 통해 원활하게 이루어지고 있다. 느리지만 안정적인 진화를 지향하는 체인으로, 탈중앙 생태계의 지속 가능성과 보안성 중심 가치를 대변한다.

테조스 블록체인은 2017년 7월, ICO(초기 코인 공개)를 통해 약 6,500만 달러(당시 환율 기준 약 740억 원)를 모금하며 단숨에 글로벌 주목을 받았다. 비트코인 6만 5천여 개, 이더리움 36만여 개가 모였고, 이는 당시 암호화폐 시세 변동을 감안하면 최대 2천억 원 이상 가치로 환산되기도 했다. 이는 단순한 자금 규모의 문제가 아니라, 테조스가 추구한 온체인 거버넌스 구조, 그리고 스마트 계약 언어의 보안성이라는 기술적 실험이 동시에 투자자와 기술계의 기대를 끌어낸 결과였다.

테조스는 초기에부터 자체 거버넌스 체계를 통해 프로토콜의 업그레이드를 커뮤니티 투표로 결정하는 구조를 설계했다. 이는 기존 블록체인이 '개발자 중심'이었다면, 테조스는 이용자 참여형 운영 모델을 추구한 선구적인 사례였다. 또한 '미셸슨(Michelson)'이라는 스마트 계약 언어는 정형 검증(formal verification)이 가능하여 보안성과 신뢰성을 우선하는 공공 기관, 금융 산업에서도 주목을 받았다.

그러나 ICO 이후 테조스는 운영 주체 간의 갈등—스위스의 테조스 재단과 미국의 개발사 간 이권 분쟁—으로 인해 메인넷 출시가 지연되고 집단소송이 발생하는 등 위기를 겪기도 했다. 그럼에도 불구하고 이후 프로토콜의 안정성과 거버넌스 기능을 바탕으로, 테조스는 지속적으로 업그레이드를 거듭하며 하나의 자율 진화형 블록체인 모델로 자리 잡았다.

결국 테조스의 ICO는 단순한 자금 유치가 아니라, 블록체인의 탈중앙성과 운영 민주주의가 기술적으로 구현될 수 있는가를 묻는 실험이었고, 2017년 당시 암호화폐 시장의 철학적 상상력을 가장 집약적으로 보여 준 사건 중 하나였다.

코스모스(Cosmos)

코스모스는 '인터체인(Interchain)'이라는 개념을 제시하며 시작된 멀티체인 생태계의 선구자다. 2019년 본격적으로 메인넷을 가동한 이후, 서로 다른 블록체인을 연결하는 허브-존(Hub-Zone) 구조로 주목받았다. IBC(Inter-Blockchain Communication) 프로토콜은 각 체인이 독립적이면서도 상호 연동되도록 설계되어, 다양한 앱체인(app-chain)들이 자율성과 호환성을 동시에 갖출 수 있게 한다.

코스모스 생태계는 Osmosis(DEX), Cosmos Hub(ATOM), Secret Network(프라이버시 체인), Juno 등 다양한 네트워크로 구성되어 있다. 각 체인은 자신만의 거버넌스와 경제 구조를 가지며, 코스모스 SDK를 통해 개발자가 손쉽게 맞춤형 체인을 구축할 수 있다. 이는 특히 DID, RWA, 게임, 지역 기반 코인 발행 등 다양한 실험에 적합한 구조를 제공한다.

현재 코스모스는 Web 3.0 생태계의 상호 운용성 구현을 중심으로 주목받고 있으며, IBC 표준은 점차 다른 체인에도 적용되는 확장성을 확보하고 있다. 자체 확장보다는 생태계 확산을 지향하는 철학을 가진 코스모스는, 미래에 인터체인 기반 메가 네트워크의 핵심 인프라가 될 가능성이 크다.

✅ 폴카닷(Polkadot)

폴카닷은 이더리움 공동 창립자 개빈 우드(Gavin Wood)가 2020년 주도적으로 개발한 차세대 멀티체인 네트워크다. 그는 스마트 계약을 설계한 인물이자, Web 3.0 재단(Web 3.0 Foundation)의 설립자이기도 하다. 폴카닷은 단일 체인이 아니라 다양한 블록체인이 병렬로 동작하는 패러체인(Parachain) 구조를 기반으로 한다. 각 패러체인은 고유한 기능과 생태계를 가질 수 있으며, 모두 '릴레이 체인(Relay Chain)'을 통해 연결된다. 이를 통해 보안은 공유하되, 확장성과 다양성은 독립적으로 보장하는 구조를 실현했다.

폴카닷의 핵심 특징은 고속성과 상호 운용성이다. 앱 개발자들은 단독 체인 구축 없이도 폴카닷 생태계 내에서 dApp 개발과 배포가 가능하며, 이로 인해 분산된 생태계 간 협력이 보다 원활하게 이뤄진다. 프로젝트가 패러체인 자리를 얻기 위해 '슬롯 경매'를 통해 경쟁하는 구조는 생태계에 활력을 부여했고, Moonbeam, Acala, Astar 등 유망한 체인이 참여하면서 점차 스펙트럼을 넓혀 가고 있다.

현재 폴카닷은 개발자 친화성과 Web 3.0 중심 철학을 기반으로 DAO, DID, 크로스체인 브릿지, 탈중앙 신원 인증 등 다양한 시도를 전개하고 있다. 특히 폴카닷 SDK는 오픈소스 형태로 활발히 개선되고 있으며, Web 3.0 시대의 다중 네트워크 인프라 모델을 선도하려는 움직임을 보여 주고 있다. 점차 고유한 프로토콜 생태계를 확장해 가며, 단일 체인이 아닌 '블록체인의 블록체인'으로 기능하는 미래형 네트워크를 그려가고 있다.

스텔라(Stellar)

스텔라는 2014년, 리플(Ripple)의 공동 창업자 제드 맥칼렙(Jed McCaleb)이 리플과 결별하고 만든 국제 송금용 블록체인이다. 리플이 주로 은행 간 송금을 타깃으로 한 반면, 스텔라는 소액 송금과 금융 소외 계층을 위한 탈중앙 금융 인프라를 목표로 한다. 기술 구조는 XRP와 유사하지만, 스텔라 개발재단(SDF)을 중심으로 보다 개방적이고 비영리적 성격을 띤다.

스텔라의 네트워크는 초당 수천 건의 거래를 처리할 수 있으며, 수수료는 거의 제로에 가깝고, 거래 확정 시간은 5초 이내다. 합의 알고리즘은 SCP(Stellar Consensus Protocol)로, 기존 PoS나 PoW 대신 독자적인 검증 모델을 채택했다. 이를 통해 빠른 처리 속도와 저렴한 비용이라는 두 마리 토끼를 잡았다. 특히 개발도상국의 송금, 마이크로크레딧, 디지털 자산 이동 등에 적합한 구조다.

스텔라는 IBM, 텔레그램 등과 협업하며 국가 간 송금 테스트베드로 활용되었고, 유엔 개발기구(UNDP)와도 협력 사례가 있다. 최근에는 스마트 계약 기능 확장과 RWA 연동 실험도 진행 중이며, 루멘(XLM)이라는 자체 토큰은 크로스보더 송금의 유동성 매개로 사용된다. 스텔라는 거대한 탈중앙 결제망이라기보다는 소규모지만 실제 유용성이 강한 실용 체인으로, 조용하지만 꾸준히 Web 3.0의 금융 소외를 해결하는 기반을 닦아 가고 있다.

✅ 센트리퓨지(Centrifuge)

센트리퓨지는 실물 자산 토큰화를 전문으로 하는 블록체인 프로젝트로, 중소기업의 자산(송장, 선적 계약, 부동산 채권 등)을 DeFi 시스템에 연결하고자 2017년 설립되었다. 기존의 금융 시장에서는 자산을 담보로 대출을 받기 위해 높은 비용과 절차가 필요했지만, 센트리퓨지는 이를 토큰화하여 탈중앙 금융에 연결하는 구조를 제안했다. 대표적인 프로토콜 'Tinlake'를 통해 실물 자산을 NFT로 발행하고, 이를 기반으로 자금을 조달할 수 있게 한다.

센트리퓨지는 이더리움과 폴카닷 두 생태계에서 동시에 개발되고 있으며, 특히 MakerDAO의 스테이블코인 DAI 발행 시스템에 실제 기업 자산을 담보로 연동한 사례로 유명해졌다. NFT 기반 자산 담보 대출 구조는 향후 RWA 확장의 가능성을 열어 주었으며, 기관 투자자와 DAO 간의 연결 고리 역할도 수행하고 있다.

오늘날 센트리퓨지는 실물 금융과 Web 3.0 금융의 경계를 연결하는 대표적 RWA 프로젝트로 평가된다. 규제 친화적인 구조와 함께 전통 기업과의 협업이 강화되면서, RWA 인프라로서의 입지를 넓히고 있다. 디지털화된 담보 자산이 탈중앙 금융 시스템에 연결되는 시대의 실현 가능성을 처음 입증한 플랫폼 중 하나다.

✅ 폴리매쓰(Polymath)

폴리매쓰는 증권형 토큰(Security Token, STO)의 발행과 관리를 위해 개발된 블록체인 프로젝트로, 2018년부터 활동을 시작했다. 전통 금융의 자산(주식, 채권, 펀드 등)을 디지털 토큰으로 바꾸는 과정은 규제와 법적 기준이 매우 까다롭다. 폴리매쓰는 이를 해결하기 위해 규제 대응이 가능한 블록체인 인프라를 구축했고, 이를 통해 보안 토큰을 손쉽게 발행·운영할 수 있도록 지원한다.

기존의 퍼블릭 체인들이 규제 준수 측면에서 한계를 보이던 시점에서, 폴리매쓰는 자체 메인넷 'Polymesh'를 개발하여 KYC/AML 인증 통합, 규제 조건 검증, 온체인 거버넌스 등을 내장한 구조를 만들었다. 즉, 자산 발행자와 투자자가 블록체인에서 바로 법적 요구사항을 충족할 수 있게 설계된 것이다.

폴리매쓰는 미국, 유럽 등 금융 선진국의 STO 프로젝트와 제휴를 확대하고 있으며, 기관 금융 시장과 블록체인의 연결 지점으로 존재감을 키우고 있다. 향후 CBDC, 디지털 증권 거래소와의 연계 가능성도 논의되고 있으며, 규제 친화적 금융 블록체인의 대표 주자로 자리 잡고 있다.

✅ 리퀴파이(Liquefy)

리퀴파이는 홍콩을 기반으로 시작된 RWA 토큰화 플랫폼으로, 특히 부동산, 미술품, 고가 자산을 소액 투자 형태로 분할 발행하는 데 초점을 두고 있다. 고액 자산은 일반 투자자가 접근하기 어렵고 유동성이 낮다는 문제가 있었지만, 리퀴파이는 이를 NFT 또는 ERC-20 기반 토큰으로 분할하여 블록체인 상에서 유통 가능하게 만들었다.

기술적으로는 이더리움 기반 스마트 계약과 자체 플랫폼을 통해 실물 자산을 디지털 자산으로 연결하며, 투자자는 일정 수익(임대료, 매각 차익 등)을 토큰 비율에 따라 자동 분배받는다. 또한, 투자 자격 심사, 신원 인증, 법적 고지 등도 함께 시스템 내에서 처리되도록 구성되어 있다.

리퀴파이는 특히 아시아권 부동산 시장과 연결된 RWA 플랫폼으로 알려져 있으며, 고급 부동산 조각 투자, 럭셔리 상품의 디지털화 등에 특화된 사례를 다수 보유하고 있다. 아직 글로벌 확장성은 제한적이지만, 지역 기반 실물 자산의 디지털화 흐름을 선도하는 중소형 플랫폼으로 주목받는다.

⊘ RealT

RealT는 실제 미국 부동산을 블록체인 기반으로 분할 소유할 수 있게 해주는 RWA(Real World Asset) 플랫폼이다. 디트로이트, 시카고, 마이애미 등 미국 내 실존 부동산을 ERC-20 기반의 토큰으로 발행하여, 전 세계 누구나 소액 단위로 투자할 수 있도록 설계되었다. 부동산 1채를 수백~수천 개의 토큰으로 나누고, 이 토큰을 보유한 만큼 임대 수익을 분배받는 구조다. 수익은 주간 또는 월간 단위로 '스테이블코인(DAI, USDC)'을 통해 자동 지급된다.

RealT는 투자자의 신원 인증을 위해 KYC를 적용하며, 이더리움과 Gnosis 체인을 기반으로 한 이중 구조를 활용해 거래 수수료 절감과 네트워크 안정성을 확보하고 있다. 실제로 수십 개 이상의 주택과 상가가 토큰화되어 플랫폼에 올라와 있고, 일부 자산은 이미 100% 판매 완료 후 안정적으로 수익 분배 중이다.

현재 RealT는 글로벌 부동산 시장의 디지털 전환 실험 중 가장 앞서 있는 실용 사례 중 하나로 평가된다. 물리적 자산을 NFT나 토큰으로 나누어 실질 수익을 제공하고 있으며, 부동산 투자 진입 장벽을 낮춘 혁신적인 실험으로 지속적인 주목을 받고 있다.

⊘ AAVE

AAVE는 DeFi 분야의 대표적인 자동화 대출 및 유동성 공급 플랫폼으로, 이더리움 기반에서 2020년 메인 프로토콜을 론칭했다. 사용자는 자신의 자산을 AAVE에 예치하면 자동으로 이자수익을 획득할 수 있고, 다른 사용자는 담보를 제공하는 조건으로 해당 자산을 대출받을 수 있다. 이 모든 과정은 스마트 계약을 통해 중개자 없이 진행되며, 거래는 자동 실행된다.

AAVE의 핵심은 유동성 풀(Liquidity Pool) 기반 구조다. 예치자는 자금을 공동 풀에 넣고, 대출자는 해당 풀에서 자산을 차입하며 이자를 지급한다. 플랫폼은 이 과정에서 담보비율(LTV)을 관리하고, 일정 비율 이하로 담보 가치가 떨어질 경우 자동 청산을 진행한다. 이는 DeFi의 리스크를 자동으로 관리하는 시스템이기도 하다.

현재 AAVE는 ETH, DAI, USDC, WBTC 등 다양한 자산을 지원하며, v3 버전에서는 크로스체인 기능과 리스크 세분화, 가변 담보 설정 등 고도화된 금융 기능까지 제공 중이다. 탈중앙 대출 시스템 중 가장 안정성과 신뢰성이 높은 플랫폼으로 평가받으며, 실제 운용 자산 규모(TVL)도 최상위권을 유지하고 있다.

⊘ GMX

GMX는 탈중앙화 파생상품 거래 플랫폼으로, 사용자가 무기한 선물(perpetual contracts)을 거래할 수 있게 해 준다. 사용자는 ETH, BTC 등을 담보로 최대 50배까지 레버리지를 설정할 수 있으며, 거래 손익(PnL)은 실시간으로 지갑에 반영된다. 모든 거래는 스마트 계약으로 투명하게 실행되며, KYC 없이도 지갑 연결만으로 즉시 참여 가능하다.

GMX는 자체 유동성 풀(GLP)을 중심으로 작동하는 구조다. GMX 보유자는 수수료 수익 일부를 공유받으며, 유동성 공급자와 트레이더 간의 구조가 자동으로 균형을 유지한다. AVAX와 Arbitrum 체인을 기반으로 운영되고 있어, 높은 확장성과 저렴한 수수료가 장점이다.

2022년 이후 GMX는 디파이 고급 사용자들 사이에서 빠르게 확산되었으며, 중앙 거래소(CEX) 수준의 파생상품 거래 환경을 탈중앙 플랫폼에서 구현한 대표적 사례로 주목받고 있다. 단기 고수익을 원하는 트레이더와 자동 수익을 추구하는 유동성 공급자 간의 균형이 정교하게 설계된 시스템이다.

✅ Aragon / Gnosis

Aragon은 DAO(탈중앙화 자율조직)를 만들기 위한 툴킷이자 플랫폼이다. 사용자는 Aragon을 통해 스마트 계약 기반의 투표 시스템, 자금 관리, 의사결정 자동화 기능을 쉽게 설정할 수 있으며, UI 기반으로 DAO를 설계할 수 있는 노코드 툴도 제공된다. 2017년부터 꾸준히 DAO 운영 인프라로 자리 잡고 있으며, 커뮤니티 중심 거버넌스 실험에 많이 활용된다.

Gnosis는 다중 서명 지갑(Gnosis Safe)과 예측 시장, DAO 지원 도구로 유명하며, 특히 스마트 계약 기반 자금 관리 솔루션 분야에서는 표준에 가깝다. Gnosis Chain은 별도의 L2 체인으로 발전해 Arbitrum이나 Optimism과 유사한 생태계를 구축 중이며, 자체 거버넌스 코인(xDAI)을 통해 DAO 및 디앱을 지원한다.

두 프로젝트 모두 스마트 계약의 자동성과 DAO의 탈중앙 철학을 실용화한 사례로, 거버넌스, 자금 분배, 커뮤니티 주도 운영을 구현하는 핵심 툴로 자리 잡고 있다.

밈코인

밈코인은 본래 농담처럼 시작된 암호화폐다. '밈(meme)'이라는 말은 유행어, 유머, 이미지 등을 뜻하는 인터넷 문화에서 유래했으며, 밈코인은 그런 밈을 주제로 만들어진 디지털 코인을 말한다. 처음에는 재미와 패러디의 성격이 강했지만, 커뮤니티의 힘과 시장의 유동성이 맞물리면서 실제 시가총액 수십억 달러를 넘기는 사례도 등장했다. 대표적으로 잘 알려진 밈코인은 도지코인(Dogecoin), 시바이누(Shiba Inu), 그리고 최근의 페페(Pepe) 코인 같은 것들이 있다.

도지코인은 2013년, 시바견 사진을 모티브로 장난처럼 만들어졌지만, 커뮤니티의 강력한 지지와 일론 머스크 같은 유명인의 언급으로 인해 폭발적인 관심을 받았다. 실제로 도지코인은 한때 시가총액 기준으로 상위 10위 안에 들기도 했고, 수많은 거래소에 상장되며 '진지하지 않은 것에서 진짜 시장으로 성장'한 대표적인 밈코인이 되었다.

재미있는 사례로는 미국의 한 30대 청년이 2020년 초반 도지코인에 약 18만 달러를 투자한 뒤, 불과 몇 개월 만에 손익이 100배 이상 불어나며 약 200만 달러(약 25억 원) 이상의 자산을 만든 일화가 있다. 그는 "도지코인만으로 인생이 바뀌었다."라며 미디어에 출연해 '도지 갑부'라는 별명까지 얻었다. 물론 그 뒤로 코인은 급락했고, 그도 모든 자산을 지키진 못했지만, 이 사건은 밈코인이 단순 유머가 아니라 현실에서 실제 부(富)를 만들 수 있다는 점을 널리 알리는 계기가 되었다.

이후 등장한 시바이누는 '도지 킬러'라는 별칭을 내세우며 이더리움 기반에서 만들어졌고, 단순히 밈으로 그치지 않고 NFT, 자체 메타버스, 디파이 서비스 등을 확장하며 생태계를 넓혀 갔다. 이외에도 페페 코인은 인터넷 밈 문화의 상징인 개구리 '페페'를 주제로 급등한 사례로, 2023년 이후 수많은 소형 밈코인 붐을 일으키는 기폭제가 되었다.

이처럼 밈코인의 성공 요인은 몇 가지가 있다. 첫째, 커뮤니티의 화력. 가격을 끌어올리는 데 있어 커뮤니티의 단합과 유머, 트렌드 장악력은 매우 큰 영향을 미친다. 둘째, 상징성과 쉬운 접근성. 복잡한 기술 설명 없이 단순한 이미지와 유머 코드로 누구나 쉽게 이해하고 투자할 수 있다. 셋째, '바이럴 가능성'이다. 인터넷 밈이 확산되듯, 특정 코인의 짧은 시간 안에 전 세계 투자자에게 퍼지는 현상이 실제로 자주 일어난다.

하지만 밈코인은 본질적으로 '기술적 가치'보다는 '집단의 열광'에 의존하는 자산이라는 점에서 큰 리스크도 존재한다. 개발팀이 불분명하거나, 장기적인 로드맵이 없고, 유통량이 지나치게 많아 가격이 조작되기 쉬운 구조도 흔하다. 또한 유명인의 트윗 한 줄에 가격이 요동치기도 하고, 바이럴이 사라지면 급속히 거래량과 가격이 증발할 수 있다. 실체 있는 프로젝트와 달리 대부분의 밈코인은 '지금 당장의 유행'이 전부이기 때문에, 투자에는 항상 조심할 필요가 있다.

그럼에도 불구하고 밈코인은 Web 3.0 시대의 '집단 문화 자본'이라고 볼 수 있다. 웃긴 이미지 하나가 코인 가격을 바꾸고, 익명의 유저들이 밈을 통해 자산을 만들어 낸다. 전통 금융에서는 불가능한 일이 블록체인에서는 가능하다. 앞으로 밈코인은 단순히 유머에서 그치지 않고, 커뮤니티 중심의 마케팅 도구나 팬덤 경제, 또는 창작자의 경제 시스템으로 발전할 수도 있다. 하지만 그만큼 투자의 기준도 달라져야 한다. '재미'로 시작하더라도, '가치 없는 재미'는 언제든 무너질 수 있다. 밈코인은 장기 투자 대상이 아니라, 흐름을 읽고 '문화의 파동'을 탈 줄 아는 사람에게만 잠깐의 기회가 주어지는 시장이다. 결국 유행은 사라지지만, 그 유행이 남긴 경제적 가능성은 Web 3.0 시대의 하나의 새로운 실험으로 기억될 수 있다.

마침말

⋮

    이 책은 어떤 정답을 주기 위해 쓰인 글이 아니다. 오히려 정답이 없다는 것을 함께 느껴 보고 싶어서 시작된 여정이었다. 내가 써 내려간 문장들은 때로는 개념이었고, 때로는 회상이었으며, 대부분은 질문이었다.
    그 질문들을 따라가다 보니, 하나의 확신에 도달하게 되었다. 인류가 지금 이곳까지 온 것은 기술이 있었기 때문이 아니라, 의미를 찾으려는 의지를 멈추지 않았기 때문이라는 것.

    나는 장자의 세계를 오래도록 사랑해 왔고, 이더리움 창시자 비탈릭 부테린의 언어 속에서 그 철학의 잔향을 느꼈다. 그래서 두 세계를 이 책 안에서 조심스레 연결해 보고자 했다. 내가 쓴 문장들은 그 중간 지점, 즉 무위와 스마트 계약, 아바타와 자아, 토큰과 존재라는 서로 다른 언어들 사이를 오가며 흔적처럼 남겨 둔 발자취일 뿐이다.
    지금 우리는 탈중앙의 세계로 이동하고 있다. 정보도, 자산도, 정체성도 이제 더 이상 한곳에 머무르지 않는다. 모든 것은 분산되고, 흐르고, 연결된다. 그리고 이 변화의 시대에 '나'라는 존재 역시, 플랫폼이 정해 주는 틀 안이 아니라, 스스로 설계하고 선택하며 살아가야 한다.

장자는 이렇게 말했다.

"스스로 장사 지낸 뒤, 비로소 진짜 나로 살아간다."

어쩌면 이 책을 쓰는 과정은 나에게 그런 의식의 장례이자, 또 다른 존재로의 조용한 환생이었는지도 모르겠다.

책은 끝났지만, 나는 여전히 흐를 것이다. Web 3.0의 새로운 리듬 속에서, 타인의 시선을 잠시 내려놓고, 정해진 목표보다 나만의 속도와 리듬을 따라 살아가며, 나답게, 존재답게 존재하고 싶다. 이 책은 그런 바람을 담은 기록이자, 내가 '지금 여기'에서 증명해 보고 싶었던 디지털 시대의 무위다.

블록체인과 WEB 3.0 장자철학으로 이해하다
고대 철학자 장자가 꿈꾸던 무위의 세상 블록체인 기술로 실현하다

1판 1쇄 발행 2025년 09월 10일

저자 박수억

교정 신선미　**편집** 김다인　**마케팅·지원** 이창민

펴낸곳 (주)하움출판사　**펴낸이** 문현광

이메일 haum1000@naver.com　**홈페이지** haum.kr
블로그 blog.naver.com/haum1000　**인스타그램** @haum1007

ISBN 979-11-7374-160-9(03000)

좋은 책을 만들겠습니다.
하움출판사는 독자 여러분의 의견에 항상 귀 기울이고 있습니다.
파본은 구입처에서 교환해 드립니다.

이 책은 저작권법에 따라 보호받는 저작물이므로 무단전재와 무단복제를 금지하며,
이 책 내용의 전부 또는 일부를 이용하려면 반드시 저작권자의 서면동의를 받아야 합니다.